詰将棋の世界

齋藤夏雄

日本評論社

まえがき

詰将棋*、と聞いて、皆さんは何を思い浮かべるでしょうか。将棋にまったく興味がなければ、何のイメージも浮かばないかもしれません。将棋のルールくらいなら知っているという方であれば、新聞などにときどき載っているあれか、と思い当たるでしょう。また、もっと本格的に将棋を指す人なら、棋力向上のためによく解いている、という方もいるのではないでしょうか。

詰将棋は、将棋の終盤の盤面を部分的に取り出し、どう指せば相手の玉を捕まえる(＝詰ます)ことができるかを考える練習問題である――これは、ある程度将棋に親しんでいる人が持っている、詰将棋についての共通認識ではないかと思います。もちろん、これは間違いではありません。実際、プロ棋士やアマチュアの強豪にどうやったら強くなれるかと聞いたら、ほとんどの人は「詰将棋をたくさん解くこと」を答えの一つにあげるでしょう。驚異的な勝ちっぷりで注目を浴びている藤井聡太二冠(二〇二〇年現在)も、子供のころから詰将棋を解くのが恐ろしく早いことで知られていました。先を読む力を鍛え、きわどい終盤の局

＊「詰め将棋」という表記もよく見かけますが、愛好家の人たちは通常「め」は送りません。

面で確実に勝ちを引き寄せるために、詰将棋による鍛錬は欠かせません。
しかし、将棋の終盤の練習問題というとらえ方は、実は詰将棋のほんの一部を見ているに過ぎません。詰将棋がはじめて創られてから四百年余りたちますが、最初こそ実際の終盤の局面の抜粋でしかなかった詰将棋はやがて将棋の実戦から離れ、独自の進化を遂げました。駒の動かし方などのルールこそ共通していますが、もはや詰将棋は将棋の対局とは別の独立した世界を持っています。将棋というゲームが手に汗握る名勝負で見る人を熱中させてきたように、詰将棋もまた多くの人を虜にしてきました。そこには、ただ将棋を指しているだけでは知り得ないような、広大で豊かな沃野が広がっているのです。

本書は、こうした詰将棋の魅力を伝えることを目指して雑誌『数学セミナー』誌上で二〇一七年四月号から二年間にわたって連載した記事を、加筆修正のうえまとめたものです。執筆にあたっては、将棋のルールを知っていることのみを想定し、それ以上の棋力は必ずしも前提としないこととしました。もちろん、指し手が読めれば詰将棋を解く楽しみは増えると思いますが、解けなければ詰将棋が楽しめないということはありません。正解の手順、あるいは不正解の手順を実際に盤上に並べてみて、この手にどんな意味があるのか、なぜこの手を指す必要があるのかといったことを一つ一つ確認していくだけでも、詰将棋を鑑賞することは可能です。むしろその作業こそが、詰将棋を深く理解し、その魅力を味わうのに最適の方法なのではないかと思います。

第1章では、詰将棋のルールについて少し詳しく解説しました。書店の将棋コーナーに行けば詰将棋の本はたくさん置いてありますが、ルールについては1ページ程度であっさりまとめてあることがほとんどです。しかし詰将棋を少し知っているという人でも、細かい点になると実はちょっと勘違いした理解をしていることが、案外多いように思います。またルール自体、時代とともに少しずつ変遷していった歴史もあります。こうした歴史的経緯もあわせて見ていくことで、どんなものを詰将棋と呼ぶのか、またなぜこのようなルールになっているのかを正確につかんでもらうことを意図しました。また、詰将棋をコンピュータに解かせるという試みがどのように発展していったかについても、大まかに紹介しました。

よい詰将棋には、必ずその作品を通して作者が表現したいテーマがあります。第2章と第3章ではこうした詰将棋のテーマをいくつかピックアップし、これまで創られた膨大な数の詰将棋の中からそのテーマに沿った作品を選んで紹介しました。第2章は将棋の禁じ手にスポットを当て、ルール上指せない手があることを利用したテーマをいくつかとりあげました。第3章は今回単行本化するにあたって新たに加筆した部分で、古典的なものからごく最近注目されるようになったものまで、幅広くテーマを集めました。

第4章では、詰将棋の外側に広がるまた別の世界について述べました。将棋盤と駒を使ったパズルは、実は詰将棋だけにはとどまりません。少しへんてこなルールが入った、詰将棋の「変種」がたくさんあるのです。王手をかけられる側がなぜか相手に協力して詰まされるように指したり、駒の利きが指しているうちに変化したり、存在はしているがどこにあるかわからない駒があったり……。詰将棋は与えられた配置から始まる手順を考えますが、逆にどのようにしてこの局面になったか、という過去を考えさせるタイプの問題もあります。こうしたたくさんのパズルの一つ一つが詰将棋と同じくらい広い世界を持っていますが、本書ではこれらのほんの一部をごく簡単に述べることしかできませんでした。もしここで紹介したルールの中におもしろいと感じたものがあったら、ぜひご自身でいろいろ調べたり試作品をつくってみたりしてみてください。

また、各章各節の末尾には、詰将棋をご自身で考えてもらえるよう、二問ずつ問題を用意しました。いずれも専門誌などに発表された作品で、手数は一部を除き、長くても7手までのものに限っています。また第4章では、本文で解説した変種ルールの作品もいくつかとりあげてあります。中には難しいものもありますが、詰将棋の魅力を実際に味わえる作品ばかりだと思いますので、ぜひトライしてみてください。巻末には解説もつけていますので、解けても解けなくても目を通してみて、それぞれの作品のおもしろさを堪能していただければと思います。

本書は、広大な詰将棋の世界のほんの一端を垣間見たに過ぎません。手数のあまり長くないものを中心にとりあげたため、数十手、数百手に及ぶような長編詰将棋についてはほとんど何も紹介することができませんでした。また短手数であっても、時間やスペースの関係などでとりあげることを断念したテーマがいくつもあります。紹介する作品についても、どれを載せるかは最後までずいぶんと迷いました。一人でも多くの詰将棋作家の作品をとりあげたかったのですが、一方で名作とされる作品を選ぼうとするとどうしても同じ作家の作品ばかりが候補に残ってしまい、そのバランスのとり方に苦労しました。本書に掲載されていない作品の中にも、まだまだすばらしい内容の名作・傑作がたくさんあります。ご興味のわいた方は、ぜひ作品集などを手に入れて鑑賞していただきたいと思います。

本書、およびその前身となった連載記事の執筆については、日本評論社の飯野玲さんに本当にお世話になりました。飯野さんに最初の読者としていろいろ指摘していただき、やりとりをしながら手直しを加えていくことで、当初わかりにくかった原稿をかなりましなものにすることができました。そもそも、数学雑誌に詰将棋に関する連載をするという思い切った提案を飯野さんからいただかなければ、自分が詰将棋についての本を書くということもなかったでしょう。あらためて、お礼を申し上げたいと思います。

本書が、読者の皆さんが詰将棋の世界で遊ぶきっかけになることを期待してやみません。

二〇二〇年一一月

齋藤　夏雄

目次

第3章 盤上のサーカス……87

第1章

詰将棋

古くて新しいパズル

1 詰将棋の歴史

●詰将棋とは

まず、詰将棋とはどんなものかをおさらいしておきましょう。

詰将棋の図面は、**図1**のように後手（通常「玉《ぎょく》方《がた》」と呼びます）の玉を含む駒が配置された盤面図と、先手（通常「攻方《せめかた》」と呼びます）の持駒からなります。詰将棋はその名のとおり、相手方の玉を詰めるための問題です。攻方が王手をかけ続け、最後に「詰み」の局面になるまでの手順を求めることが目的です。

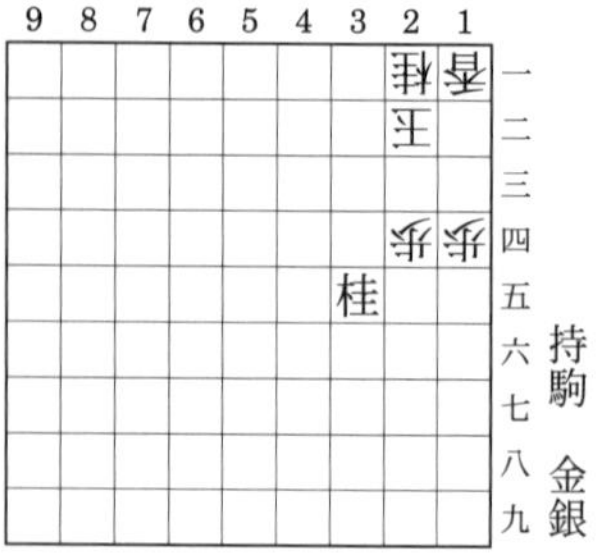

図1
渡瀬荘治郎『待宵』第8番。5手詰。

図1ですと、攻方は初手に持駒の銀を▲2三銀と打つのが正解（これ以外の手、たとえば▲2三金では△3一玉と逃げられ、その後どう指しても詰ますことができません）。玉方は△3一玉、△3三玉、△1三玉の三通りの応手がありますが、△3一玉は▲3二金、△3三玉は▲4三金と打てばいずれも詰んでいます。問題は△1三玉ですが、▲1二銀成と今打ったばかりの銀を成り捨てるのが好手で、△同香でも△同玉でも、▲2三金と打てば詰み。したがって正解手順は、**▲2三銀、△1三玉、▲1二銀成、△同玉**（または**△同香**）、**▲2三金**までの5手詰、ということになります。

●詰将棋の歴史

詰将棋の細かいルールの話は次節以降に回すとして、ここでは詰将棋というものがどのように生まれ、どうやって発展してきたか、その歴史的経緯をごく簡単にまとめてみたいと思います。

詰将棋が生まれたのは、今から四百年以上も前のこと。江戸幕府の将棋所《しょうぎどころ》に任ぜられた初代大橋宗桂《そうけい》が幕府に献上した、五十作からなる詰将棋図式「慶長版『象戯造物《しょうぎつくりもの》』(通称『象戯力草《ちからぐさ》』)」が、現存する最古の詰将棋といわれています。初代宗桂以来、歴代の将棋家元は名人就任を記念して幕府に詰将棋図式を献上することを習わしとしていきました。初期のころは、実戦の終盤を切り取ってきただけにしか見えない作品ばかりでしたが、何とかよりよいものを創ろうとプライドをかけて歴代名人が知恵を絞っていくうちに、詰将棋はパズル的な要素が増え、実戦では決して現れないような奇想天外なアイディアが詰まった魅力的な作品が数多く生まれるようになりました。

特に、十八世紀中頃に登場した、三代伊藤宋看《そうかん》による『象戯作物』(通称『将棋無双』)と、その弟、伊藤看寿《かんじゅ》による『象戯図式』(通称『将棋図巧』)(ともに詰将棋百作からなる献上図式)は、奇抜な構想、卓越した作図技術、高い芸術性を兼ね備えたすばらしい作品集でした。この天才兄弟の登場によって、詰将棋は単なるパズルの枠を超え、芸術的な価値を認められるまでになったのです。現代においても、『無双』と『図巧』は古典詰将棋の金字塔として高く評価されています(**図2**)。

また、江戸時代は彼らのような将棋の家元に限らず、在野でも腕自慢の棋士が多くの詰将棋を創りました。初期のころこそ荒削りで見劣りがするものが少なくありませんでしたが、時代が下るにつれて、家元に勝るとも劣らぬ作品が生み出されるようになります。たとえば和算の大家でもある久留島《くるしま》喜内《きない》（義太《よしひろ》）は、数学者らしい独特のテイストを持ったすばらしい作品を数多く残しています（**図3**）。彼が活躍したのは、ちょうど宗看や看寿の作品が出たころでもありました。この時代は、詰将棋の黄金期といえるでしょう。

宗看・看寿で頂点を迎えた詰将棋文化は、その後衰退していきました。彼らの作品があまりにすばらしかったため、ときの名人たちもやがて詰将棋を創作して献上する習わしをやめてしまいます。

図2
伊藤看寿『将棋図巧』第99番・通称「煙詰」。攻方の玉を除く39枚の駒すべてが置かれた初形から煙のように駒が消えていき、詰め上がりは3枚だけになる。117手詰。

在野の棋士が発表する作品もありきたりのものが増え、明治や大正のころになるとめぼしい作品はほとんど創られなくなってしまいました。

詰将棋が再び興隆するのは、昭和に入ってからのことです。戦前・戦中に発刊されていた『将棋月報』と、戦後創刊された『詰将棋パラダイス』（略称『詰パラ』）にアマチュアの詰将棋愛好家がこぞって作品を発表するようになり、宗看・看寿を超えるような名作が数多く誕生するようになり

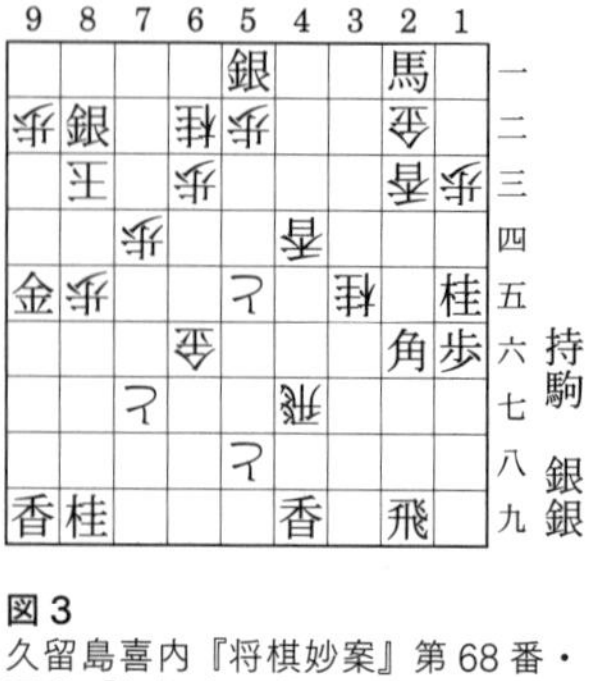

図3
久留島喜内『将棋妙案』第68番・通称「銀智恵の輪」。4枚の銀が何往復もするなかで、少しずつ局面がほぐれていく。59手詰。本作と対をなす「金智恵の輪」もある。

ました（**図4**）。今も毎月、大量の新作が『詰パラ』などに投稿され、編集者らの精査を受けてから誌上で発表されています。詰将棋の世界は現在も広がり続けているのです。

宗看と看寿の名作をじっくり鑑賞したい方、江戸時代の詰将棋の歴史をもっと詳しく知りたい方は、門脇芳雄氏の解説による『詰むや詰まざるや——将棋無双・将棋図巧』と『続　詰むや詰まざるや——古典詰将棋の系譜』（いずれも東洋文庫*）をご覧になるとよいでしょう。

図4
橋本孝治作「ミクロコスモス」（『詰将棋パラダイス』1986年6月号、後に『詰将棋探検隊』で改作）。1525手詰。現時点での最長手数の詰将棋。

*『詰むや詰まざるや——将棋無双・将棋図巧』については、二〇二〇年一一月に平凡社ライブラリーとしてコンパクト版が出版されました。若島正氏による解説がついています。

本欄では、幾多の詰将棋作品の中から、詰将棋の楽しさ、奥深さを感じられるような名作を、短手数のものを中心に紹介していきます。今回は二問とも3手詰です。2手目の玉方の手が複数考えられるときは、次の3手目で詰まされたとき、攻方の持駒を余らせないような手を選んでください。また、盤上にない駒はすべて玉方が持駒として持っており、合駒として使うことができます。ただし、ただ取られるだけの無駄な合駒は、手数にはカウントしません。細かいルールは次節以降で詳しく述べます。

第1問

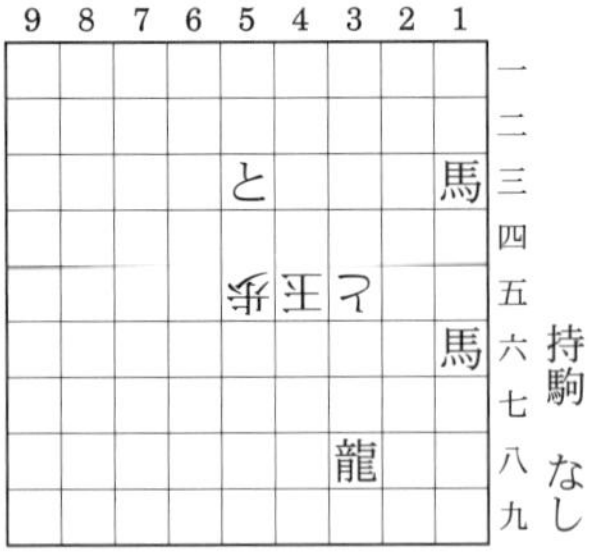

（小林敏樹・2012年度詰将棋解答選手権初級戦）

解答は152ページ

まずは小手調べ。5六に逃げられたら詰みそうにありません。となると初手は？

第2問

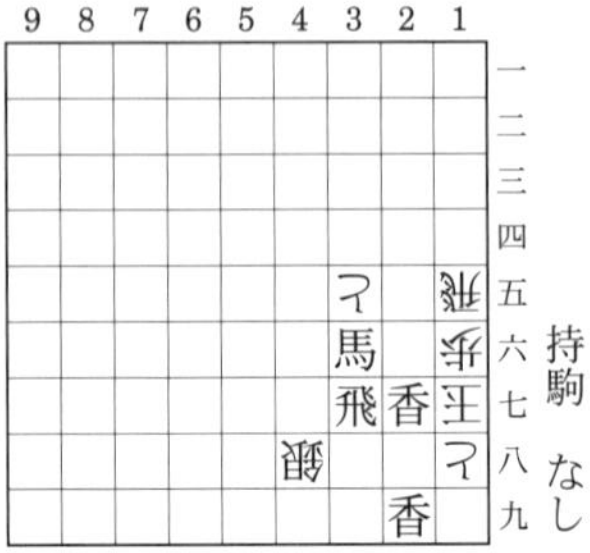

（塩見倫生・『近代将棋』・1989年10月号）

解答は152ページ

入玉形です。玉方の応手も重要なポイント。敵陣にいる駒は成れることをお忘れなく。

2 詰将棋の定義1

「最善手」の定義

さて、本節ではもう少し詳しく詰将棋のルールについて述べたいと思います。

前節にも書いたとおり、詰将棋は攻方が王手をかけ続けて詰みを得るまでの手順を求めるパズルです。玉方は、盤上と攻方の持駒以外のすべての駒(ただし王は除く)を合駒として使用できます。ただし、攻方に取られるだけで玉方が何も対価を得られない合駒は、「無駄合《むだあい》」として手数にはカウントしません(無駄合については、6、7節でもう少し詳しく述べます)。

これ以外に大切なのが、正解手順における玉方の応手の選択に関するルールです。攻方の王手に対して玉方の可能な応手が複数あるときは、玉方にとっての最善手を選ばなければいけません。この「最善」をもう少し具体的に述べると、次のようになります。

A-0 攻方にその後どんな手を指されても詰まされない手順が存在するなら、その手順の手を指す。

A-1 いずれの手を指しても攻方に詰まされるなら、その後の指し手で攻方が最善を尽くしたとき、詰まされるまで最も手数がかかるような手を指す。

A-2 A-1において、該当する手が複数存在するとき、詰んだ局面で攻方に持駒を使い切らせる手順が存在するならば、その手を選択して指す。

ここで、A-1に「攻方が最善を尽くす」というフレーズがあります。これをもう少し具体的に言うと、次のようになります。

B−0　攻方は、玉方がどう応じ続けてもそれに対して攻方の手が存在して最後に詰ますことができる手順があるなら、その手順の手を指す。
B−1　詰ますことができる手が複数あるときは、その後の手順で玉方が最も手数がかかるように応じ続け、攻方は最も短い手数で詰むように王手をかけ続けたとき、最終的に詰むまでの手数が最も短い手を選んで指す。
B−2　B−1において該当する手が複数存在するとき、詰んだ局面で攻方の持駒が残っている手順があるならば、その手を選んで指す。

B−1は自己言及的ですが、詰んだ局面を起点として、このルールを繰り返し適用しながら手順をさかのぼることで決まると考えてください。

ここで強調しておきたいのは、**B−1とB−2が適用される状況があり得るのは、玉方が最善を尽くさなかったときに限る**、ということです。たとえば、**図1**の作品を見てみましょう。銀を動かしてあき王手をする形ですが、平凡な手では☖3二歩合と合駒されてしまいます。ここは☗3三銀不成の両王手が好手。玉方の応手は、☖同玉、☖3一玉、☖1一玉、☖1三玉の四通りあります。最善手はどれでしょうか？

まず☖同玉なら、☗3四金と打ってすぐに詰みます。☖3一玉なら、☗2二銀成、☖同銀、☗3二金でも、☗3二金、☖同銀、☗同銀成でも詰み

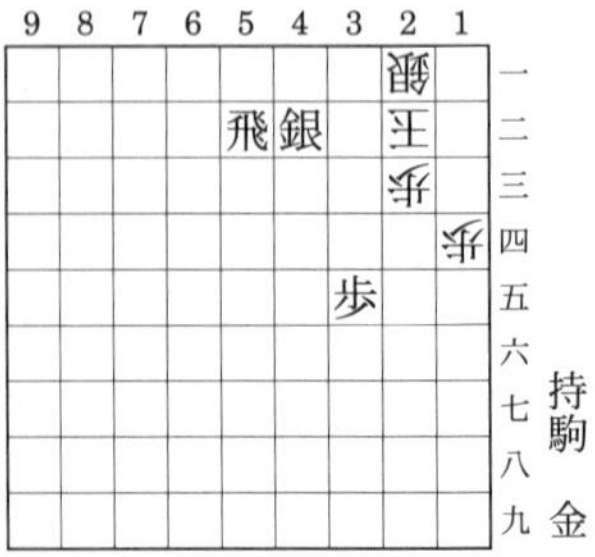

図1
（小笠原隆治・『詰将棋パラダイス』・1976年2月号）

ますが、☗4二飛成とすれば一発で詰み。したがってB-1より、これが攻方の指すべき手となります。次に☖1一玉なら、☗1二金、☖同銀、☗2二飛成でも詰みますが、☗2二金、☖同銀、☗同飛成なら、同じ手数ながら詰んだときに持駒に銀が残ります。したがってB-2より、攻方は3手目には☗2二金の方を選ぶことになります。最後に☖1三玉ですが、これには☗1二金と捨てます。玉方は☖同銀と取る一手で、そこで☗2二飛成と成れば詰み。このとき2四に逃げ出させないために、初手に銀を成らなかったわけです。

　さて、初手☗3三銀不成に対する玉方の応手をまとめてみると、

☖同玉　……3手で詰み
☖3一玉……3手で詰み
☖1一玉……5手で詰み、持駒余り
☖1三玉……5手で詰み、持駒なし

ということになります。したがって、A-1とA-2から玉方の最善手は☖1三玉と決まり、**☗3三銀不成、☖1三玉、☗1二金、☖同銀、☗2二飛成**が正解手順となります。

　大事なのは、玉方が☖1三玉と応じたとき、攻方は☗1二金以外に詰ますことができる手はないということです。また初手も、☗3三銀不成以外の手では、何手かかっても詰ませることはできません。原則として、**玉方が最善手で応じ続ける限り、攻方が詰ませることのできる手は常に一つしかない**ように詰将棋は創られているのです。詰将棋のルールに関してしばしば「詰将棋の正解手順では持駒が余ってはいけない」という主張を見聞きしますが、もしその詰将棋がルール上完全なものなのであれば、正解手順において持駒は「余ってはいけない」のではなく、「余るはずがない」ということになります。

前節の問題はいかがだったでしょうか。結構難しかったという方もいれば、簡単過ぎて手応えがなかったという方もいらっしゃると思います。棋力は人によってさまざまなので、どれくらいの難しさの問題を紹介するかは悩ましいところです。しばらくの間は、一問はやさしめの問題を、もう一問はやや骨のあるものを出すという方針で行きたいと思います。また、紙数に限りがありますので、手数は長くても7手までにとどめます。今回も、二問とも3手詰です。

第3問

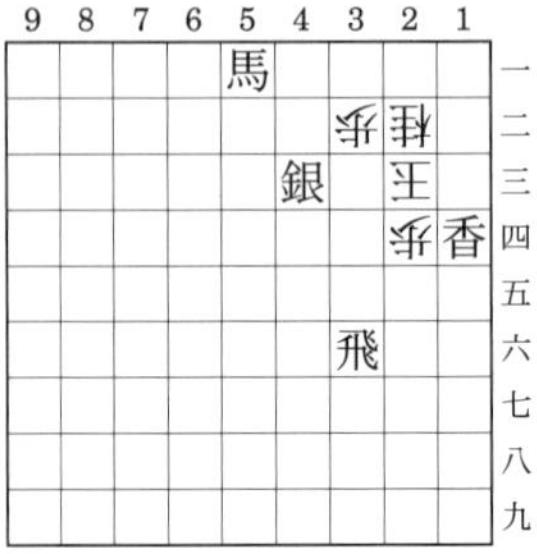

持駒　なし

（野村量・『詰将棋パラダイス』・1996年10月号）

解答は153ページ

1四香にヒモがついていないことに注意してください。

第4問

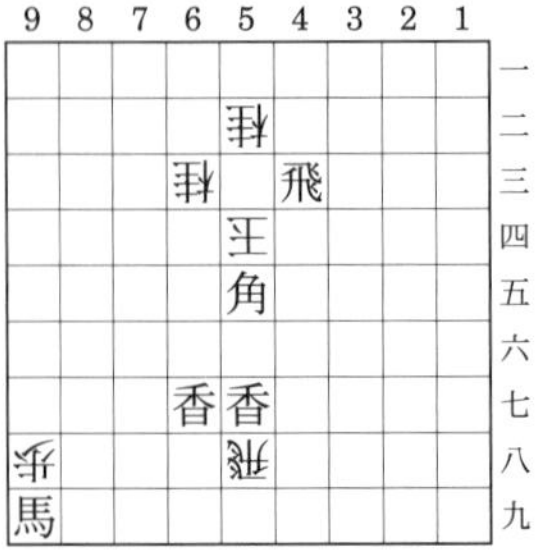

持駒　なし

（YYZ・『詰将棋パラダイス』・1998年3月号）

解答は154ページ

角を動かしてあき王手をします。さてどこへ行けばよいでしょうか？

3 詰将棋の定義2
変化手順、余詰など

●「本手順」・「変化」・「紛れ」

　前節でも述べたとおり、詰将棋では玉方の応手でどれが最善手かを決めるルールがあります。攻方が正しい手を指し、玉方が最善手を選び続けたときの一連の手順は**本手順**と呼ばれ、これがその詰将棋の正解になります。玉方が最善手を選ばなかったときに生じる手順は、**変化手順**、あるいは単に略して**変化**と呼ばれます。通常、変化は本手順より少ない手数で詰んだり、あるいは本手順と同手数ながら詰んだときに攻方の持駒が余ったりします。一方これに対し、攻方が正解でない手を指したときに生じる手順を**紛れ手順**、あるいは単に**紛れ**と呼びます。ただ不正解の手というだけでなく、「一見詰みそうなのに実は詰まない」というニュアンスを含んで使われることが多いようです。

●余詰と非限定

　前節で述べたように、詰将棋は原則として、本手順において詰みに至る攻方の手は常に一つに限定されるように創られています。玉方が最善を尽くして応じているにもかかわらず、本手順とは別の攻方の手でも詰んでしまうとき、その詰みを**余**《よ》**詰**《づめ》と呼びます（変化手順の中で詰む手が複数あっても余詰とは呼びません）。もし余詰があったらそれは不完全作品であり、詰将棋として成立していないことになります。

　しかし、完全に攻方の指し手が一通りに限定されていなければすべて不完全とされるかというと、必ずしもそういうわけではありません。次に述べるような場合は余詰とは見なされず、詰将棋として許容されることになっています。

飛・角・香の打ち場所の非限定

将棋の駒の中で、遠くから王手ができる駒は飛、角、香の三つあります。これらを持駒として持ち、玉から離れた場所に打って王手する場合、打つ場所が完全に限定されていなくても、詰将棋として不完全であるとは見なされません。たとえば**図1**のような局面で、攻方は3三から9九のどの地点に角を打っても、以下☖1二玉、☗2二角成として詰ますことができます。こうした手順が本手順に含まれていても、詰将棋として認められています。解答する側としては、該当する地点のどこに打つ手を選んでも正解になります。

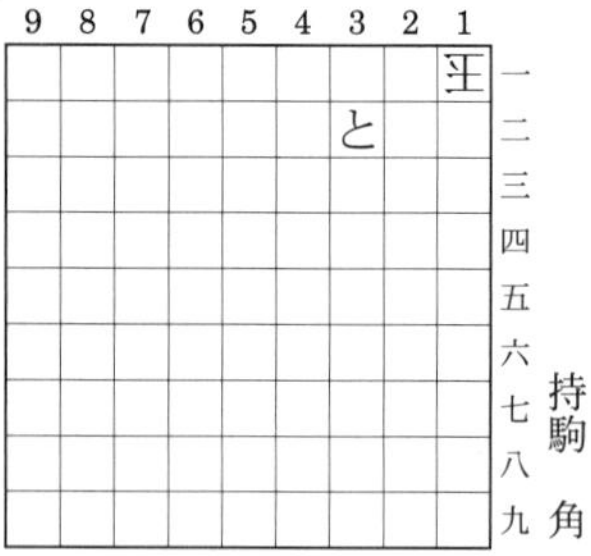

図1

成不成非限定

攻方の盤上の駒が動いて王手するとき、成っても成らなくてもその後の手順に影響がない場合があります。たとえば先ほどの**図1**において、攻方の角が持駒の代わりに5三に置かれている局面を考えてみましょう。この場合、☗4四角成、☖1二玉、☗2二馬とすれば詰みますが、☗4四角不成、☖1二玉、☗2二角成とすることもできます。こうした非限定はまず問題視されません。実は成不成の非限定についてはもう少し微妙なケースもあるのですが、ここではふれないでおきます。

最終手余詰

詰将棋なら本手順において攻方の指し手は一つ

に限定されているはずですが、最終手に限ってはある程度のブレが許される場合があります。

　まず、最終手で王手する駒が一つに定まらないことがあります。たとえば**図2**では、☗2二角成でも☗2二とでも詰みです。こうした非限定はまったく問題にされません。

　一方、**図2**でもし3三の角が馬だったら、☗2二馬や☗2二と以外にも、たとえば☗3二と、☖1二玉、☗2二馬といった詰みが生じます。厳密にはこれは余詰なのですが、本手順においてあと1手で詰む局面での余詰は最終手余詰と呼ばれ、ある程度許容されています。特に、長手数の作品の場合はまったく問題視されません。手数が短い作品ではすっきりしない印象を受けることもありますが、それはルールとはまた別の話です。最終手余詰を含む作品はそれほど多くはありませんので、「なかにはそういうものもある」という程度に考えていただければ十分です。

　このほかにも、特に長手数の作品において許容される非限定はありますが、ここでは述べないでおきます。

　次節では、玉方の応手の選択に関してもう少し説明したいと思います。

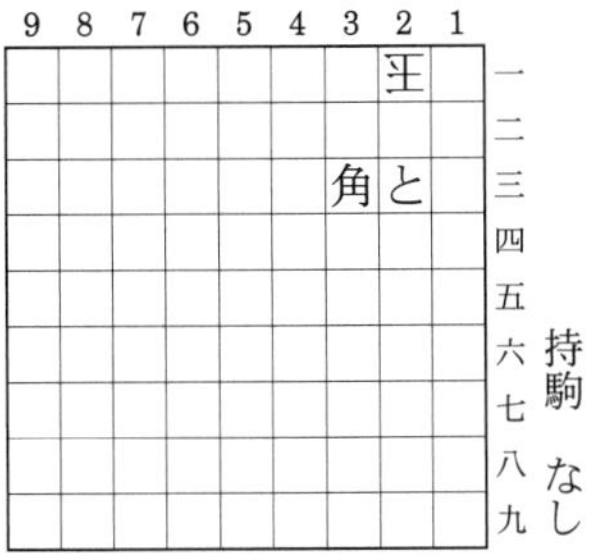

図2

今回は、2問目で攻方の玉がいる作品を紹介します。詰将棋は将棋のルールの上に成り立っていますから、当然ながらこちらの玉を取られるわけにはいきません。したがって、攻方は玉が次に取られてしまうような手を指すことはできません。またもし逆王手をかけられたら、攻方はその王手を防ぎつつ、さらにその逆王手をかけなければいけないことになります。通常の詰将棋にない要素が加わるので、双玉詰将棋は独特の面白さを持っています。今回も、二問とも3手詰です。

第5問

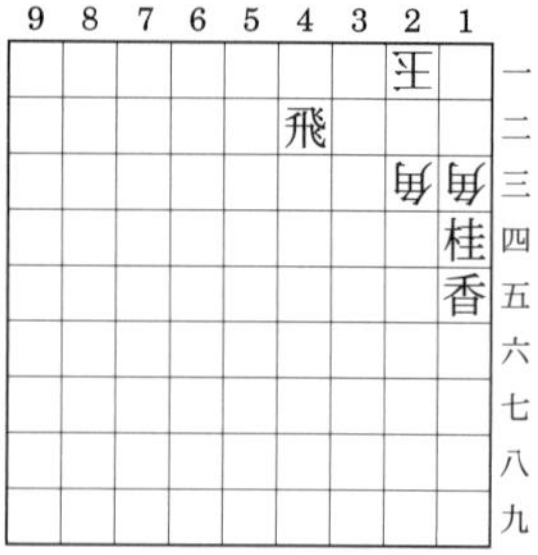

持駒　飛

（平松準一・『詰将棋パラダイス』・2003年2月号）

解答は155ページ

持駒の飛車をうまく使って、玉方の角を無力化します。

第6問

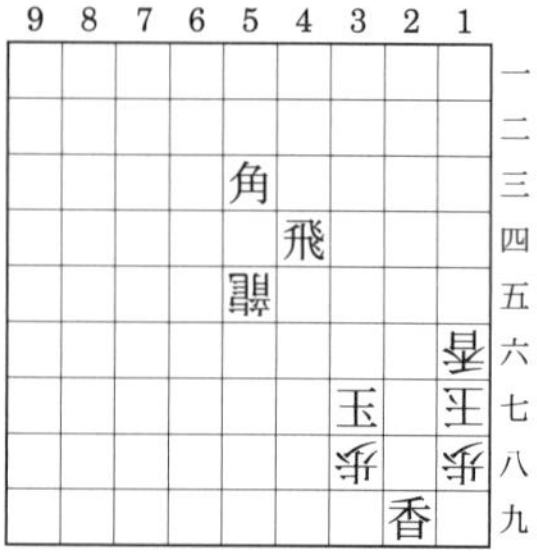

持駒　なし

（三角淳・『詰将棋パラダイス』・1999年2月号）

解答は156ページ

玉方は盤上にない駒をすべて持駒として持っていることをお忘れなく。

4 詰将棋の定義3
変同と変長

●「変同」と「変長」

攻方による王手を外す手段が複数あるとき、玉方はなるべく手数がかかるような応手、また攻方の持駒をなるべく使わせるような応手を選ぶ、ということを2節で述べました。では、**図1**のような局面はどうでしょうか。初手☗1一角成に対し、玉方は☖同玉と☖1三玉の二通りの応手が考えられます。前者なら☗4四馬、☖1二玉、☗2二馬まで。一方後者なら、☗3五馬、☖1四玉、☗2四馬までとなり、どちらも5手で詰みます。どちらの手順を本手順とするべきなのでしょうか？

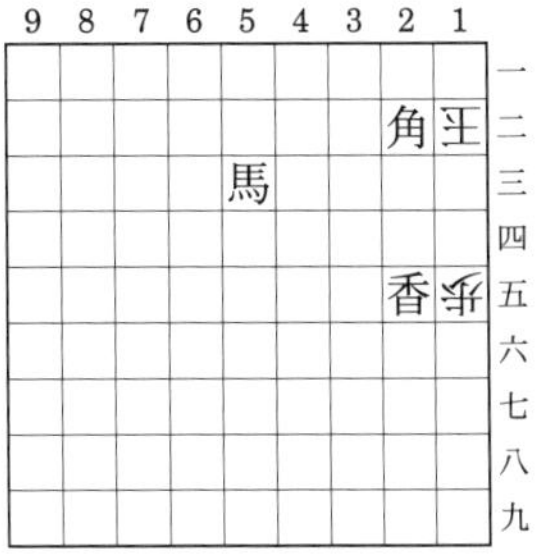

持駒　なし

図1

このように、もしある攻方の王手に対する玉方の応手が複数あり、そのどちらを指しても詰みまでの手数が同じで、かつ詰んだ局面で攻方の持駒が余らないとき、その手順構造のことを**変化同手数**、あるいは略して**変同**《へんどう》と呼びます。変同手順があった場合は、どちらの手順を解答しても正解になります。余詰があるのは詰将棋として認められていませんが、変同については、もしあっても不完全ということにはなりません。ただ、変同があると本手順が一つに定まらずすっきりしないので、通常、作品としては減価事項と見なされます。現在『詰将棋パラダイス』などの雑誌に発表される新作の詰将棋には、変同を含む作品はかなり少なくなっています。

　ただし、本手順における玉方の最後の手だけは、限定されていなくても変同とは見なさないことになっています。たとえば3手詰の場合、2手目の玉方の手は複数あるように創られていることが普通です。これは変同とは呼ばず、また作品として低く評価されることもありません。

　また変同とは別に、**変化長手数**、または**変長**《へんちょう》と呼ばれる手順構造もあります。これは「ある攻方の王手に対して玉方の応手が複数あり、応手Aは応手Bより詰みまでの手数がかかるものの、詰んだときに攻方の持駒が余る」という状況を指しています。どちらが玉方として最善の手なのかがわかりにくいため、原則として変長を含んだ作品は詰将棋とは認められていません。ただ歴史的な経緯もあり、応手Aの手順が応手Bの手順より2手だけ長いときに限っては許容されてきました。しかしそれも、最近は不完全に近いキズと認識されることが多いようです。現在、変長を含む作品が発表されることはほとんどありません。

●妙手優先ルール

　かつて、詰将棋のルールはもっとおおらかなものでした。余詰は最初から排除されていましたが、草創期には詰んだときに持駒が余ることもありました。宗看・看寿の時代にも本手順の客観的な基準はなく、攻方の手に好手、妙手が含まれている手順を「作意」とする、という、やや曖昧にも思える取り決めが普通だったのです。
　たとえば**図2**の作品では、作意は**☗4五角、☖同桂、☗3七飛、☖同桂不成、☗4九角、☖同桂成、☗1七龍、☖3八玉、☗3七龍**までの9手詰とされています。しかし、☗4五角に☖同と応じれば、☗3七飛以下、どう頑張っても詰ませるまでに19手はかかります。ただ、これはひたすら目についた王手をかけていくだけのつまらない手順でしかありません。捨駒があり、玉方の桂馬がピョンピョンと跳ねていく面白さが楽しめる9手詰の手順の方が、はるかに妙味があります。玉方の応手によって分岐する手順の中で、作者が表現したい手順を本手順とする——当時は、それで何も問題はなかったわけです。

　しかし時代が下り、新聞や雑誌に発表された詰将棋の解答を読者が応募する文化が一般的になるにつれ、「好手、妙手があるのが本手順」という曖昧な基準では困ることが増えてきました。作品によっては、どの手順が正解なのか判別するのが難しかったからです。そこで、正解手順を客観的に確定させる「玉方最善」のルールが、少しずつ整備されていきました。変長などのグレーゾーンルールの存在は、かつての妙手優先ルールの名残なのです。

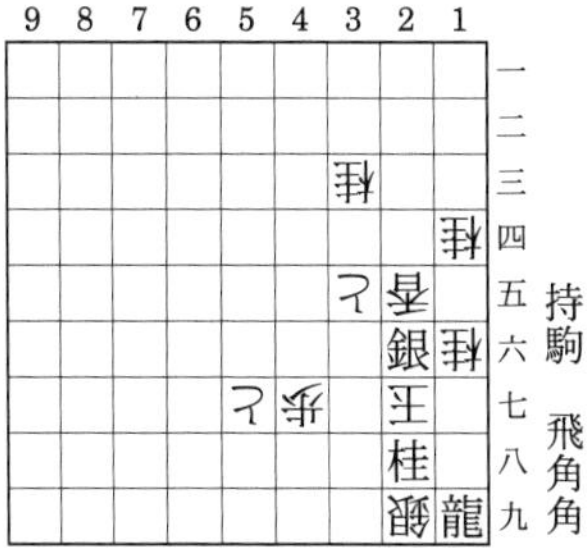

図2
（伊藤看寿・『将棋図巧』第50番）

今回も、二問とも3手詰です。本文でも述べたとおり、詰将棋では玉方の最後の応手（3手詰なら本手順の2手目）は一つに限定されていないことが普通です。むしろ、複数の応手に対する攻方の手の対比を楽しむように創られている場合も少なくありません。解答者としては、どちらの手順を解答しても正解になります。ただし、詰んだときに攻方の持駒が余ってしまうような手順は、玉方が最善を尽くしていないことになりますのでもちろん不正解です。

第7問

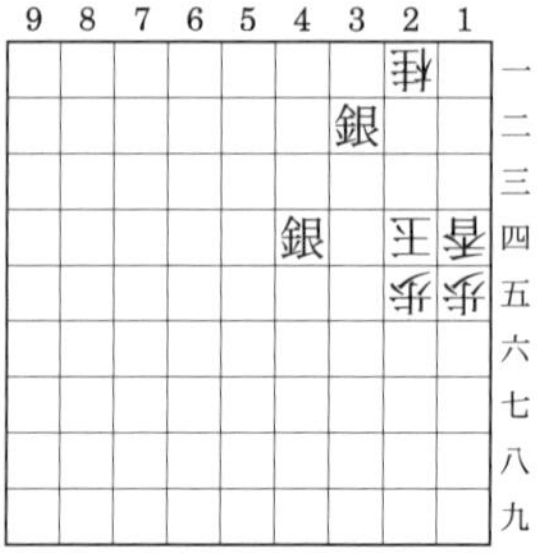

持駒　角金

（市原誠・『詰将棋パラダイス』・2004年11月号）

解答は157ページ

金はトドメに残せ、がセオリー。となると初手は角打ちですが……。

第8問

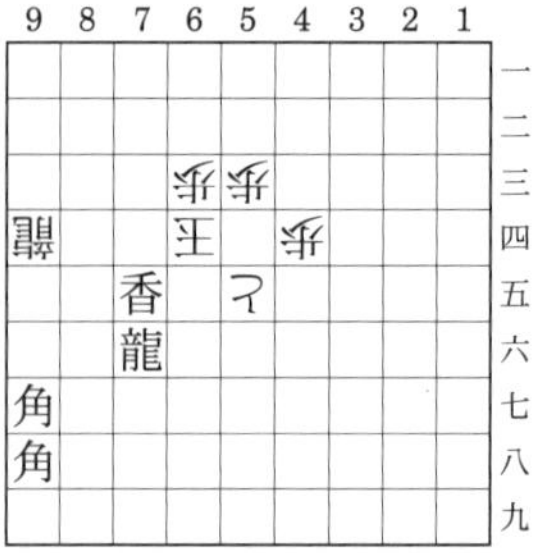

持駒　なし

（行き詰まり「新たなる殺意」・『詰将棋パラダイス』・1989年3月号）

解答は158ページ

3手詰の最高傑作との呼び声も高い名作。初めて見る方はぜひ挑戦を！

5 詰将棋の定義4

変別について

●変化別詰

前節で変同と変長について簡単に紹介しましたが、このほかに詰将棋愛好家がよく使う用語に**変化別詰**《べつづめ》、略して**変別**があります。これは変同や変長のような玉方の応手から発生する分岐手順ではなく、変化手順において攻方が最善手以外の手で詰める詰手順のことです。

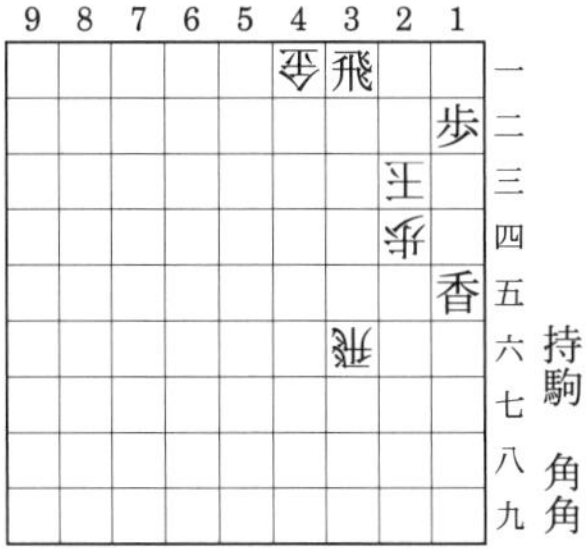

図1
（服部純・『詰将棋パラダイス』・2004年4月号）

たとえば**図1**の作品を見てみましょう。本手順は**☗1四角、☖2二玉、☗3三角、☖3一玉、☗4一角成、☖同玉、☗4二金**までの7手詰です。

初手☗1四角に対し、☖1二玉なら、☗3二角成の一発で詰み。☖1三玉は☗3二角成、☖1三歩合、☗2一飛成か、あるいは☗4一角成、☖1三歩合、☗2三金で詰んでいます。

さて、☗1四角、☖1二玉のときには、☗2三角成というちょっとかっこいい手もあります。☖同玉と取る一手に、☗1二角、☖2二玉、☗2一角成、☖2三玉、☗1二馬までで詰んでいます。

初形から1二の歩を消去するちょっと詰将棋らしい手順ですが、手数が9手もかかっているので、変化手順における攻方の最善の手順ではありません。これが変別と呼ばれる手順です。

●変別論争

将棋雑誌などに詰将棋が出題されると、読者はそれを解いて解答を編集部に送ります。集まった解答は編集者によって審査されますが、前にも説明したとおり、変別の手順は本手順ではないので、この手順が書かれていた場合は不正解として扱われます。しかし、こうしたルールが今の形に落ち着くまでは紆余曲折がありました。昭和の中頃までは、「解答審査においては変別解も正解扱いにすべきではないか」という意見があり、変別の扱いを巡って『詰将棋パラダイス』誌上で論争が繰り広げられていたのです。

先ほどの例では、☗1四角に対する応手として☖1二玉を考えたとき、解答者が☗3二角成か☗4一角成の手順を読めば、2手目☖2二玉に続く手順より短手数で詰むので、これは変化手順であると判断できます。しかしもし☗2三角成からの手順が先に見えてしまったら、こちらの方が2手目☖2二玉の手順より手数がかかるので、本手順であると誤って判断してしまうことになります。

詰将棋はそもそも、与えられた局面からの詰みを見つける問題です。その趣旨からすれば、変別解を解答した人も、すべての玉方の応手に対してちゃんと詰むような攻方の手を見つけており、詰ませることはできているのだから詰将棋を解いたことになるではないかというのが、変別解も正解扱いとすべきであるという人たちの主張でした。

現在では、こうした主張が唱えられることはほとんどなくなり、「変別解は不正解」という認識が愛好家の間で共有されています。ただ、今でもたまに変別解を正解として許容することもあります。たとえば**図2**の作品で、本手順は**☗5一銀、☖同玉、☗4一角成、☖6一玉、☗5一馬**以下の17手詰ですが、☖6一玉で☖6二玉と逃げても、☗5一馬から作意手順と全く同じようにして詰ますことができます。しかし☖6二玉に対しては実は☗6三銀と打つ手も生じており、こちらは手数は同じ17手ながら詰んだときに攻方の持駒が余ります。したがってこれが正しい変化手順で、☖6二玉に☗5一馬以下作意と同じように詰ませる手順は変別ということになります。本来ならばこの解答は不正解ですが、実質的に作意と同じ手順であること、☗6三銀以下の手順を見つけるのがそれほどやさしくないことなどを考慮して、特別に正解扱いされました。どういうときに変別解を「大目に見る」かはそのとき担当している編集者の判断によりますが、ケースとしてはあまり多くないようです。

変別解が論争を経て不正解扱いされることが定着していった経緯は、詰将棋が将棋の実戦における終盤の練習問題から、手順自体の面白さを楽しむ将棋パズルへと昇華していったことの結果といえるかもしれません。

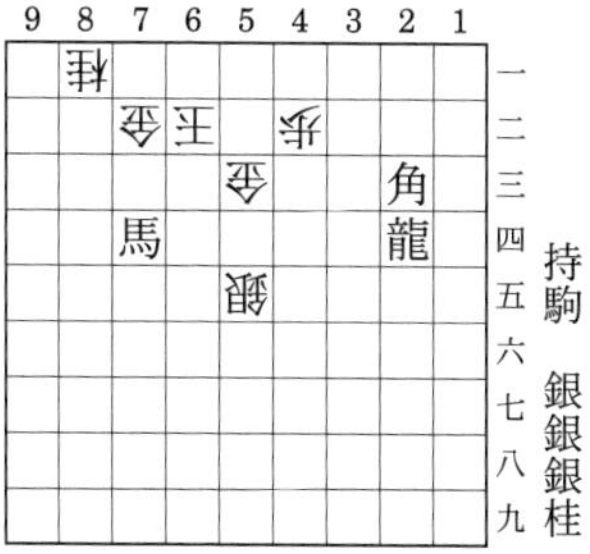

図2
（鮎川まどか・『詰将棋パラダイス』・1994年1月号）

今回から難しさのレベルを一段上げ、5手詰も楽しんでいただくことにします。3手詰でも面白い作品はありますが、詰将棋の醍醐味が本当に味わえるのはやはり5手詰から。指し手に論理的なつながりができ、一連の手順に流れるストーリーを楽しむことができます。当然ながら3手詰より難易度は上がりますが、その分、苦労して正解を見つけたときの爽快さも大きくなります。ぜひ挑戦してみてください。

第9問

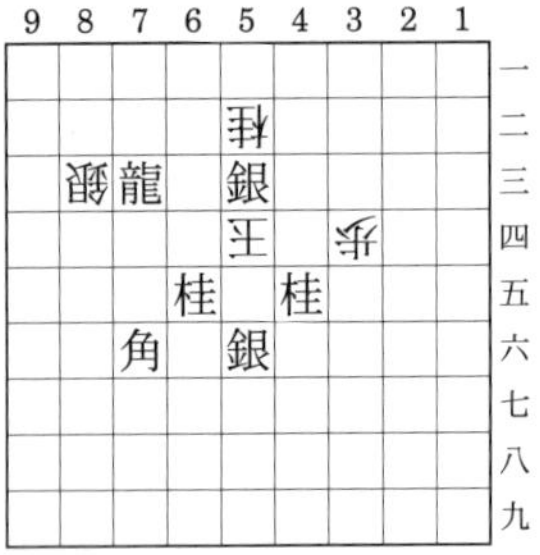

持駒　なし

（赤羽守・『近代将棋』・1982年10月号）

解答は159ページ

攻方の駒がだぶついています。いらない駒はどれ？　3手詰。

第10問

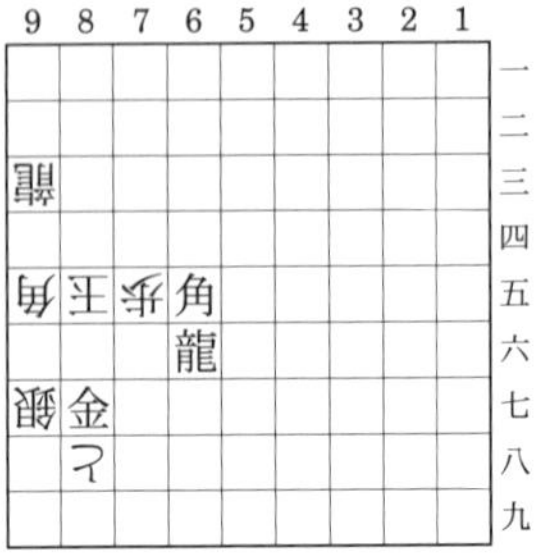

持駒　金

（仲西哲男・『詰将棋パラダイス』・1988年4月号）

解答は160ページ

いよいよ5手詰です。玉を逃がしそうで逃がさない攻めは？

6 無駄合1

無駄合とは何か

これまで述べてきたように、詰将棋の初期配置で使用されていない駒はすべて玉方が持駒として持っており、合駒として使うことができます。しかし、ただ取られるだけの合駒は「無駄合」とされ、手数にもカウントされません。

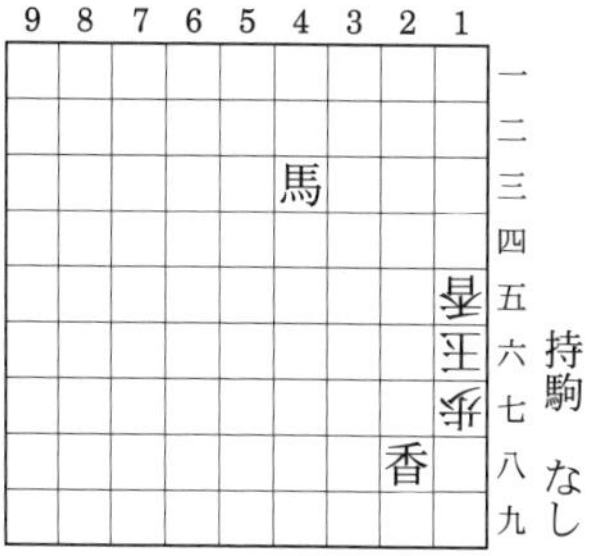

図1

一見、この取り決めは自然で何も問題がないように思われます。ところが、詰将棋が発展して細かいルールが整備されていくにつれ、「無駄合」なのかどうかの判断が難しいケースがあることがわかってきたのです。

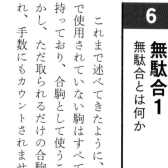

一番典型的な「無駄合」は、たとえば**図1**のような場合です。馬による王手に対し、玉方は3四や2五に何を合駒しても☗同馬と取り返されるだけなので、これは無駄な合駒ということになります。もし2八の香車がなく、代わりに2三に攻方の飛車が置かれていたとしても、2五での合駒は☗同飛成と取れば詰むので無駄合です。合駒を取る駒が直前で王手している駒でなくても、ただ取られるだけの合駒なら無駄合ということになるわけです。

なお、この例では合駒が無駄であるとなった時点で詰んでいますが、詰手順がまだ続く場合でも、

「ただ取られるだけで、その後の手順にまったく影響を与えない合駒」は無駄と見なされます。たとえば図1で、もし1五の香車がなかったとしましょう。☖1五玉と逃げれば☗2五馬で詰み。☖3四歩合、☗同馬のやりとりを入れてから☖1五玉と逃げても☗2五馬までで、先ほど取った歩が余るだけです。したがって、☖3四歩合は無駄合になり、すぐ☖1五玉と逃げるのが正しい手順ということになります。

　しかし、それでは次のようなケースはどうでしょうか。

●この合駒は「無駄」か？

　図2の局面で、☗3四角と王手をします。玉方が2五に何か合駒をしたとしましょう。☗同角なら☖同歩と取り返せますが、合駒を☗同歩と取れば今度は飛車の王手がかかります。2六に合駒をしても☗同飛と取れますから、これで詰み。したがって、☗3四角の時点で詰んでおり、2五での合駒は無駄合である……としてよいでしょうか？
　もう一例。**図3**の局面において初手に☗2九香と打ったとき、玉方の可能な応手は☖1六玉と逃げるか、2八に何か合駒をするかのどちらかです。☖1六玉なら☗4六龍とすれば、合駒しても取られるだけですから、これで詰みです。一方☖2八歩合としたとき、攻方は1八に逃げられないよう☗同龍と取らなければいけません。以下☖1六玉、

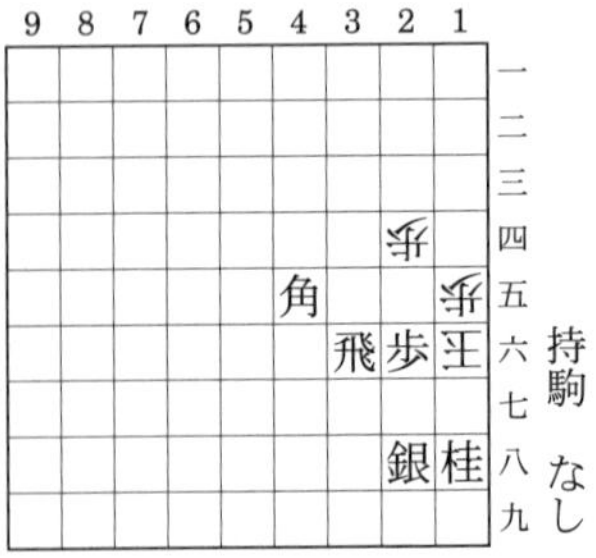

図2

☗2六龍で詰みますが、手数は5手かかり、また詰んだときに持駒に歩が余ります。さて、この合駒は無駄合なのでしょうか？（無駄合でなければ、☖2八歩合以下の手順は4節で説明した変長ということになります。）

もちろん無駄合だろう、と思った方もいらっしゃるかもしれません。一方で、これは無駄な合駒とは言えない、と感じた方もおられるのではないでしょうか。実のところ、詰将棋の愛好家の間でも、これらの合駒を無駄と見なすかどうかは意見が分かれます。何をもって「無駄」とするかが厳密に定まっていないため、判断がつかないケースが出てきてしまうのです。

無駄合かどうかが微妙なケースはたくさんあり、ここに紹介した事例はほんの一部に過ぎません。無駄合を厳密に定義しようという試みはこれまで何度も行われてきましたが、詰将棋を楽しむ人がみんな納得するような決定版の取り決めは、今も存在していません。結局、最初に挙げた例のように、誰が見ても無駄だと思えるようなものに限って出題されているのが実情です。

次節も、無駄合にまつわる話題を続けます。

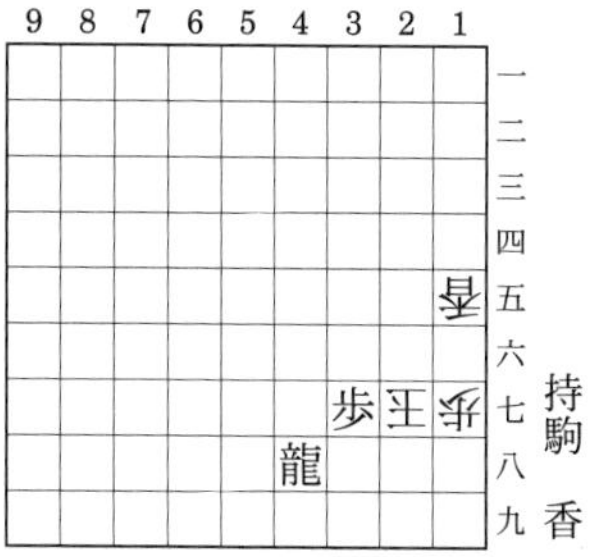

図3

本文でも述べたように、無駄合は何を無駄と感じるかが人によって少しずつ違い、どう定義しようとしても必ず違和感を覚える人が出てきて、水掛け論に陥ることが普通です。ここではあまり細かいことは気にせずに、「その合駒を取ったあとの詰め方が、取らなかったときの詰め方と変わらず、取った駒がそのまま持駒として余るとき」は無駄合と見なす、というくらいでお考えください。本書では、無駄かどうか判断に迷うような合駒を含んだ作品はとりあげないことにします。

第11問

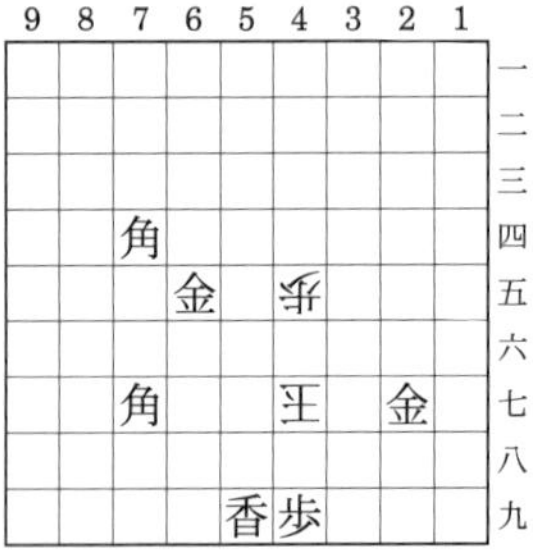

持駒　なし

（永井一矢・『詰将棋パラダイス』・1995年1月号）

解答は161ページ

初手はあき王手をするしかなさそうですが……。3手詰。

第12問

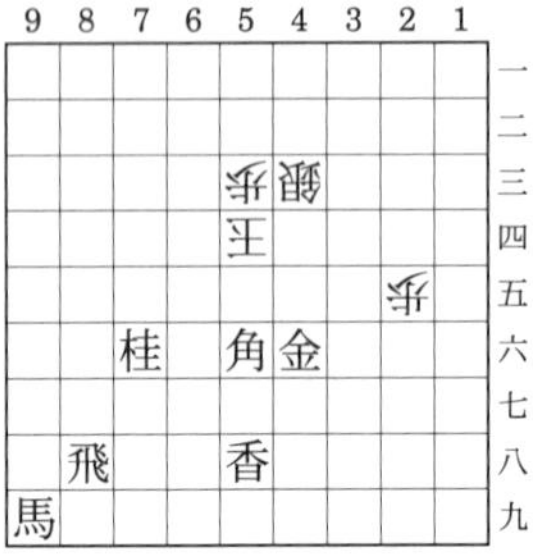

持駒　なし

（吉田芳浩・『詰将棋パラダイス』・1987年7月号）

解答は162ページ

大駒の威力が最大限に発揮された詰め上がりを目指します。5手詰。

7 無駄合2
馬鋸と原型復帰型合駒

●原型復帰型合駒

　無駄合は細かく定義しようとするといろいろ厄介なことになる、ということを前節で述べました。無駄かどうかが議論になる合駒はいろいろありますが、そのうちの一つに「原型復帰《げんけいふっき》型《がた》」などと呼ばれている合駒があります。

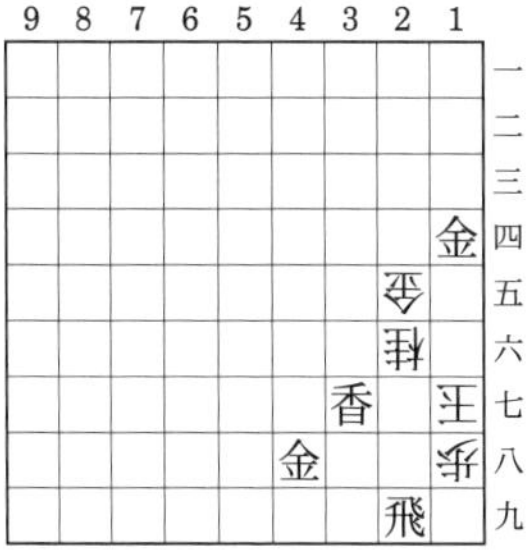

図1
(川崎弘「規約論議の原点」・『詰将棋パラダイス』・1978年12月号より)

　図1で▲3九角と打ってみましょう。逃げるなら△1六玉しかありませんが、それは▲1七香ですぐ詰み。そこで△2八歩合と合駒してみます。▲同角に△1六玉なら、▲1七歩、△2七玉、▲3九角、△2八歩合、▲同飛、△1七玉、▲2九飛と進めてみると、初手に▲3九角と打った局面に戻ってきてしまいました。ただし、攻方の持駒に歩が1枚増えています。4手目に△2七玉と逃げた場合でも、手順が入れ替わるだけでやはり持駒だけ増えた局面に戻ります。結局、合駒の歩が攻方の持駒になったのに玉方が何も対価を得られていないことになるわけですが、果たしてこれは無駄合なのでしょうか？

　このように、合駒をしても何手かあとにその駒を渡しただけの局面に戻ってきてしまうような合駒は、原型復帰型合駒などと呼ばれます。原型復帰型の合駒も無駄かどうか意見が分かれるため、作品として発表されることはほとんどありません。しかし、あるタイプの原型復帰型合駒を含んだ作品は、例外的に多数発表されています。それが「馬鋸《うまのこ》」です。

●馬鋸とは

詰将棋の歴史において馬鋸と呼ばれる手順がはじめて登場したのは、一六九七年に刊行された『象戯《しょうぎ》大矢《おおや》数《かず》』という作品集に収録された**図2**の

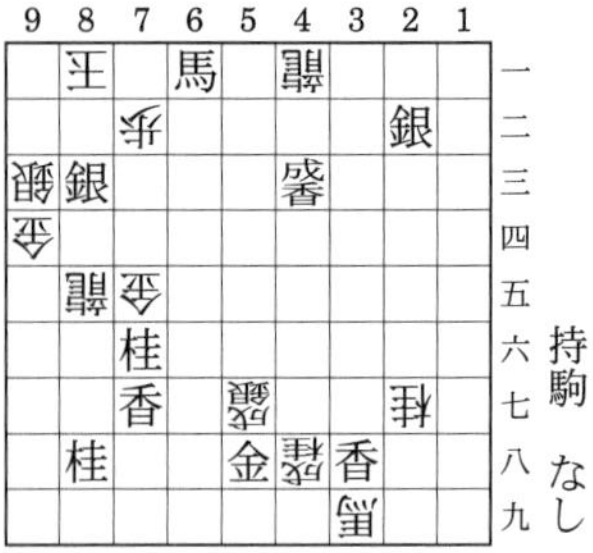

図2
（无住僊良・『象戯大矢数』巻頭番外作）

作品です。初手から☗7二馬、☖9一玉、☗7三馬、☖8一玉、☗6三馬、☖9一玉、☗6四馬、☖8一玉……と馬をジグザグさせながら遠ざけていくのですが、その馬の軌跡が鋸を挽いているようであることから馬鋸の名がつきました。一見、行ったり来たりしているだけであまり意味がなさそうに見えますが、実は2七に玉方の桂馬があり、これを取ってからまたジグザグと馬を7三まで近づけると、4手目の局面と比べて持駒に桂が一枚増えているために、**☗7二銀不成**から詰ますことができるという仕掛けになっています。馬鋸は手数が非常に長くなるため、長手数を実現する機構として現代でもよく登場します。

さて、この馬鋸の最中に合駒をしたらどうなるでしょうか。たとえば上の作品で、馬が3六まで遠ざかった段階で☖7二歩合とすれば、☗同馬、☖9一玉、☗7三馬……ともう一度馬鋸をやり直さざるを得ません。やがて馬が3六まで達すると、

先ほどと同じ局面で攻方の持駒だけが増えていることになります。したがって、☖7二歩合は原型復帰型合駒の部類に属します。これを繰り返し、馬が遠ざかるたびに歩を合駒して近づければ、歩が売り切れになるまでどんどん手数が延ばせます。これらの合駒を無駄合とするなら本作は85手詰になりますが、有効な合駒とするなら四百手近く手数がかかり、詰め上がりに攻方の持駒が余る作品ということになります（なお本作の発表当時は、詰将棋は詰んだときに攻方の持駒が余らないようにつくる、というルールはまだ浸透していませんでした）。

　このように馬鋸はその構造上、本来グレーゾーンとされる原型復帰型合駒を含むことが多いのですが、これまで幾多のすばらしい馬鋸作品が発表されてきたこともあり、例外的に許容されてきました。ただ最近では無駄合論議に巻き込まれるのを避けるため、馬鋸の最中にこうした合駒をすると、別の詰手順が生じて本手順より早く詰んでしまうように作品をつくる方もおられるようです。

　客観的な基準で本手順を確定させる必要がなかった江戸時代には、何が無駄な合駒かを厳密に決める必要ももちろんありませんでした。無駄合の決まりは、おおらかなルールだったかつての詰将棋の置き土産といえるかもしれません。

詰将棋の愛好家にとっての一大イベントが、毎年夏に行われる詰将棋全国大会です。全国各地から詰将棋好きが集まる場で、前年に発表された詰将棋で特に優れた作品に贈られる看寿賞の授賞式を始め、詰将棋の早解き競争や一般書店には並ばない詰将棋作品集の即売会など、さまざまな催しが行われます。私も都合がつく限り毎年参加していますが、二〇一二年の全国大会で、並み居る猛者たちを抑えて小学校四年生の男の子が早解き競争で優勝したのには驚きました。それが今の藤井聡太二冠（二〇二〇年現在）です。

第13問

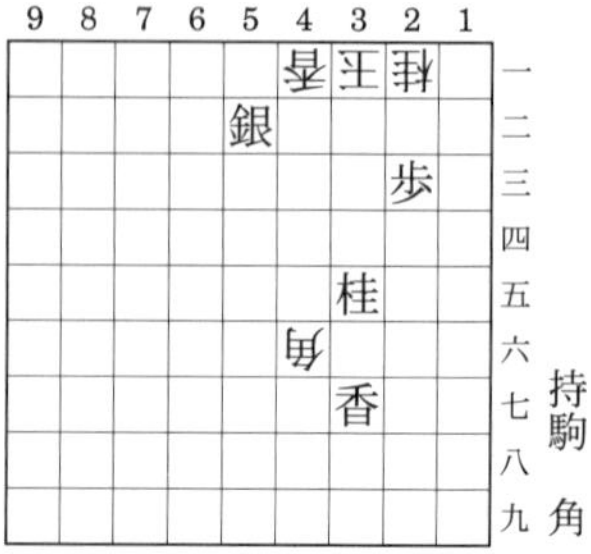

（関勝寿・『詰将棋パラダイス』・1999年7月号）

解答は163ページ

角はどこから打てばよいでしょうか？　3手詰。

第14問

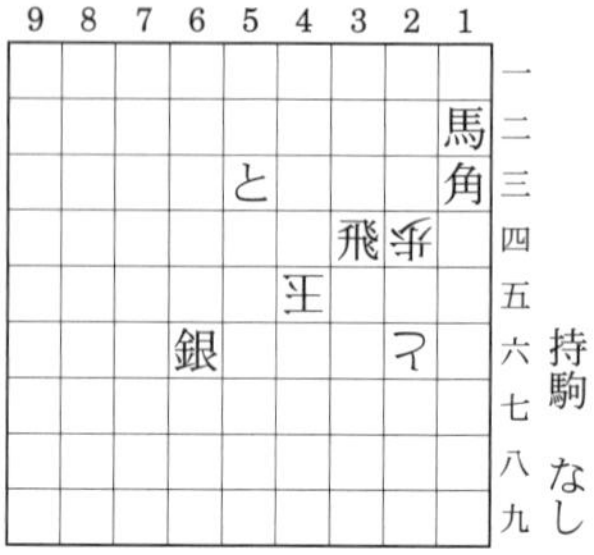

（小林敏樹・『詰将棋パラダイス』・1984年7月号）

解答は164ページ

5手詰の名作。豪快にして華麗な手順を堪能してください。

8 詰将棋とコンピュータ1
「深さ優先」と「最良優先」

本節からは少し話題を変え、詰将棋の発展にコンピュータがどのように関わってきたかを簡単にご紹介したいと思います。

コンピュータ将棋が急激に強くなり、今やプロを打ち負かすレベルにまで達したのは周知のとおりですが、コンピュータが詰将棋を解く能力も、この三十年ほどの間に劇的に進歩しました。近年では、コンピュータはほとんどの詰将棋を一瞬で解いてしまいますし、創作や検討にコンピュータが援用されることもまったく珍しいことではありません。余詰のチェックが行えるようになったため、不完全な作品が発表されることもかなり少なくなりました。

詰将棋をコンピュータに解かせようという試みは、コンピュータ将棋の黎明期から始まっていました。しかし八十年代までは、ごく短手数で簡単なものなら解くことはできても、詰手順が数百手に及ぶような長手数の作品になるとまだお手上げだったようです。

九十年代初頭まで、詰将棋を解くプログラムは深さ優先探索法と呼ばれる手法をベースにしたものがほとんどでした。これは1手後の局面をすべて読み、詰みが見つからなければ3手後の局面、5手後の局面……と手数を増やしながら詰みを探す方法です。一九九二年に野下浩平氏によって発表されたT2はこの手法の決定版ともいえるプログラムであり、25手くらいまでの詰将棋なら解くことができました。さらにT2は、それまで完全作だと思われていた江戸時代の作品のいくつかに余詰があることを発見しました。これは、詰将棋の歴史においてはじめてコンピュータが本質的な関わりを持ったできごとだったといえるかもしれません。

　しかしこうした手法は、手数が長くなると読まなければいけない局面の数が急激に増えるため、長手数の作品には歯が立ちません。そこで新たに登場したのが、最良優先探索法と呼ばれる手法でした。これは手数ではなく、攻方の王手に対する玉方の可能な応手の数を閾値として探索していくものです。

　たとえば**図1**の作品を見てみましょう。まず、

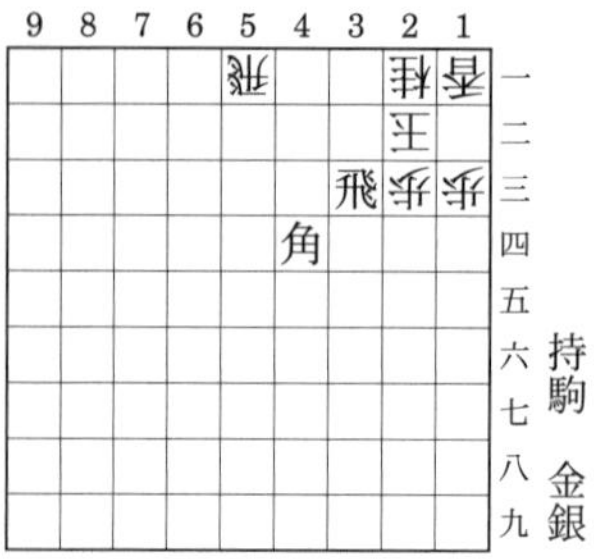

図1
（北原義治・『独楽の郷Ⅱ』第1番）

「玉方の可能な応手が一つしかないような王手を優先的に読む」という方針で詰手順を探索してみます。攻方がかけられる王手はたくさんありますが、攻方の王手に対する玉方の応手が一つしかないのは▲３二飛成（または不成）と▲３二金の二つだけです。▲３二飛成は△同玉のあと、どういう王手をかけても玉方の応手は三つ以上あります。もう一方の▲３二金には△１二玉の一手ですが、▲２二金は△同玉で金を失っただけになりますし、▲２三飛成も△同玉と取られ、次にどんな王手をしても玉方の応手は三つ以上生じることがわかります。

　そこで閾値を一つ上げ、「玉方の可能な応手が二つまでの王手を読む」ことにします。すると先ほど調べた手のほかに、▲３一銀と▲１二金が候補手に加わります。これらについてもここまでと同様に玉方の可能な応手が少ないものから読んでいくと、やがて正解の「**▲1二金、△同香、▲1**

一銀、☖同玉、☗3一飛成」に到達できます。

こうした手法は、特に長手数の作品には有効でした。手数が長くなると決まったコースを機械的に何度も龍で追い回すような手順の割合が多くなり、変化する余地が少なくなる傾向があるからです。最良優先探索法をベースにして一九九四年につくられたプログラムは、江戸時代に創られた作品の中では最も手数が長い、伊藤看寿の「寿」611手詰（**図2**）も解いたことが報告されています。

図2
（伊藤看寿・『将棋図巧』第100番「寿」）

ただこの時点では、最良優先探索法でも解けない作品はまだ残されていました。最良優先探索法では一度探索した局面を記憶しておく必要があるため、メモリを大量に消費してしまうという問題があったのです。そこで、深さ優先探索法と最良優先探索法のそれぞれのよさをあわせもった手法が追求されるようになりました。詳しくは次節で。

本文で詰将棋とコンピュータの関わりを紹介しましたが、私自身はこうした研究に携わったわけではありません。あくまで詰将棋創作の際にユーザとしてコンピュータを使わせてもらっていただけで、本節の内容はいわば受け売りです。ご興味を持たれた方は、ぜひ当時の論文などを直接あたってみることをお勧めします。たとえば、手に入りにくいものもあるかもしれませんが、『コンピュータ将棋の進歩』（松原仁編著、共立出版）のシリーズには、詰将棋に関係する文献がいくつか収録されています。

第15問

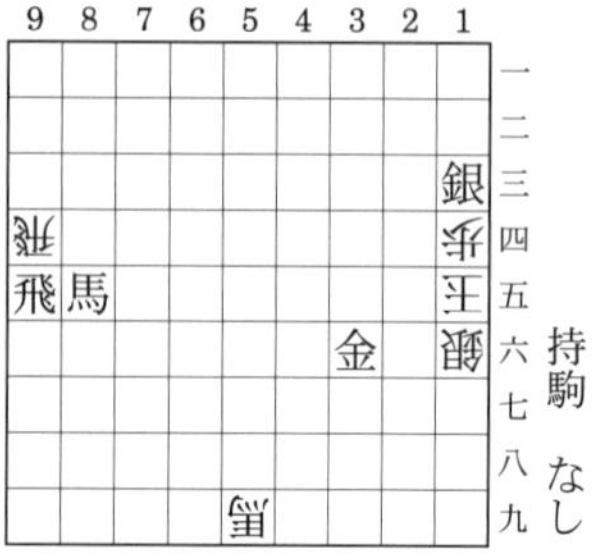

（佐々木康・『詰将棋パラダイス』・1988年9月号）

解答は165ページ

3手詰。2手目の玉方の応手すべてに対応できる馬の移動先は？

第16問

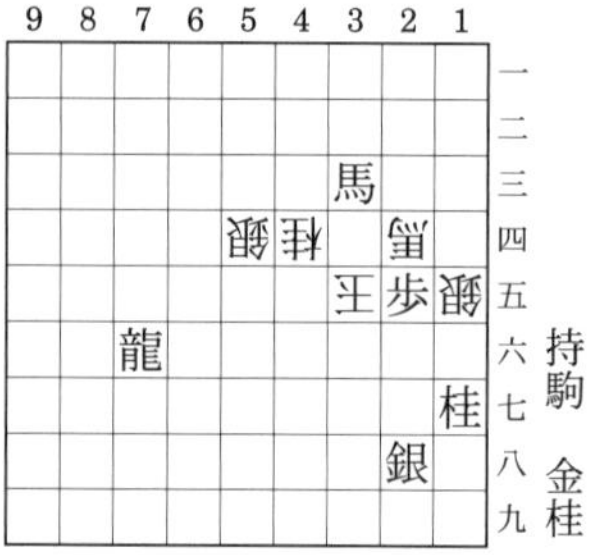

（駒三十九・『詰将棋パラダイス』・1965年9月号）

解答は166ページ

一度ハマると容易には抜け出せなくなる難問です。5手詰。

9 詰将棋とコンピュータ2
df-pn アルゴリズム

●「脊尾詰《せおつめ》」の登場

前節に引き続き、詰将棋とコンピュータの関わりについて簡単にご紹介したいと思います。

九十年代の後半になって、コンピュータ詰将棋の世界に期待の新星が登場しました。脊尾昌宏氏が開発したプログラム、「脊尾詰」です。脊尾詰は、最良優先探索法のように玉方の応手の数を閾値に用いながらも、探索の手法としてはメモリをあまり消費しない深さ優先探索法を採用しており、両者のよさを合わせ持っていました。脊尾詰は伊藤看寿作「寿」611手詰や奥薗幸雄作「新扇詰」873手詰なども解き、ついに一九九七年には最長手数の詰将棋、橋本孝治作「ミクロコスモス」1525手詰も解くという華々しい成果をあげました。

脊尾詰は数年で開発が終了し、長い間幻のプログラムになっていましたが、二〇一七年五月に復活して使えるようになりました。

http://panashogi.web.fc2.com/seotsume.html

でダウンロードすることができます。

●df-pn アルゴリズム

脊尾詰が最長手数の作品を解いたといっても、それですべての作品が解けるようになったわけではありません。詰手順は短くても、解くのは困難な作品はまだ残されていました。そこへ登場するのが、長井歩氏のdf-pnアルゴリズムです。

脊尾詰でも使われた玉方の応手の数という尺度は、「証明数」という概念で定式化することができます。証明数は、いわば「詰みやすさ」の指標になるものです。長井氏はこれに加え、「詰みにくさ」の指標になる「反証数」も取り入れ、両者に閾値を設定して詰手順を調べる新しい探索法を提案しました。df-pnアルゴリズムに基づく長井氏のプログラムは、二〇〇〇年の時点で脊尾詰でも解けなかった三百手以上の詰将棋をすべて解いたことが報告されています。df-pnの登場で、コンピュータに詰将棋を解かせるという試みは一区切りを迎えることになりました。

　ほとんどの詰将棋はdf-pnアルゴリズムで解けることがわかりましたが、これで話が終わったわけではありません。ある種の構造を持った作品では、アルゴリズムがうまく機能せずに詰手順を見つけられなかったり、実際には不要な探索を延々と続けてしまったりする可能性がありました。

　問題は、詰将棋に手順のループや合流がしばしば起こることにありました。たとえば**図2**は、田島秀男作「乱」451手詰（初形は**図1**）の19手目、攻方が**▲4六歩**と王手した局面です。本手順は△**5五玉**と逃げる手ですが、△同玉なら▲1六飛、

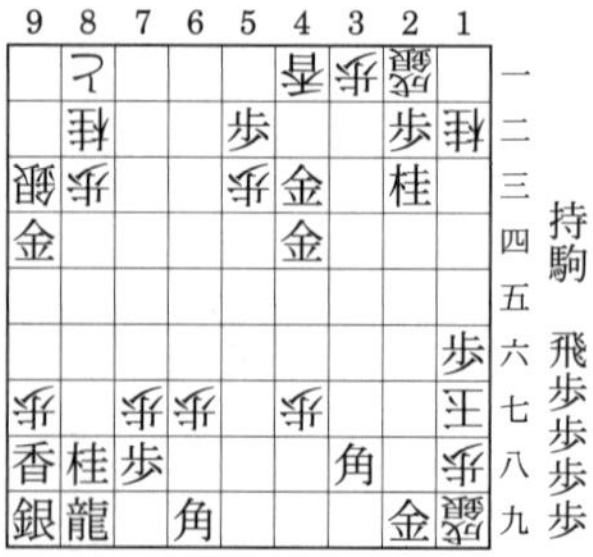

図1
（田島秀男「乱」・『詰将棋パラダイス』・1999年10月号）

図2
（田島秀男「乱」・『詰将棋パラダイス』・1999年10月号・19手目）

☖5五玉、☗5六飛、☖4五玉で本手順の32手目に合流します。手数が数百手に及ぶ作品はこうした合流がときに何度も起きるため、同じ局面であることを認識できないと、無駄な探索に膨大な時間を費やすことになります。

　岸本章宏氏はdf-pnに付随するこうした問題を指摘し、二〇一〇年にその包括的な対策を発表しました。長井氏の発表があってからの数年の間にも、ほとんど誰にも解けないような難しい詰将棋が新たに何作も発表されていましたが、岸本氏のプログラムはそれらをすべて解いたと報告されています。最も難しかったのは添川公司作「明日香」703手詰（**図3**）で、解くのに1週間近くかかったそうです。

図3
（添川公司「明日香」・『近代将棋』・2002年12月号）

　なお、ここでコンピュータが詰将棋を「解いた」ということは、必ずしも作意手順を解答したことを意味しません。たしかに詰ますことはできているものの、解答としては変別を答えてしまう場合もあるようです。しかしそれはごく一部の作品に限られており、コンピュータに詰将棋を解かせるという目標については、事実上ほぼ達成されたといってよいでしょう。

　江戸時代に生まれた詰将棋が、時を超えてアルゴリズムの進化に寄与したというのは、何とも面白いですね。

詰将棋を解いたり創作したりというときによく利用されているソフトウェアの一つが、柿木義一氏による「柿木将棋」です。このソフトは初期のころから余詰探索機能を備えており、自分でつくってみた作品が完全かどうかをチェックすることができました。この機能が詰将棋界に与えた恩恵ははかり知れません。私自身も作品創作の際、これに大いに助けられました。脊尾氏や柿木氏をはじめ、詰将棋に対するコンピュータの性能向上に尽力した方々の功績はきわめて大きく、称賛に値すると思います。

第17問

双玉作品です。香車は四枚とも使われていることにご注意を。3手詰。

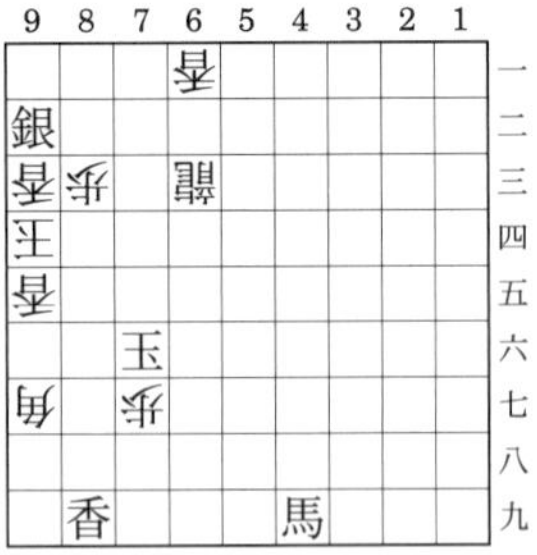

持駒 飛

（市橋豊・『近代将棋』・1982年8月号）

解答は167ページ

第18問

あちこちに脱出口があり、逃げ出されそうですが……。5手詰。

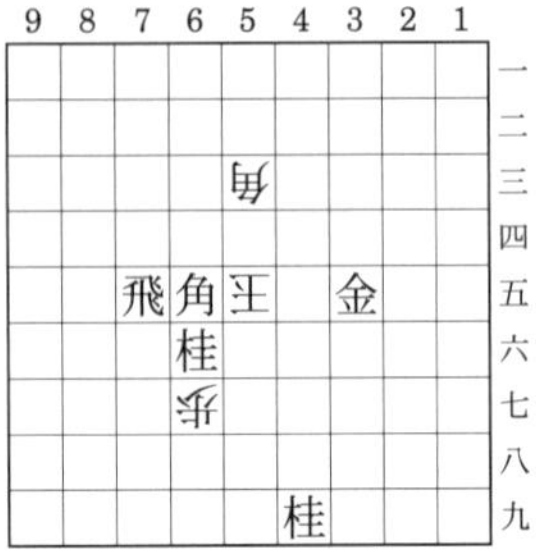

持駒 金

（富沢岳史・『詰将棋パラダイス』・1988年4月号）

解答は168ページ

第2章

将棋の禁じ手をめぐって

1 詰将棋と打歩詰1
攻方不成と玉方不成

さてここからは、現代の詰将棋のおもしろさ、奥深さを、具体的な手順や構造を例示しながら見ていきたいと思います。とはいっても、広大で多岐にわたる詰将棋の世界の魅力をすべて紹介することは到底不可能です。そこでまず本章では、将棋のルールにおける禁じ手にまつわるテーマを持った作品に絞り、その魅力を味わっていただこうと考えています。禁じ手とは、具体的には次の四つです：

1. 打歩詰
2. 二歩
3. 行き所なき駒
4. 連続王手の千日手

このうち、詰将棋と最も深い関係にあるのは、何といっても打歩詰です。ここから8節にわたって打歩詰がからむ作品をいろいろ紹介しますので、そのおもしろさを楽しんでいただきたいと思います。

●打歩詰と不成

打歩詰というルールはその名のとおり、持駒の歩を打って相手の玉を詰ませてはいけないというルールです。歩を打って王手をかけるだけなら禁止されておらず、また盤上にある歩を突いて詰ませるのも問題ありません。歩を打った瞬間に詰んでしまう手は指せない、というただそれだけのルールなのですが、これが存在していたおかげで、詰将棋は実におもしろく魅力的な知的パズルに昇華したのです。

打歩詰が関わる詰将棋らしい手というと、まず思い浮かぶのが「不成《ならず》」です。利きが純粋に増える飛、角、歩を成らないことは実戦ではまずありませんし、桂や香も成る方が有利なことがほとんどです。しかし、成ると攻方の駒の利きが強すぎて打歩詰になるような局面では、わざと成らない方がよいことがあります。また、成れる駒を成らずに駒のはたらきを弱めることで、玉方が打歩詰の局面に誘導することも可能です。こうして、実戦ではまず見ないような不思議な手順が紡ぎ出されるのです。

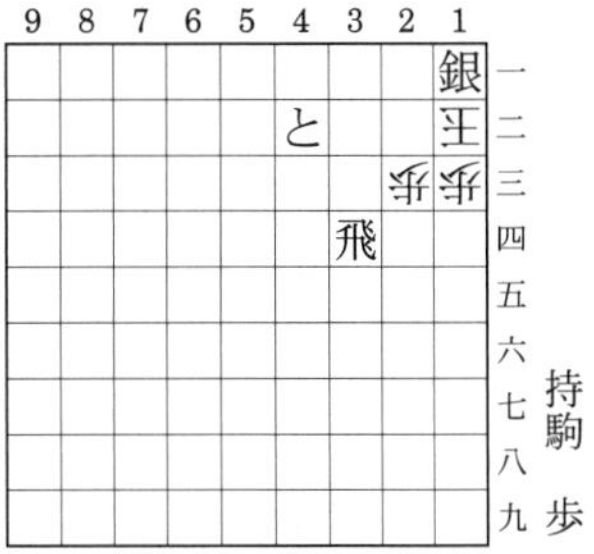

図1

　簡単な実例を見てみましょう。**図1**の局面では☗3二飛成とするのが一番自然な手ですが、☖1一玉とされたとき、持駒の歩を☗1二歩と打つとその瞬間に玉が詰んでしまうので、攻方は歩を打つことができません。この打歩詰を回避するため、初手は☗3二飛不成と成らないのが正解になります。今度は☖1一玉に☗1二歩と打ったとき☖2一玉と逃げられるため、歩を打つことは禁じ手ではありません。そこで☗3一とすれば詰みになります。

　詰将棋における不成の歴史は古く、草創期の作品集にも不成の入った作品が見られます。五代大橋宗桂は江戸時代前期に、攻方・玉方の双方に不成の手が現れる作品をつくっています。また宗看・看寿の父である二代伊藤宗印は、百番すべてに不成が入った作品集『将棋精妙』をまとめており、このころにはもう詰将棋における不成はごくありふれたものになっていました。目新しさを求めて、不成の表現はどんどん複雑で高度になっていきます。

一例として**図2**の作品を紹介しましょう。最初の局面で☗3七歩と打てればいきなり詰んでいますが、これは打歩詰の反則です。そこで**☗4八桂**と打ちます。これに対し☖同飛成と応じると☗3七歩が打てることになり、以下手数はかかりますが本手順より早く詰みます。そこで玉方は**☖同飛不成**と応じるのが最善。相変わらず打歩詰の局面なので、攻方は**☗2五銀引**、**☖同桂**としてから**☗3七歩**を打ちます。ここで☖同桂成なら☗2五銀、☖3五玉のあと☗3六歩と打てるのですが、**☖同桂不成**とするとまた打歩詰になってしまいます。

本作はこのようにして、打歩詰の局面に誘導するために、玉方の飛・角・銀・桂・香・歩がそれぞれ不成で応じる手が出てきます。最後にはついに攻方が打歩詰を打開することに成功し、35手でようやく詰みに至ります。本作を発表した岡本眞一郎氏は、すべての作品に不成の手が入った作品集『競馬式《こまくらべしき》』をまとめられています。

次節ももう少し、打歩詰と不成のお話を続けます。

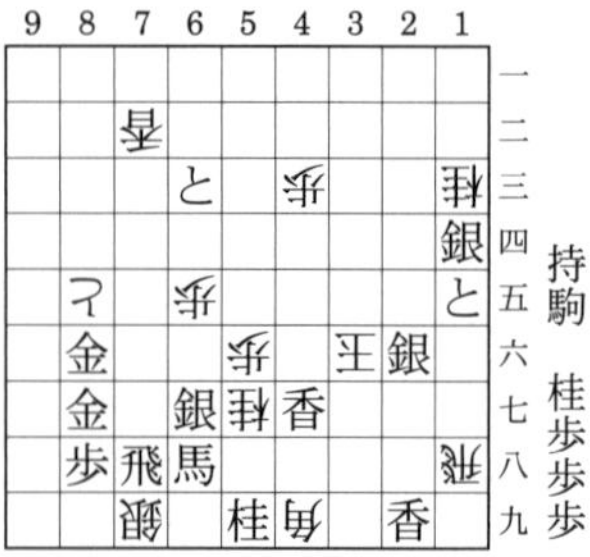

図2
（岡本眞一郎・『近代将棋』・1987年4月号）

本コーナーでこれまで紹介してきた詰将棋を鑑賞していただくことで、短手数の詰将棋でもなかなか奥が深く、油断できないことがご理解いただけたことと思います。一筋縄ではいかない現代詰将棋にも少し慣れてこられたことと思いますので、今回から少しハードルを上げ、5手詰を二問出題することにします。一問はやさしめ、もう一問はやや難しめのものを紹介します。お楽しみください。

第19問

簡単ですが楽しい手順です。5手詰。

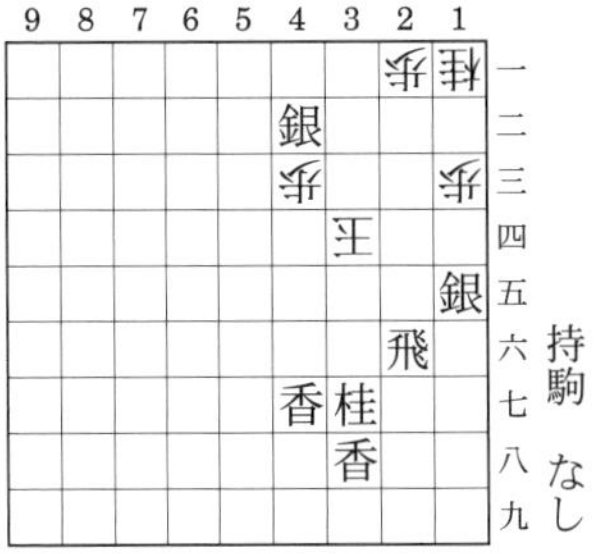

（六車家々・『詰将棋パラダイス』・1981年5月号）

解答は169ページ

第20問

玉方の応手をよく読んでください。5手詰。

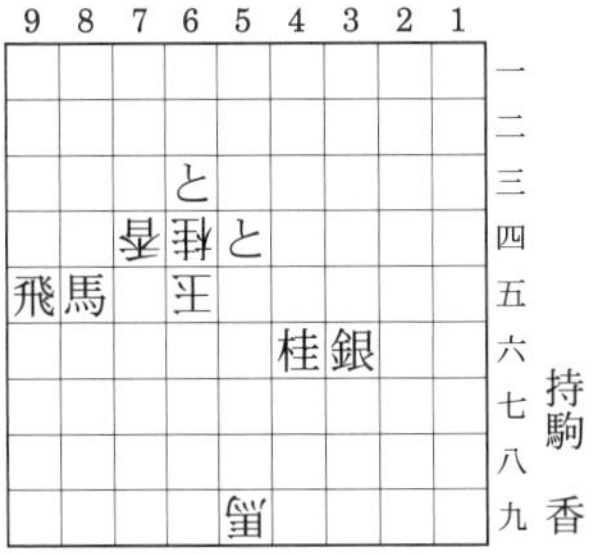

（森本雄・『詰将棋パラダイス』・1984年7月号）

解答は170ページ

2 詰将棋と打歩詰2

成生打診

前節に引き続き、打歩詰が関わる不成が登場する詰将棋の話を続けます。

打歩詰と不成をめぐるテーマの表現として、「成生《なりなま》打診」と呼ばれる手があります。これは攻方の敵陣での王手に対して玉方が捨合をし、攻方がそれを取るときに成るか（成）成らないか（生）でその後の対応を変えようというものです。

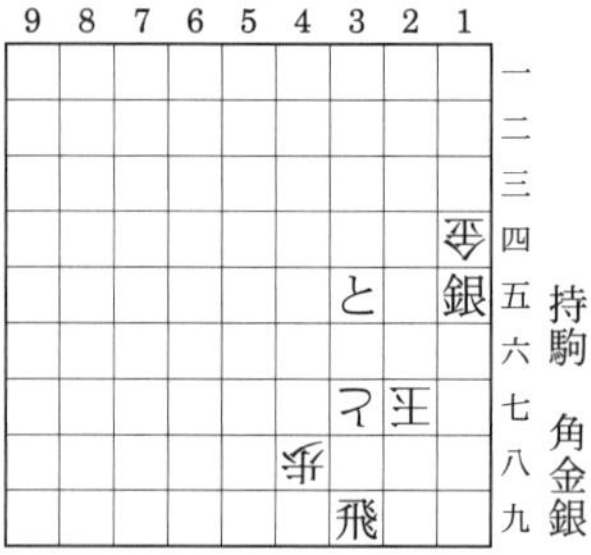

図1
（酒井克彦・『近代将棋』・1965年3月号）

図2は、攻方が▲6三角と王手したところです（初形は**図1**）。もし△3七玉なら▲3六角成まで。△1七玉なら、▲2七角不成が好手。△1八金、△1六玉のときに▲2六とで詰みます。△1五玉に▲1六歩と打っても△2六玉と逃げられるので打歩詰にならず、▲3六とで詰みます。▲6三角の王手に合駒をしてもただ取られるだけですから、最も手数がかかる△

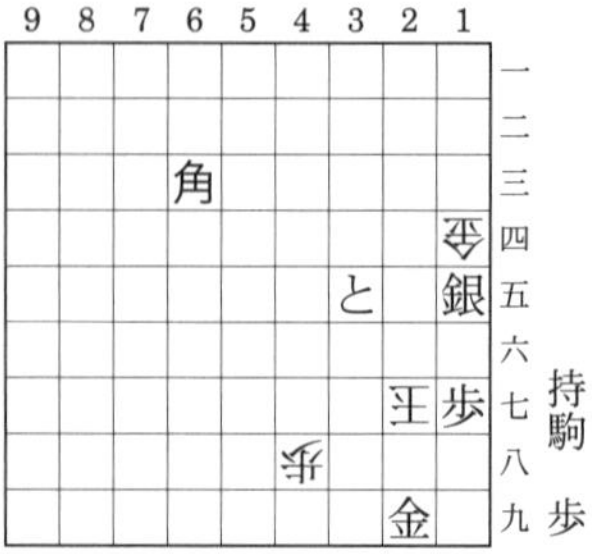

図2
（酒井克彦・『近代将棋』・1965年3月号・11手目）

1七玉がここでの最善手……ではないのです！

　現在、攻方の角は6三にいるため、成るか成らないかを選択することができます。そこで玉方が放つ妙手が**☖5四歩合**の捨合。もしこれを☗同角成と取れば☖1七玉とかわし、☗1八金、☖1六玉、☗2七馬、☖1五玉で打歩詰になってしまいます。しかし☖5四歩を☗同角不成なら、☖3七玉とこちらに逃げれば、もう角を成ることができませんから、金輪際詰まなくなってしまいます。成るか成らないか、攻方に態度を決めさせるのが成生打診です。

　こうなると攻方が困ってしまったように見えますが、☖5四歩を**☗同角成**と取り、**☖1七玉**に**☗2六銀**と捨てることで詰ますことができます。この詰手順は、5四で歩を一枚もらったからこそ可能になったというのが大事なところ。収束に変同はありますが、初手から27手で見事に詰みます。

　成生打診は、今もどんどん発展を続けているテーマです。二〇一三年に、新しい構想を含んだ作品が発表されました。やや複雑になりますが、その構造を見てみましょう。
　図4は、攻方が**☗7二角不成**と王手をかけたところです（初形は**図3**）。☖3七玉なら☗3八歩、☖4六玉、☗5六馬まで。☖4六玉なら、☗5五馬、☖4七玉、☗8三角成以下、手数はかかりますが詰みます。こちらの変化手順では、7二の角

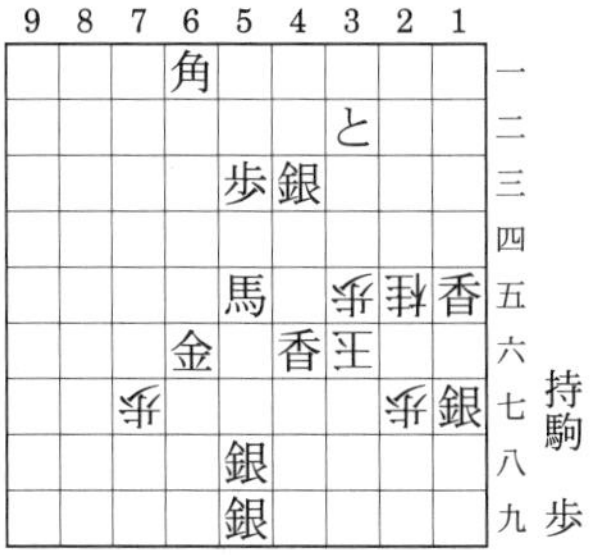

図3
（久保紀貴「位置エネルギー」・『詰将棋パラダイス』・2013年11月号）

を成る必要があります。一方☖4五歩合なら、☗同角不成と不成で取ります。☖3七玉は先ほどと同様に☗3八歩が打てて詰みますし、☖4六玉は、☗5六金、☖4七玉に☗5七金、☖同玉、☗5六馬と4五の角の利きを生かした詰みがあります。

　そこで玉方は、☖5四歩合として成生を打診する手が考えられます。☗同角成なら☖4五歩合、☗同角不成なら☖4六玉と応じれば詰まないというわけです。しかし攻方は、☖5四歩を☗同馬と取る手があります。以下☖4七玉、☗8三角不成とした局面（**図5**）が問題です。ここで、☖5七玉なら☗5六角成、☖5六歩合なら☗同角不成と、またも攻方は相手に応じて角を成るか成らないかを選択することで詰ますことができます。となると玉方はここでも成生打診をしたいのですが、7七に玉方の歩があって二歩になるので、☖7四歩合とはできません。☖6五歩合ならできますが、これは☗同馬と取る手があってすぐ詰みます。と

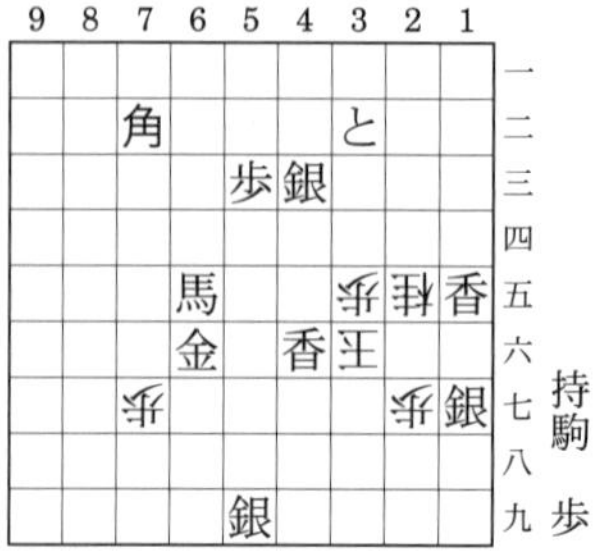

図4
（久保紀貴「位置エネルギー」・『詰将棋パラダイス』・2013年11月号・5手目）

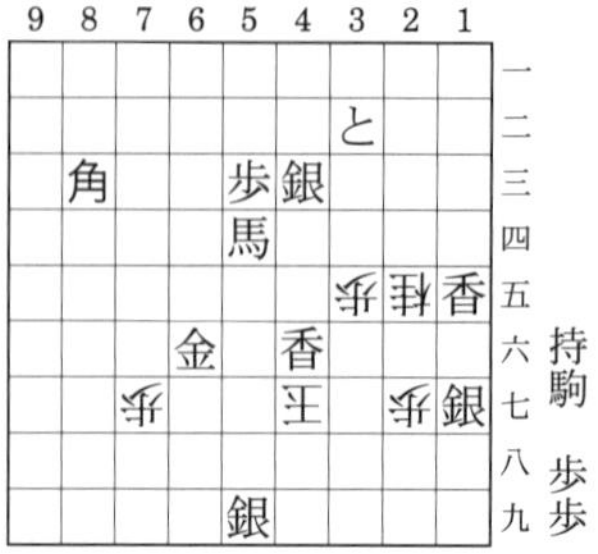

図5
（変化図）

なると、もう玉方にうまい手はなさそうですが……。

もし5手目の局面で、角が7二ではなく6三にいたとしたらどうでしょうか。今度は、先ほどの変化図の局面になったときに攻方の角は7四から王手することになるので、玉方は▲7四角成か▲7四角不成かを攻方に決めさせることができます。ここまで読んでやっと、玉方の最善手が明らかになります。▲7二角不成に**△6三歩合、▲同角不成**としてから**△5四歩合**とする連続成生打診が作者の狙いだったのです！

成生打診だけでも高度な技なのに、それを連続して行うというのは驚異的です。この二回の打診合を両方**▲同角不成**と取るのが本手順。歩を二枚もらうことで新たな詰み筋が発生し、33手で詰みに至ります。

成生打診の高度な駆け引きを見事に表現した本作は、平成二十五年度看寿賞を受賞しています。

江戸時代最高の詰将棋作家、伊藤看寿の名を冠した看寿賞を受賞することは、詰将棋作家にとって最高の栄誉です。短編賞、中編賞、長編賞の三部門があり、毎年夏に開催される詰将棋全国大会の席上で授賞式が行われます。受賞作の選定は一流詰将棋作家からなる七人の選考委員によって行われ、議論の過程は『詰将棋パラダイス』誌上に掲載されます。平成二十七年度までのすべての受賞作品は、二〇一七年に発売された『完全版　看寿賞作品集』（マイナビ出版）で見ることができます。

第21問

この駒さえいなくなってくれれば……。

5手詰。

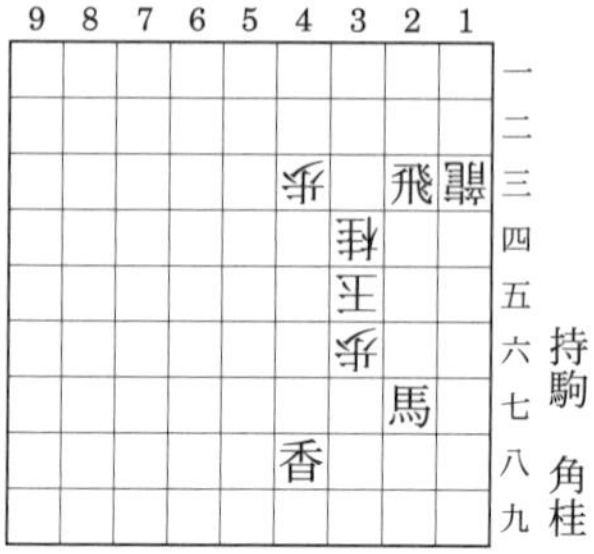

（三輪勝昭・『詰将棋パラダイス』・1980年7月号）

解答は171ページ

第22問

馬をどこへ動かすか、それが問題です。

5手詰。

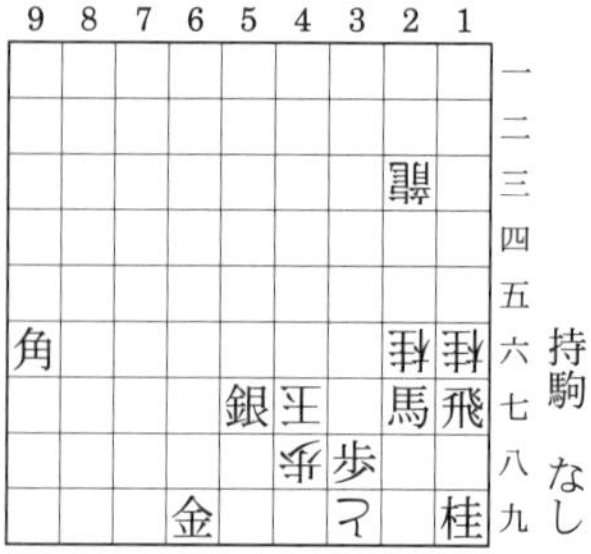

（内山真・『詰将棋パラダイス』・2012年9月号）

解答は172ページ

3 詰将棋と打歩詰3

飛先飛香

持駒を何枚か持っているとき、どの駒からどういう順序で使っていくかというのは、詰将棋において重要なポイントでしょう。「金はとどめに残せ」、「桂があれば打ってみよ」など、持駒に関する格言も広く知られています。もちろん、こうした格言の逆を行くような作品もたくさんあります。

しかし、**図1**のような局面ではどうでしょうか。攻方は持駒に飛車と香車を持っています。☗3九飛は☖3七歩合、☗4七馬は☖4五玉くらいでまったく詰みそうにありませんから、ここは3七に持駒を打つしかなさそうです。では、飛車と香車のどちらを打てばよいでしょうか？ ちょっと考えると、どちらを打っても、玉方はそれを取るしかないことがわかります。もし☖2五玉と逃げれば、☗3四馬から簡単に詰んでしまうからです。となれば、どうせ取られるなら弱い香車を先に打ち、強い飛車を残しておきたいと考えるのは当然のことでしょう。ところが実はこの局面は、香車を先に打ってしまうと詰まず、強い飛車を先に手放してしまうとなぜか詰むという不思議な図なのです。

　このように、持駒に飛車と香車がある状況で、飛車を先に使って手駒に香車を残すテーマは、

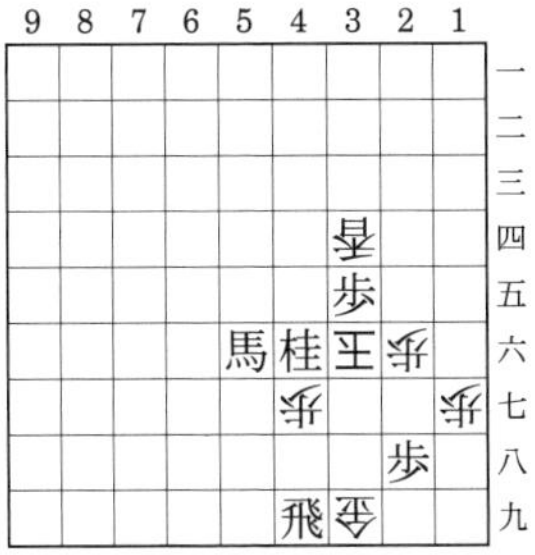

持駒　飛香

図1
（山田修司・『近代将棋』・1964年2月号・12手目）

「飛先飛香《ひせんひきょう》」と呼ばれています。同様に、飛車と歩が持駒にある場合は「飛先飛歩《ひせんひふ》」、香車と歩なら「香先香歩《きょうせんきょうふ》」などと呼ばれます。大事なのは、二種類の駒のうち**弱い方を先に使う方が自然に見えるような局面で、強い方を先に使う**ということです。

あえて弱い方を残すという手順が有利になるということが、なぜ起こるのでしょうか。それを可能にする仕掛けの一つが、打歩詰です（打歩詰が絡まない「○先○□」もあります）。

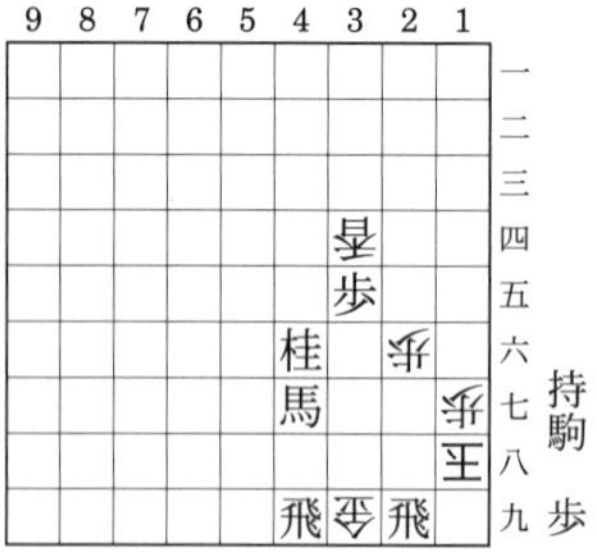

図2
（紛れ図）

先ほどの飛先飛香の図も、打歩詰が関係しています。もし自然に見える☗3七香を着手したとすると、☖同玉、☗4七馬、☖2八玉までは必然的に進みます。ここでの持駒は飛車と歩。2七に逃げられると詰まなくなるので、☗2九飛と打つしかありません。☖同金は☗同飛以下すぐ詰みますから、玉方は☖1八玉と逃げます（**図2**）。さてここで攻方は☗1九歩と打ちたいのですが、それは打歩詰の反則ですからできません。しかしもし2九の飛車が香車なら、☗1九歩を☖同玉と取ることができ、☗3七馬から詰ますことができます。そこで図1では、香車ではなくて飛車を打ち捨てる「飛先飛香」が成立するというわけです。

ここで紹介した作品は、「昭和の看寿」と謳われた詰将棋作家、山田修司氏によるものです。冒頭に掲げた図1は途中図で、作品全体（**図3**）としては飛先飛香のテーマの前に、あとで☗1九歩を打てるようにするためにまず1九の桂馬を跳ね捨てて消去しないといけないという凝った構成でした。作品発表当時に解説を担当した小林淳之助氏が、言葉の限りを尽くして激賞しています…

この短手数になんと贅沢な内容なのだろう。作者の真意を捉えた時、解説子は暫し息をつめ、限りある紙数を恨んだ。締切時間に追われている自分があまりにも小さく、涙がこぼれて仕方がなかった。午前2時、私はペンを捨てた。家人の怪しむ気配を後に、雨戸を繰って胸一杯夜気を吸込んだ。この季節に珍しく星が綺麗だった。天才山田は天来の声を聞く男だ。私も星空を見やり天の啓示を待った…。

どうです、この熱量！　ここまで人を感動させてしまうのが、詰将棋というものなのです。

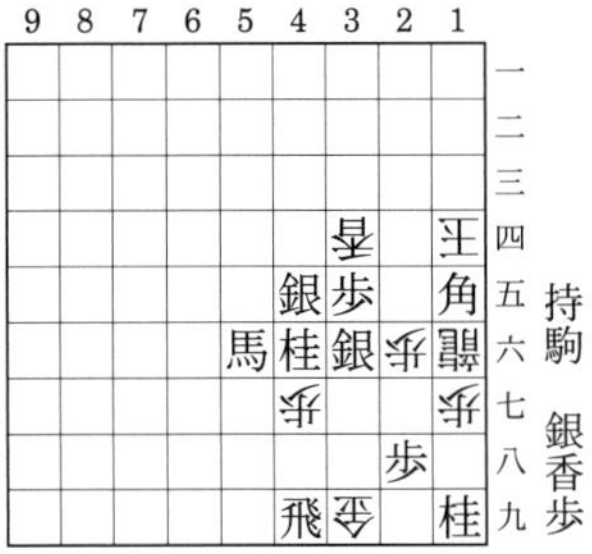

図3
（山田修司・『近代将棋』・1964年2月号）

詰将棋全国大会と並ぶ詰将棋界の大きな恒例イベントが、毎年三月から四月にかけて行われる詰将棋解答選手権です。初級戦・一般戦・チャンピオン戦の三部門があり、例年、チャンピオン戦が三月下旬に、初級・一般戦が四月上旬に実施されています。初級戦は1〜5手詰六問、一般戦は5〜15手詰六問を制限時間以内に解きます。全国各地で行われますので、興味のある方は挑戦されてはいかがでしょうか。詳しくは以下のページをご覧ください：https://blog.goo.ne.jp/shogi-problem

第23問

飛車と香車、どちらから使いますか？ 5手詰。

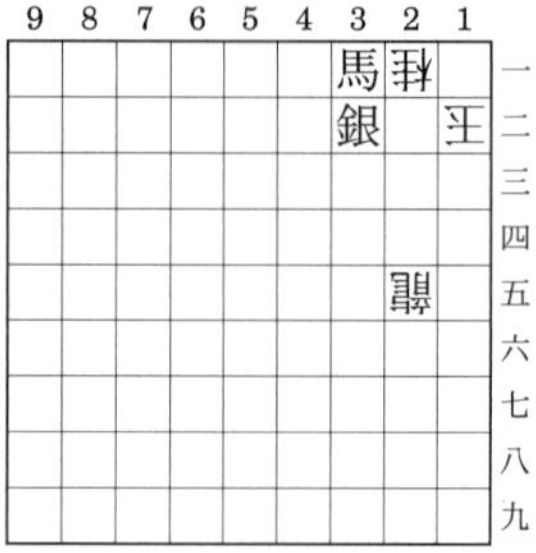

持駒 飛香

（佐藤正範・『近代将棋』・1979年9月号）

解答は173ページ

第24問

フィニッシュの一手は爽快感があります。5手詰。

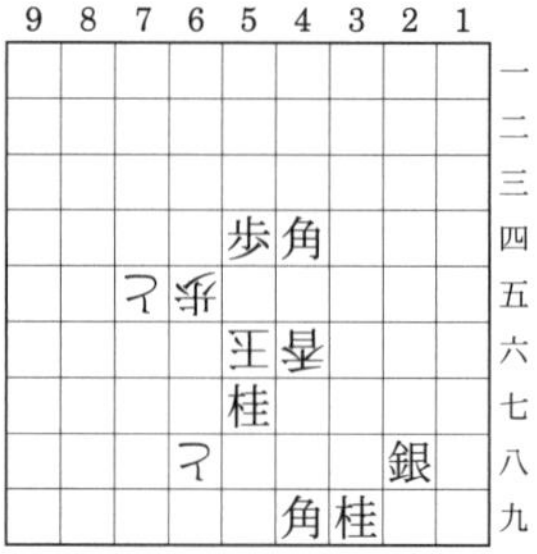

持駒 飛飛

（金子清志・『詰将棋パラダイス』・1988年10月号）

解答は174ページ

4
詰将棋と打歩詰4
取らせ短打

飛・角・香の「走り駒」による王手は、相手に取り返されないように十分遠い位置から打つのがセオリーです。しかし攻方の駒の利きが強すぎて打歩詰に陥りそうなときは、あえて玉方に取ってもらえるように近くから打ったほうがよいということが起こりえます。ここでは、そうしたテーマを表現した作品を紹介しましょう。

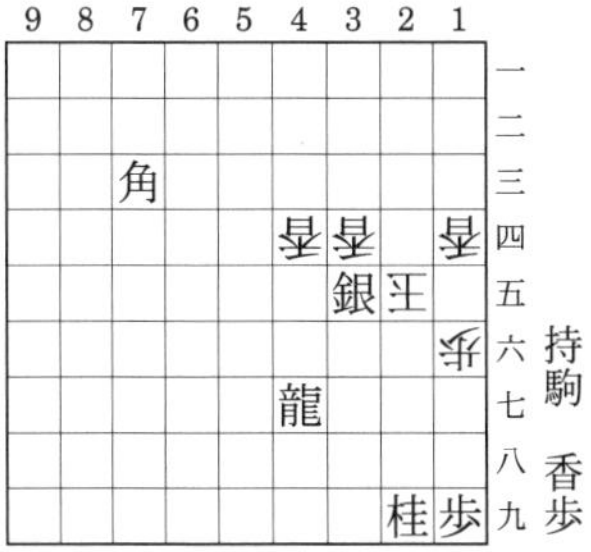

図1
（稲葉元孝・『詰将棋パラダイス』・1999年3月号）

　たとえば**図1**の作品について考えてみましょう。▲2七龍は△3五玉と銀を取られ、▲3六歩、△4五玉、▲4七龍、△5四玉で捕まりません。初手▲2六歩では、△3五玉のあと2四から脱出されてしまいます。そこで香打ちとなるのですが、自然に見える▲2八香では、△3五玉で打歩詰の局面になってしまいます。これを回避すべく、**▲2六香**とくっつけて打つのが正解（このように、王手する走り駒を相手の玉に近い地点から打つことを「短打」と呼びます）。**△3五玉**のときに香車が宙ぶらりんになっていますから、**▲3六歩**を打つことができます。以下、**△2六玉**、**▲2七龍**、**△同玉**、**▲3七角成**までの7手詰でした。

　この作品では、攻方が短打する駒は玉方の玉自身によって取られます。これに対し、玉方の玉以外の守備駒に取ってもらう作品もあります。ここでおもしろいのは、攻方が走り駒を離して打ってしまうと、玉方が逆に守備駒を攻方に取らせようとすることです。駒の打ち場所で「取る」と「取られる」の関係が逆転してしまうのです。

図2の作品を見てください。初手は▲4五飛から入ります。△2四玉や△3五香合は▲2一飛とこちらからもう1枚打てば、手数はかかりますが詰みます。したがって▲4五飛は△同銀と取るのが本手順なのですが、ここで考えたいのは「なぜ▲5五飛ではいけないのか？」ということ。▲5五飛に△4五歩合なら、▲同飛と取れば単に▲4五飛と打ったときに比べて持駒を余計に持てることになるので得なはずです。

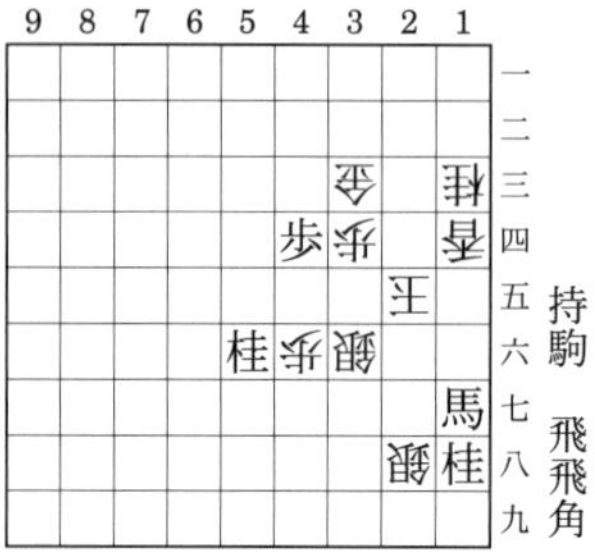

図2
（柳田明・『近代将棋』・1982年5月号）

実は玉方には、▲5五飛に△4五銀（！）と応じる手があります。▲同飛と取れば△3六玉と脱出しようというわけです。しかしそれなら、▲4五飛と打ったときと同じ手順で行けばよさそうに思えます。ところが、▲5五飛、△4五銀、▲2七飛、△2六歩合、▲同飛、△3五玉、▲2四角、△同金と進んだとき、攻方は困ってしまいます。次に▲3六歩と打ちたいのですが、4五の銀が5五の飛車でピン*されていて動けず、打歩詰になってしまうのです（**図3**）。

この打歩詰を回避するために、攻方は初手に▲4五飛と打つ必要があるわけです。△同銀と取らせてから▲2七飛、△2六歩合、▲同飛、△3五玉、▲2四角、△同金となったとき、今度は図3の5五飛がいませんから、▲3六歩と打つことができます。以下、△同銀、▲2五飛、△同玉、▲2六馬まで。作意と紛れを比べてみると、攻方の飛車と玉方の銀が、4五の地点に先に飛び込んで取られようとしているのがおもしろいですね。

　このように、相手の駒に取られるようにわざと飛び道具を短く打つ手は、「取らせ短打」などと呼ばれます。最初に挙げた作品も玉方に取られるために走り駒を短く打っていますが、実際には柳田氏の作品のように、「離して打つと玉方の守備駒に移動合をされて打歩詰の局面に誘導されるので、短く打って守備駒に取ってもらい、打歩詰を回避する」という組み立ての作品を「取らせ短打」と呼ぶことが多いようです。

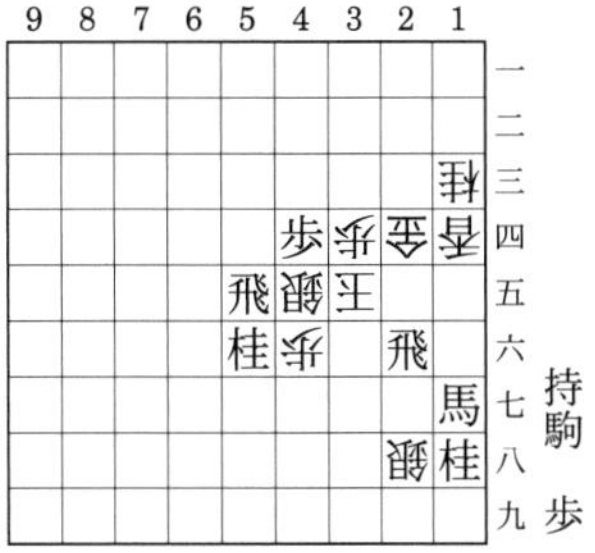

図3
（紛れ図）

＊用語「ピン」については第1章3節第5問の解答（155ページ）参照。

今回から、一問ずつ7手詰を紹介していきたいと思います。5手詰でも面白い作品はたくさんありますが、7手詰になるといよいよ本格的なテーマを表現することができ、作品が一段と奥深いものになります。もちろん、手数が長くなるとその分難しくなりますが、解けたときの気持ちよさは格別です。ぜひ挑戦してみてください。

なお、難しい問題ばかりでは疲れますので、もう一問は気楽に解ける3手詰にしておきます。

第25問

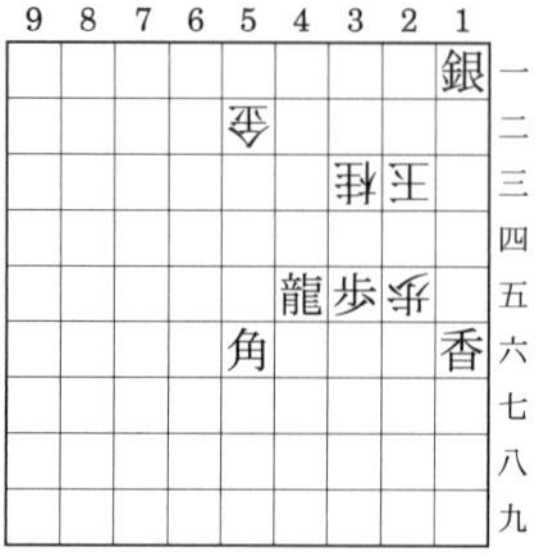

持駒　なし

（大崎壮太郎・『詰将棋パラダイス』・2001年5月号）

解答は175ページ

3二に逃げ込まれないためには……。3手詰。

第26問

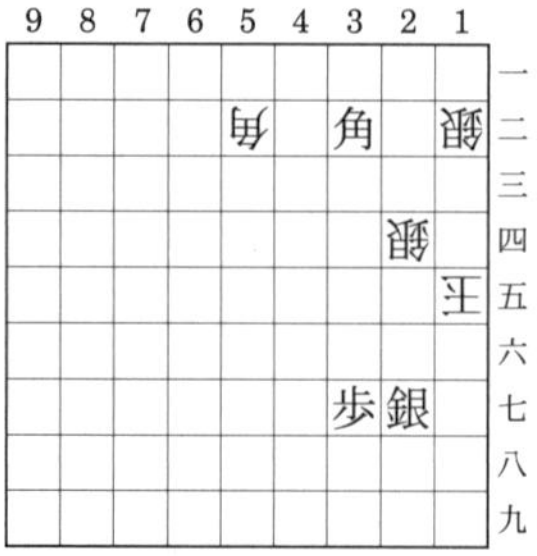

持駒　飛飛歩

（原田清実・『詰将棋パラダイス』・1984年11月号）

解答は176ページ

さあ、いよいよ7手詰です。飛車をどこから打ちますか？

5 詰将棋と打歩詰5

不利逃避

打歩詰は、詰将棋のおもしろさを深めてくれる原動力ともいうべきルールです。これによって、攻方は成れる駒をわざと成らなかったり、強い駒を手放してしまったり、わざと取られるところに持駒を打ったりします。一方、玉方も同じような手段で自らの戦力を弱め、打歩詰の局面に誘い込もうとします。ここでは、攻方に余計に駒を取らせる方にわざと逃げる「不利逃避」について紹介しましょう。

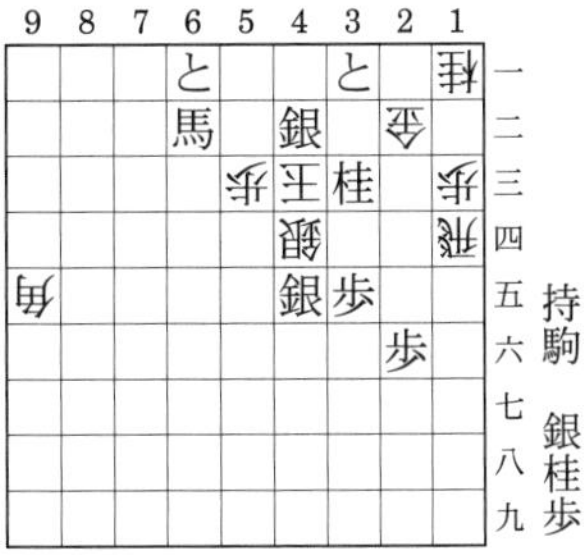

図1
（山田修司・『近代将棋』・1963年2月号）

図1の作品は「昭和の看寿」こと山田修司氏の作品です。早速手順を見てみましょう。まず**▲3四銀打**、**△同飛**と飛車を呼んできてから、**▲5五桂**と打ちます。△同銀は▲5三馬がありますから、玉方は**△4二玉**と逃げる一手。まずここが岐路となる局面です。攻方としては▲4一桂成とするのがスジなのですが、△3三玉、▲3四銀、△2四玉、▲2五飛、△1四玉と追っかけていったところではたと困ります。▲1五歩が打歩詰で打てないのです（**図2**）。これは失敗です。

ここで攻方にいい考えが浮かびます。▲4一桂成と成る前に、**▲5一馬**、**△同角**と馬を捨てる手を挿入することで、玉方の角を5一に呼び寄せておくのです。こうしておいてから☗4一桂成とすれば（図3）、今度は先ほどの手順どおりに進めたときに5一の角が1五に利いており、打歩詰にはなりません。あとは歩を角で取らせて1五の地点をふさぎ、☗2三飛成、☖同金、☗2五銀まで。ああ、解けてよかった……。いえいえ、まだ話は終わっていないのです！

7手目の☗4一桂成に対し、玉方はなぜか☖5二玉とこちら側によろめきます。攻方は☗5一成桂と角を取る一手。そこで☖4二玉、☗4一成桂と戻ってから今度は☖3三玉と逃げます。すぐに3三へ逃げた場合と比べると、角をただで取られたほかには何も変わっていないのですから、通常であれば玉方は大きな損をしているはずです。この一見不利に見える逃げ方が「不利逃避」で、これによって角を盤上から消し、再び打歩詰の局面に誘導しているのです。

玉方の秘策によって今度は攻方が困ったかのよ

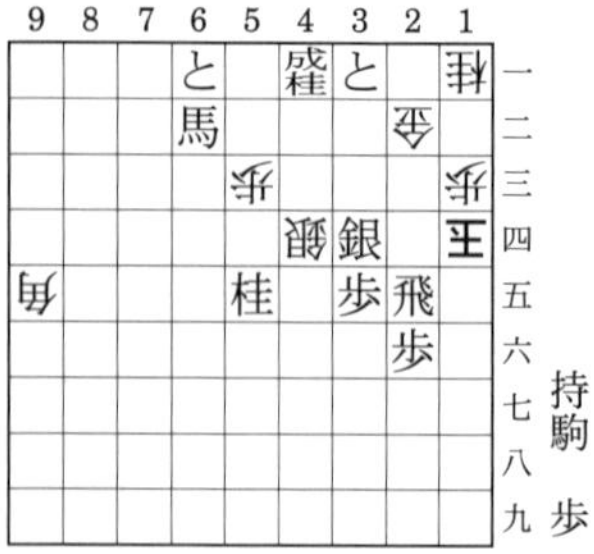

図2
（紛れ図）

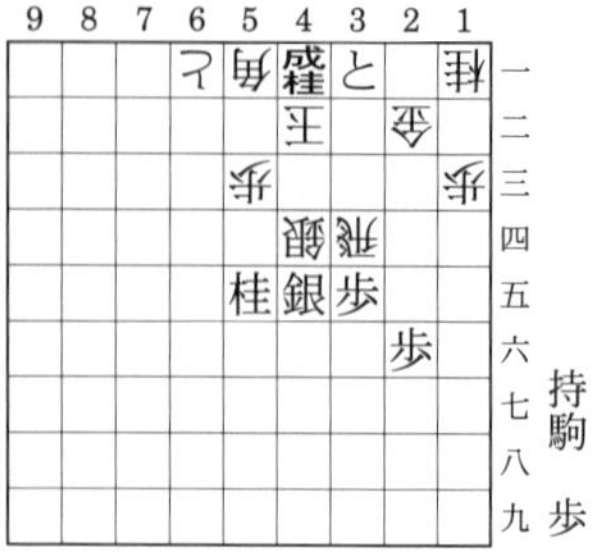

図3
（山田修司・『近代将棋』・1963年2月号・7手目）

うに見えますが、幸いこの折衝で角を手にしましたので、これをうまく使うと詰みに持ち込むことができます。☗3四銀、☖2四玉、☗2五飛、☖1四玉と打歩詰の局面まで来たとき、☗2三角、☖同桂として玉方の桂馬を跳ねさせます。これで打歩詰の状態を解消することができたので、☗1五歩と打つことができます。以下、☖同桂、☗2三飛成、☖同金、☗2五銀までの23手詰でした。

「不利」という名前がついていますが、もちろん実際には、玉方は一番有利な逃げ方を選んでいるわけです。したがって、何となく逃げていたら結果的に不利逃避になっていたというのでは、このテーマのおもしろさは伝わりません。一見してその逃げ方は不利であると「見える」ことが大切です。その意味で本作は、角を取らせて戻る玉のよろけ方、打歩詰の発生場所が角を取らせた地点からやや離れている点など、テーマが手順の流れの中に埋没しないようにうまく設計されているといえるでしょう。さらに主題の前段階として攻方が打歩詰回避を目的に玉方の角を呼び寄せる手が入っており、テーマがさらに強調されて伝わりやすくなっています。よい演出家であることも、よい詰将棋をつくるために必要なことなのです。

不利逃避の意味づけは必ずしも打歩詰誘致だけでなく、たとえば玉方が玉の退路を確保するために味方の駒を攻方に取ってもらうようなケースもあります。このような場合でも、どうテーマを見せるかが重要になるでしょう。

詰将棋を創ったり解いたりして楽しむという営みがここまで根づいた原動力が、詰将棋を掲載する雑誌の存在です。特に、詰将棋の専門誌である『詰将棋パラダイス』は、詰将棋文化の隆盛に大きな役割を果たしました。一般の書店では取り扱っているのは東京の八重洲ブックセンターや大阪の旭屋書店などわずかで、定期購読をしている読者がほとんどです。まだ読んだことがないという方、一度入手してみてはいかがでしょうか。詰将棋にどっぷり浸かれますよ。

第27問

3三には攻方の駒がたくさん利いていますが……。3手詰。

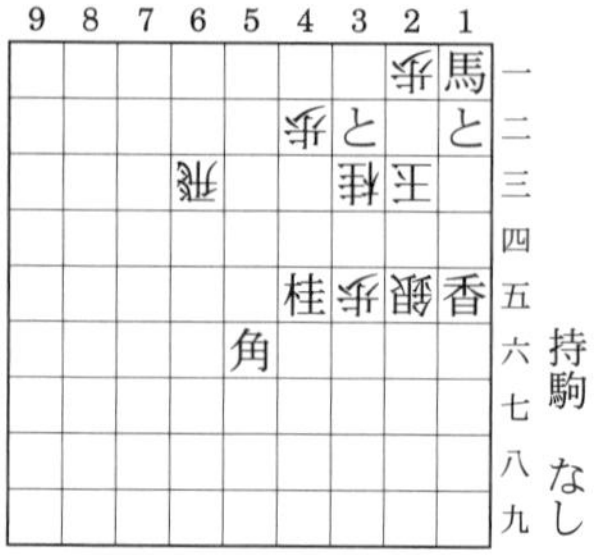

（佐口盛人・『詰将棋パラダイス』・2000年2月号）

解答は177ページ

第28問

5手詰？　いいえ、7手詰です。玉方の奇手を味わってください。

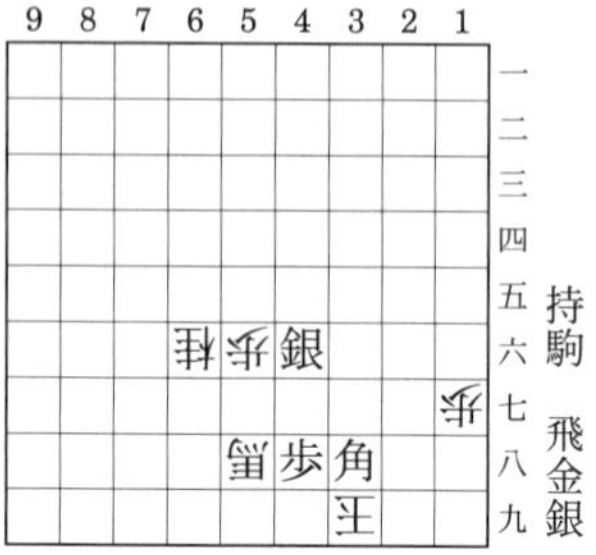

（谷本治男・『詰将棋パラダイス』・1984年2月号）

解答は178ページ

6 詰将棋と打歩詰6

ブルータス手筋

一九五二年二月号の『詰将棋パラダイス』に掲載されたある作品が、ちょっとした注目を集めました。普段解答を送ってくる人たちの多くが、「どうしても詰まない」と白旗を揚げたのです。図面の誤植ではないかと思った人も少なくなかったようです（**図1**）。

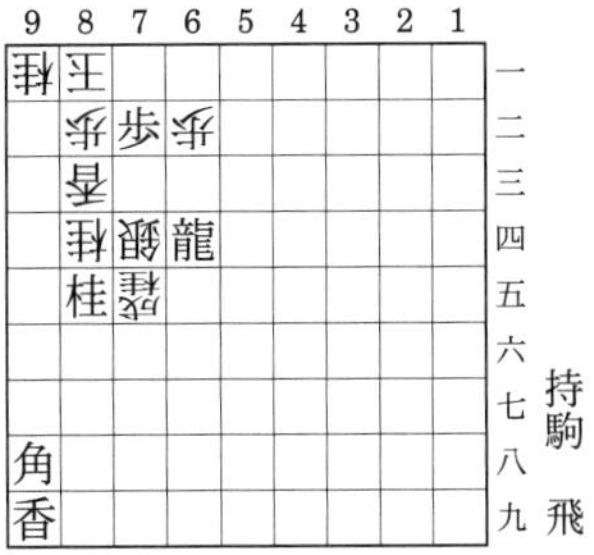

図1
（栗原壽郎・『詰将棋パラダイス』・1952年2月号）

腹から飛車を打ち、△9二玉に角を動かしてあき王手するしかなさそうです。試しに▲7一飛、△9二玉、▲5四角としてみると、△9六歩合と合駒をされてしまいます。▲同香、△同桂となった局面で▲9三歩と打つのは、打歩詰の反則。歩が打てないとなると、この局面はどうしても詰みません。

実はこの打歩詰を回避できる飛車の打ち場所が、たった一つだけあるのです。▲**1一飛**と一番遠くから打ち、△9二玉に▲**2一角成**と飛車の利きを遮れば（**図2**）、△9六歩合でも▲同香、△同桂に▲9三歩と打てるので簡単に詰みになります。したがって△**9六角合**が最善の応手となり、19手で詰みに至ります。

白旗解答が続出し、解説担当の小林淳之助氏が「思わず〝○○君、貴君もか！〟と叫ばずにはいられなかった」と書いたことから、本作のような構想は「ブルータス手筋」と呼ばれています。

もっとも、「飛車や角を遠く離れた場所から打ち、あとでその利きを別の攻方の駒で遮断することによって打歩詰を回避する」というストーリーは、実はそれほど新しいものではありません。それどころか、江戸時代にはすでにこの構想を実現した作品が創られているのです。

図3の作品は、伊藤看寿『将棋図巧』第四十九番です。盤全体に駒が広がっていますが、注目していただきたいのは玉がいる左下のエリア、3三にいる角、そして2五にいる香車です。

手順を追ってみましょう。初手より☗9八歩、☖同馬、☗同銀、☖同玉と清算したあと、本作の主眼部が早速登場します。☗9九角成、☖同玉、☗1一角と角をわざわざ一番遠い地点に打ち換えるのです（**図4**）。なぜこんなことをするのでしょうか？ その答えは十数手後に現れます。☖9

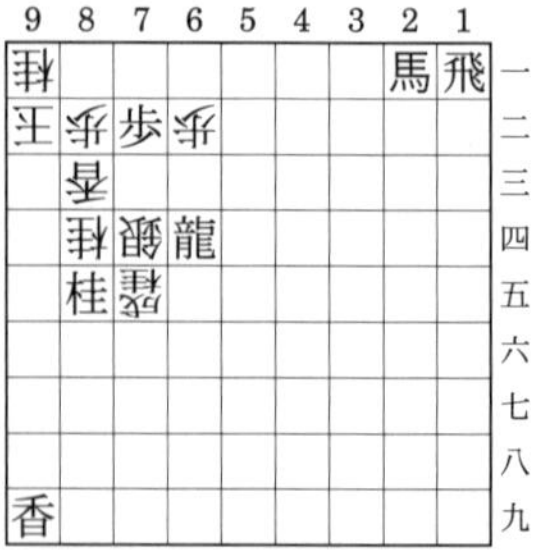

持駒 なし

図2
（栗原壽郎・『詰将棋パラダイス』・1952年2月号・3手目）

持駒 金歩

図3
（伊藤看寿・『将棋図巧』第49番）

八玉、☗9九金、☖9七玉、☗6七飛……と追いかけてゆき、22手目に☖7五玉としたとき、☗2二香成という手が飛び出します（図5）。この手は1五の龍によるあき王手ですが、1一に打ち直した角の6六への利きが遮られたため、もし☖2五歩合なら、☗同龍、☖同成桂となったとき、攻方が☗7六歩と打っても打歩詰にならないというわけです。

なお残された解答本を見ると、看寿はさらにここで☖2五角合とし、攻方はそれを取ったあと☗9三角、☖8四歩合、☗同角成、☖同香と歩に交換してから☗7六歩と打つ手順を作意として考えていたようです。そこまでストーリーが続けばなおよかったのですが、残念ながら☗9三角の代わりに☗7六銀とすると早く詰んでしまうので、これは成立していません。☖2五歩合を本手順とすれば余詰はないので、これは作意が誤っていたという珍しいケースです。弘法も筆の誤り、という

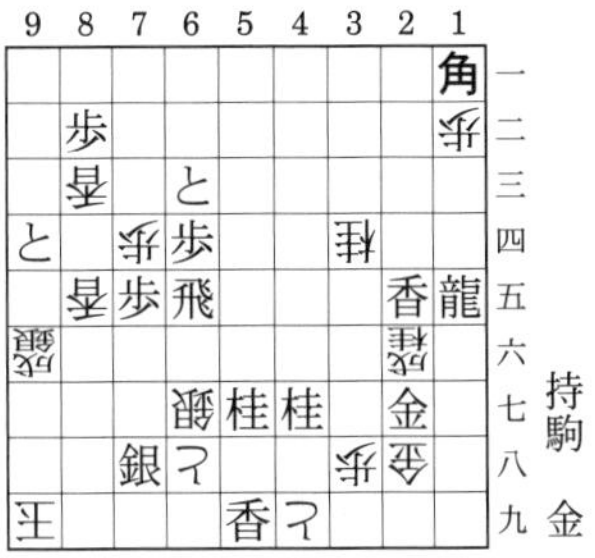

図4
（伊藤看寿・『将棋図巧』第49番・7手目）

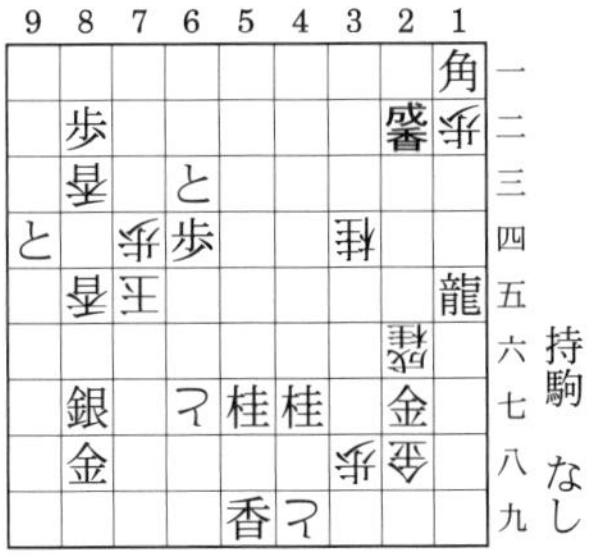

図5
（伊藤看寿・『将棋図巧』第49番・23手目）

ところでしょうか。

それにしても、まだ手探りで探求を続けるしかなかった時代、打歩詰を回避するために攻方の駒を遠くに配置して利きを別の駒で遮るという構想を描くだけでも大変なことなのに、さらにその前段階として、手前に置かれていた角を成り捨てて遠くから打ち直すというマクラを追加するというアイディアを思いつき、それを実現してしまう看寿の才能と創作力には、ただただ脱帽するしかありません。

詰将棋を発表する場として、『詰将棋パラダイス』とともに詰将棋文化を支えてくれたのが『近代将棋』です。一般向けの将棋雑誌でありながら、将棋の実戦からはかけ離れたような長手数の大作も掲載され、数々の名作がここで生まれました。誌上では塚田正夫名誉十段の名を冠した塚田賞が毎年選考され、看寿賞と並ぶ名誉ある賞として詰将棋作家のあこがれとなっていました。二〇〇八年に休刊してしまったことは残念でなりません。

第29問

角と馬の利きをうまく生かしましょう。3手詰。

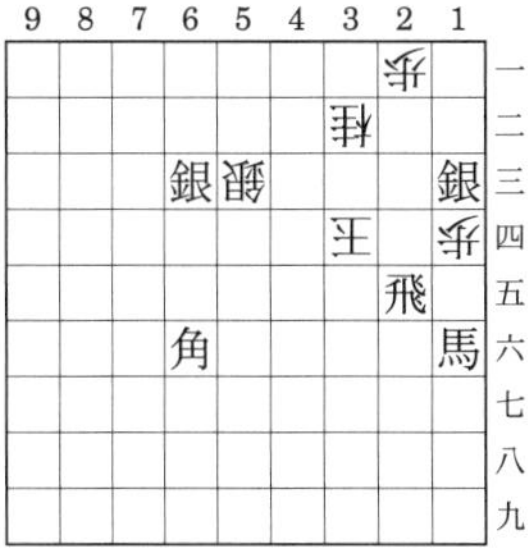

持駒 なし

（車田康明・『近代将棋』・1984年10月号）

解答は179ページ

第30問

安易に進めると打歩詰に陥ります。あの手筋を使いましょう。7手詰。

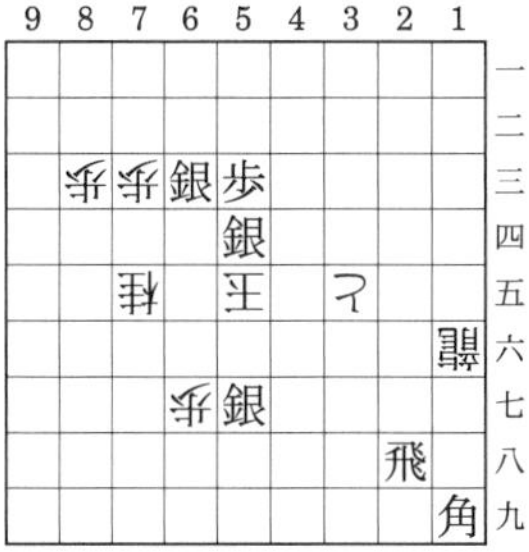

持駒 角歩

（橋本樹・『詰将棋パラダイス』・1980年5月号）

解答は180ページ

7 詰将棋と打歩詰7

森田手筋

詰将棋でよくとりあげられるテーマには、しばしば「～手筋」という名前がつけられます。その中でも詰将棋愛好家の間でとりわけ人口に膾炙しているのが、本節で紹介する森田手筋です。

図1の作品を見てみましょう。初手に☗2七香

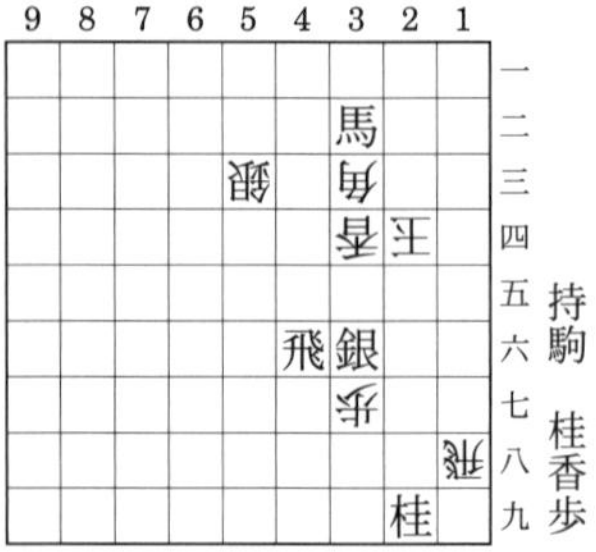

図1
（森田正司・『詰将棋パラダイス』・1959年9月号）

と香車を打つのは、☖1五玉と逃げてくれれば☗3三馬、☖1六玉、☗2五角で簡単に詰みますが、☖2五歩合と捨合される手があります。☗同香と取ると、☖1五玉、☗3三馬、☖1六玉のときに香車が邪魔で角を打つことができません。これは失敗です。

　そこで、初手は桂打ちから入ります。**☗1六桂**、☖同飛成となってから、あらためて香車を打つことを考えてみましょう。今度は、2六や2七に打っても☖同龍と取られて詰みません。しかし☗2五香とくっつけて打つと、☖同龍は☗同銀、☖同玉と清算してから☗2六歩と打てば、どう逃げても簡単に詰ますことができます。☗2五香に☖1五玉なら、☗3三馬、☖2六玉のときに☗2七歩、☖同龍、☗3五銀、☖同玉、☗2四馬という手があって詰みます。

　ところが、実は玉方には、初手の桂打ちを**☖同飛不成**と取る秘策があります。これなら、**☗2五**

香、☖1五玉、☗3三馬、☖2六玉となったときに（図2）、攻方は2七に歩を打つことができません。成れる駒を成らないことで、打歩詰の局面に誘導したわけです。

ここからの攻方の手順が本作の見せ場です。歩を打ったとき、それを取ってくれる玉方の駒がいれば、打歩詰の状態は解消されます。そこで、それを無理やりつくりだそうというのが、☗4四角と打つ手です。☖同銀は、☗同馬と取り返せば持駒に銀が入るので簡単に詰み。そこで玉方は合駒をしますが、まっすぐ前に進める駒を使うと、攻方に取られて2七に打たれてしまいます（3七に歩がいるので歩合はできません）。すると角か桂しか選択肢はありませんが、角はすでに2枚とも盤上にあって品切れ。したがって打歩詰の状態を保つためには、桂合するしかないことがわかります（図3）。

合駒として打たれた桂馬は攻方の角によってピ

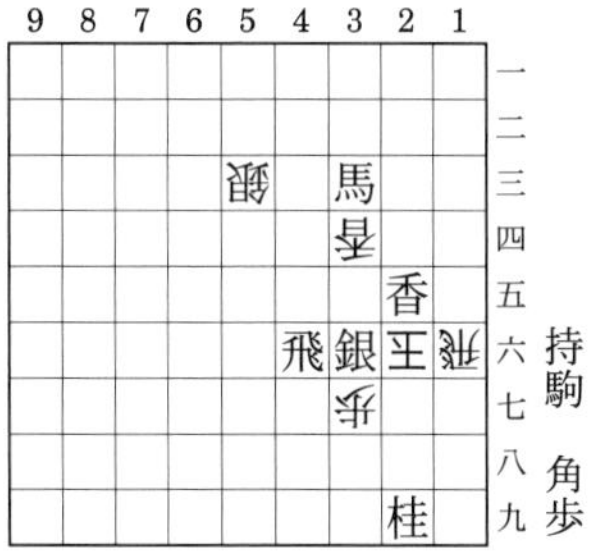

図2
（森田正司・『詰将棋パラダイス』・1959年9月号・6手目）

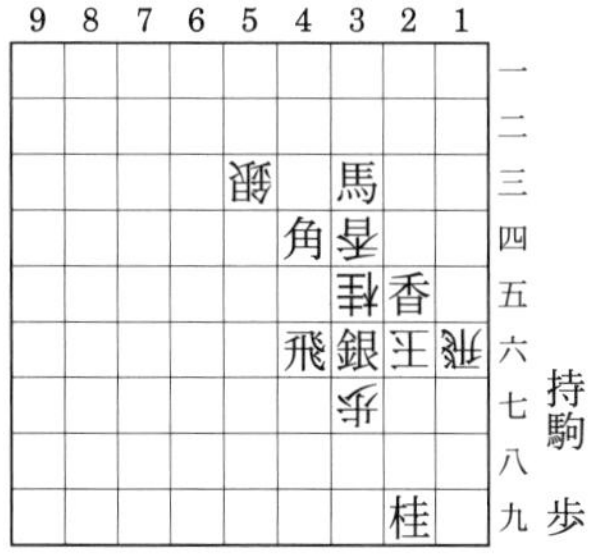

図3
（森田正司・『詰将棋パラダイス』・1959年9月号・8手目）

ンされているため、現時点ではまだ打歩詰の状態です。しかしここで☗1五馬と馬を捨て、☖同玉（☖同飛は☗3五角以下詰み）、☗3三角成、☖2六玉となった局面（**図4**）を、6手目の局面と比べてみてください。先ほどまで影も形もなかった桂馬が、マジックのように出現しているではありませんか！

　これで打歩詰の状態が解消されたので、攻方は☗**2七歩**と打つことができます。以下☖**同桂成**、☗**3五銀**、☖**同玉**、☗**2四馬**までの17手詰になります。

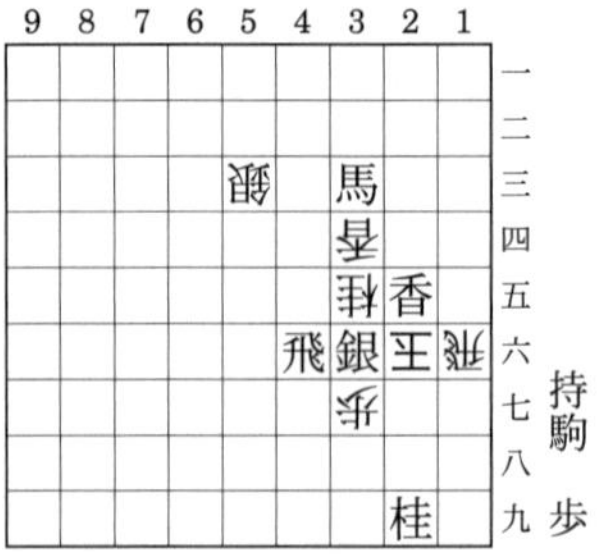

図4
（森田正司・『詰将棋パラダイス』・1959年9月号・12手目）

　このように、「合駒で歩を取る駒を出現させたあと、合駒させた駒を移動ないし消去させてピンを外すことで打歩詰を打開する」という仕組みを、第一号作である本作の作者に敬意を表して「森田手筋」と呼ぶようになりました。

本文で作品を紹介した森田正司氏は、森田銀杏の名前で多くの作品を発表しただけでなく、詰将棋の普及と発展に大きな貢献をした詰将棋作家として知られています。詰将棋研究会を自宅で定期的に開催したり、名作を集めたアンソロジーを執筆したり、一流作家の意欲作や専門的な論考などが掲載されたミニコミ誌を発行したりと、その活躍は多岐にわたりました。遺作となった「トランプ詰」（トランプのマークが盤上に描き出される四題セットの曲詰の連作）で、看寿賞も受賞されています。

第31問

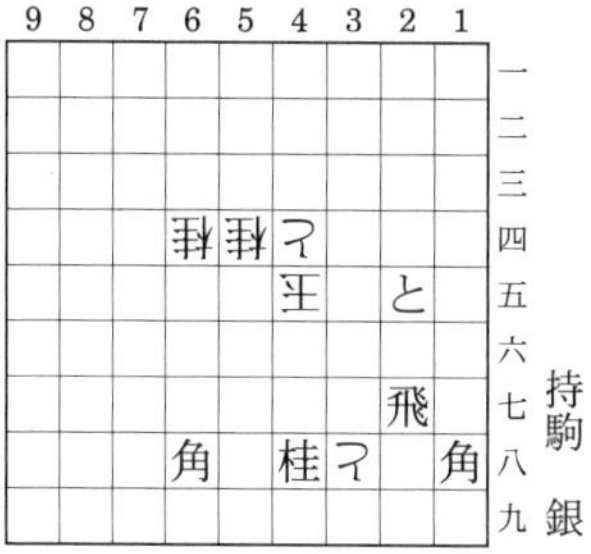

（柳原裕司・『詰将棋パラダイス』・1984年3月号）

解答は181ページ

本作は、あえて手数は5手以下とだけ申し上げておきましょう。

第32問

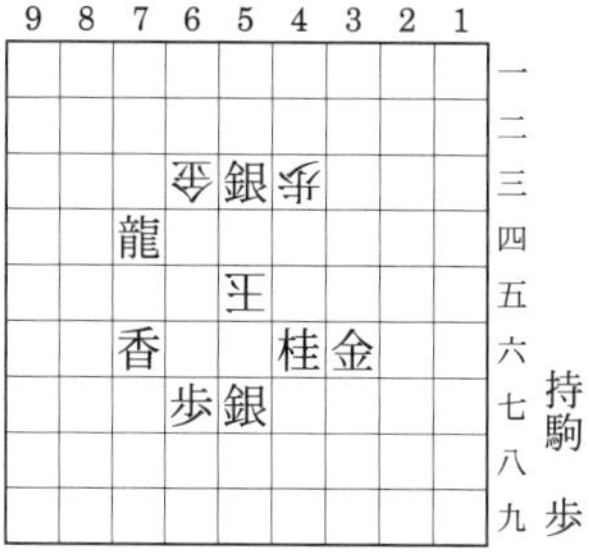

（大野雄一・『詰将棋パラダイス』・1982年3月号）

解答は182ページ

▲5六歩は、もちろん打歩詰の禁手。となると……。7手詰。

8 詰将棋と打歩詰8

先打突歩詰

ここまで、打歩詰がテーマにからんだ作品を紹介してきました。打歩詰はその名のとおり、持駒の歩を打ったその瞬間に相手の玉が詰んでしまうという禁じ手です。しかし、盤面にすでに置かれている歩を突いて詰める「突歩詰《つきふづめ》」は禁じられていません。この対比を詰将棋として表現したテーマが、本節でご紹介する「先打突歩詰」です。

図1の作品を見てください。☗5五歩と打てば詰んでいますが、もちろんこれは打歩詰の反則。そこで**☗6六桂、☖5五玉、☗5六歩**とまず一歩控えた場所に歩を打っておきます。それから**☖6五玉、☗5四桂、☖同玉**と玉を5四に戻します。6手かけて持駒の歩を5六に置くことに成功したので、これで**☗5五歩**と突歩詰で詰めることができます。このように、打歩詰が発生する場所から一歩下がったところに先に歩を打っておき、打歩詰から突歩詰に変えてしまうのが「先打突歩詰」です。もちろん詰将棋は王手の連続で迫らなければいけませんから、単純に歩をずらして打つわけにはいきません。そこで、王手をかけ続けながら玉を一歩前に出させておいて歩を打ち、その後にまた玉を最初の位置に戻すという操作を行うことになります。突歩詰にするために一歩控えて歩を

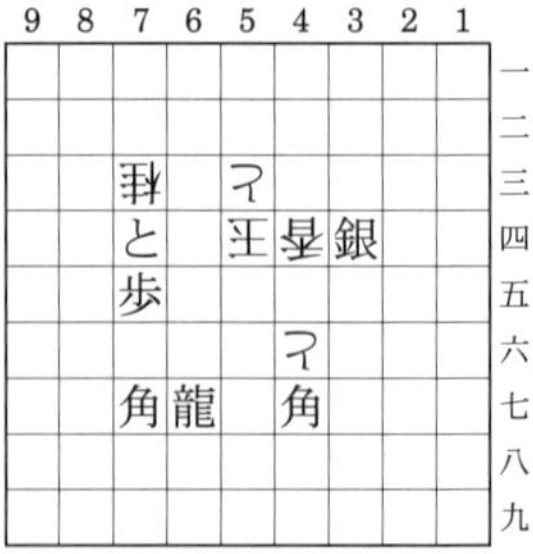

持駒　桂歩

図1
(廣瀬稔・『詰将棋パラダイス』・2015年3月号)

打ったように見える、というところがポイントです。

「先打突歩詰」と聞いて、詰将棋作家たちがまず思い浮かべるのが**図2**の作品です。

見てのとおり、初形は打歩詰の局面です。ここから攻方は、龍と持駒の歩をうまく使いながら、局面を少しずつ変化させていきます。**☗2三龍、☖2五玉、☗2六歩、☖1五玉、☗1六歩、☖同と、☗2五歩、☖同玉、☗3四龍、☖1四玉、☗1五歩、☖同とと**、12手かけて玉方のと金を1七から1五まで移動させます。ここから**☗2三龍、☖2五玉、☗2六歩、☖同と、☗3四龍、☖1四玉、☗1五歩、☖同玉**と進め、玉方のと金がピンされた状態をつくりだします。こうして、初形から21手目にしてようやく**☗1六歩**と歩を設置することができます。**☖1四玉、☗2三龍、☖2五玉**に、**☗1七桂、☖同と、☗3四龍、☖1四玉**となった局面（**図3**）を見てください。初形と比べて

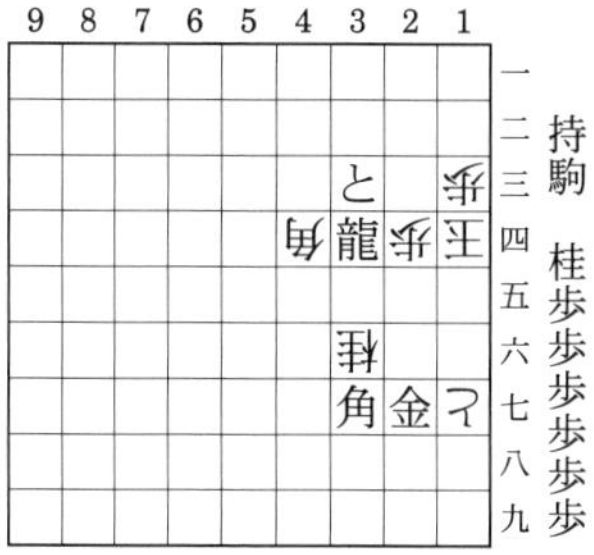

図2
（伊藤正・『詰将棋パラダイス』・1983年1月号）

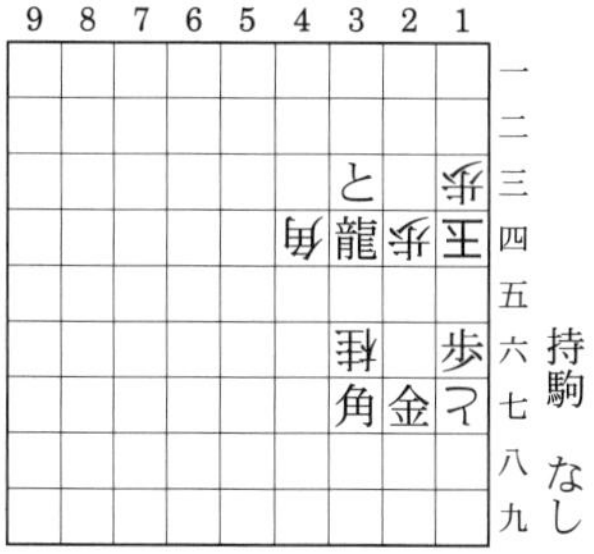

図3
（伊藤正・『詰将棋パラダイス』・1983年1月号・28手目）

盤の配置が変化しているのは、1六に置かれた歩だけです。実に28手をかけて、一歩下がって歩を打つことを実現したのです！

こうして詰将棋として「合法的に」1六に歩を置くことができたので、満を持して☗1五歩と突いて詰みになります。出だしの局面と比べるとあたかも1手で詰ましたかのようですが、実際には29手もかけてようやくここまでたどり着いたわけです。遊び心あふれる表現が絶賛された本作は、看寿賞中編賞を受賞しています。

今回ご紹介した二作は、古典的な詰将棋とはかなり趣が異なっています。名作と呼ばれるような詰将棋には、派手で華麗な捨駒や気づきにくい難解な手順などがつきもの。しかしここには妙手も名手もなく、ほとんど絶対手の連続です。玉方の応手も唯一に近く、一本道で終わりまで行ってしまいます。難解性や古典的な意味での芸術性をあえて除き、パズル的な手順を純粋な形で提示してみせる創り方は、古くは江戸時代の久留島喜内の作品などにその萌芽が見られるものの、現代的な詰将棋のスタイルといえるかもしれません。

前節で紹介した森田正司氏は、『詰棋めいと』というミニコミ誌を定期的に発行していました。その誌上で行われていたのが、打歩詰大賞という企画です。これはその年に発表された詰将棋の中で、打歩詰がからんだ独創的なアイディアが表現された作品を表彰しようというもので、森田氏の逝去によって『詰棋めいと』が休刊となるまで続きました。こんな賞が設けられるほど、打歩詰というルールは詰将棋作家の心をつかんで離さないようです。

第33問

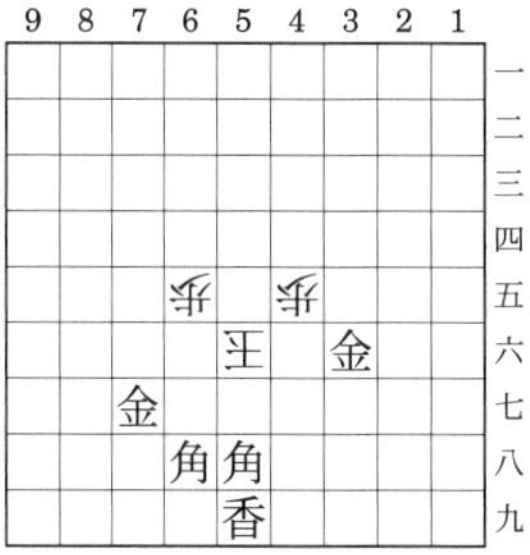

持駒　なし

（田中義昭・『詰将棋パラダイス』・1989年10月号）

解答は183ページ

角はどこへ行くのがベストでしょうか。3手詰。

第34問

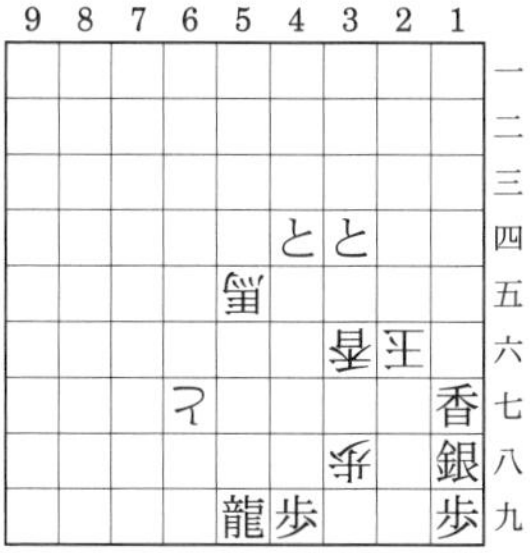

持駒　香歩

（首猛夫・『詰将棋パラダイス』・1996年4月号）

解答は184ページ

簡単に詰みそうですが、玉方が必死の抵抗を試みます。7手詰。

9 詰将棋と二歩

詰将棋は、打歩詰という禁じ手のルールがあったおかげでおもしろさが倍増しました。現在までに発表されている作品の中で、打歩詰がテーマに関わっているものは相当な数に上ります。しかし実際の将棋の対局において、打歩詰の反則で勝負がつくことはまずありません。終盤戦で詰むか詰まないかというとき、読み筋の中に打歩詰が現れること自体、ほとんどないのが実情です。

一方、将棋の対局において最も身近な禁じ手が「二歩」です。味方の歩がある筋にもう1枚歩を打ってはいけないという単純なルールですが、読みに没頭するあまり二歩を打って負けてしまうということは、プロ棋士同士の対局でもしばしば起こります。

●攻方の二歩回避

詰将棋においても二歩は登場しますが、その多くは玉方の合駒を制限するための根拠（同じ筋に歩がいるため歩合ができない）として現れるものです。そこから発展して、「あとで歩合されるのを防ぐため、ただで取れる歩を攻方が取らない」というストーリーを主題にした作品もあります。しかしここでは、攻方側の二歩がテーマに関わる作品を紹介しましょう。

図1の作品、実戦に出てきてもおかしくない自然なたたずまいですが、実は深い狙いが隠れています。

正解手順を追ってみましょう。初手は**▲2三歩成**から入ります。△同玉は▲3五桂以下、かなり手数はかかりますが本手順よりは早く詰みます。そこで**△1一玉、▲1二と、△同玉、▲2四桂、△1一玉**と進んだのが**図2**です。

ここから、**▲1二香、△2二玉、▲2三歩、△**

同玉と進行するのですが、ここで一つ疑問が浮かびます。なぜ1二に歩ではなく香車を打つのでしょうか？　二段目ですから、香車を打っても利きは歩と同じです。直後に2三に打った歩も、すぐ取られて消えてしまいます。☗1二歩、☖2二玉、☗2三香、☖同玉ではダメなのでしょうか？

1二に歩を打ったとして、先を進めてみましょう。玉を2三に誘い出したところで☗1五桂と打つのが好手。もし☖1四玉なら、☗2六桂、☖1五玉、☗3五龍まで。したがって☖2二玉と下がりますが、☗3四桂、☖同歩、☗2三桂成、☖同玉と、玉方の歩をつり上げてから打ったばかりの桂を成り捨てます。ここで☗3四角成としたところが**図3**です。

ここで考えられる玉方の応手は、☖1四玉と☖2二玉の二つ。もし☖1四玉と上がられたら、どうすればよいでしょう。これは簡単で、☗1五歩、☖同玉、☗3五龍、☖1四玉、☗2五龍で詰んで

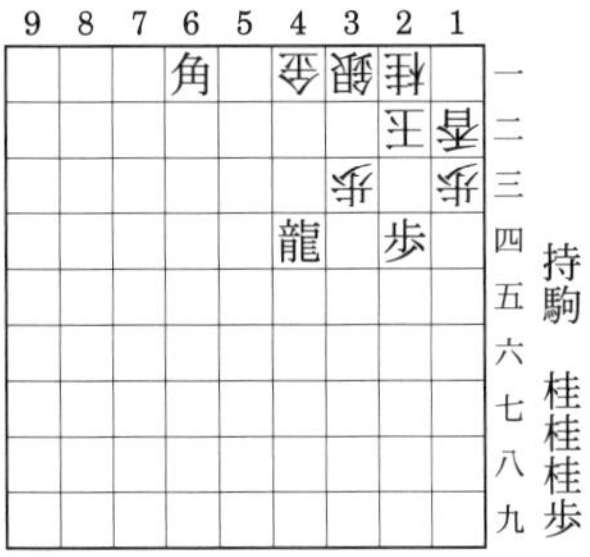

図1
（斎藤仁士・『近代将棋』・1976年2月号）

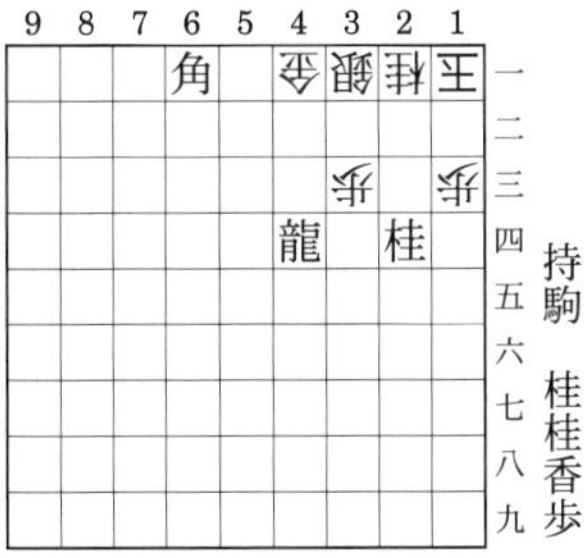

図2
（斎藤仁士・『近代将棋』・1976年2月号・6手目）

います……と思ったら、▲1五歩が二歩で打てない！　これこそが、7手目に歩ではなく香車を打たなければならない理由だったのです。

　1二にあるのが香車なら、△1四玉は上の手順で簡単に詰みますから、玉方は△2二玉と逃げるしかありません。ここは打歩詰の局面になっているので、▲3三龍と捨てます。以下、△同桂、▲2三歩、△2一玉、▲1一香成、△同玉、▲2二歩成、△同玉、▲1二馬まで、27手できれいに詰みとなります。

　打歩詰のからまない香先香歩が本作の狙いでしたが、それを実現する仕掛けである二歩が本手順に出てこないのがうまいところ。実戦型の自然な配置といい、攻方の駒二枚でぴたりと詰め上がるフィニッシュといい、完成度の高い名作でした。

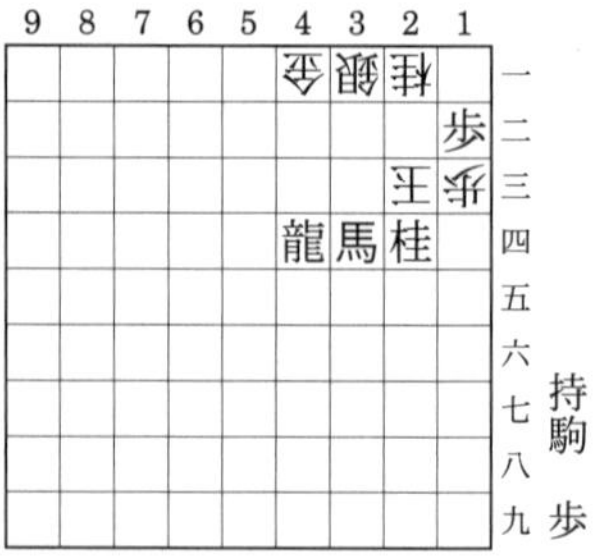

図3
（紛れ図）

昭和五十年代から平成初期にかけては将棋雑誌が何誌も発行されており、詰将棋作家が詰将棋を発表する場としての役割を果たしてきました。時とともにこうした媒体が少なくなってしまったのは寂しい限りです。しかし近年は、雑誌ではなくネット上で発表される作品も増えてきました。たとえば「スマホ詰パラ」というアプリにはすでに一万を超える作品が登録されており、中にはすばらしいレベルのものも含まれています。こんなところにも、時代の流れを感じます。

第35問

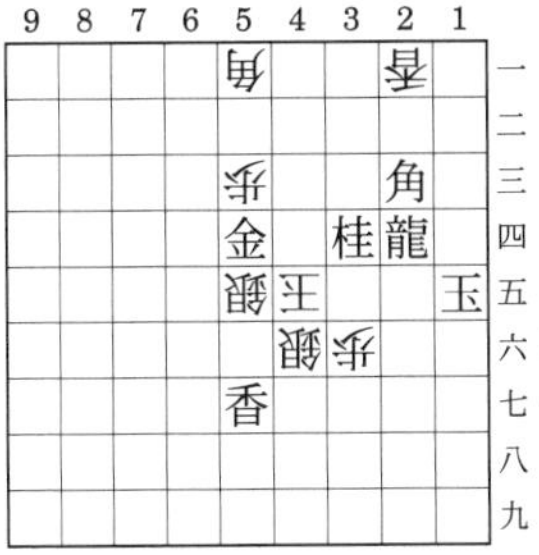

持駒 なし

(山田康平・『詰将棋パラダイス』・2001年9月号)

解答は185ページ

双玉の作品です。攻方の龍がピンされていることに気をつけてください。3手詰。

第36問

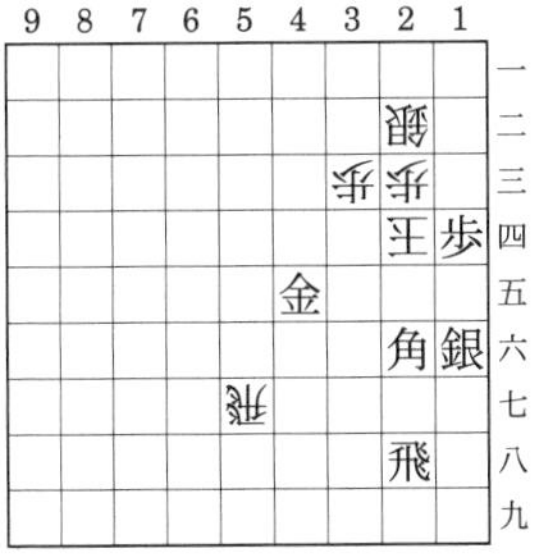

持駒 歩

(相馬慎一・『詰将棋パラダイス』・1992年2月号)

解答は186ページ

2手目の玉方の応手がポイント。実はこれも、広い意味ではあの手筋ともいえます。7手詰。

10 詰将棋と行き所なき駒

●八段目の桂合禁止

　将棋における禁じ手として、「行き所のない駒を打つ」というものがあります。桂、香、歩の3種類の駒は後方には動かせないので、盤面の最上部に打つことはできません。さらに桂馬はその独特の動きのために、上から二段目に打つことも禁じられています。桂馬という駒だけが持つこの特性は、独創的な作品を生み出したい詰将棋作家にとっては非常に魅力的なものでした。

　図1の作品を見てみましょう。9手詰ですから、腕に覚えのある方は、まずはヒントなしで考えてみてください。

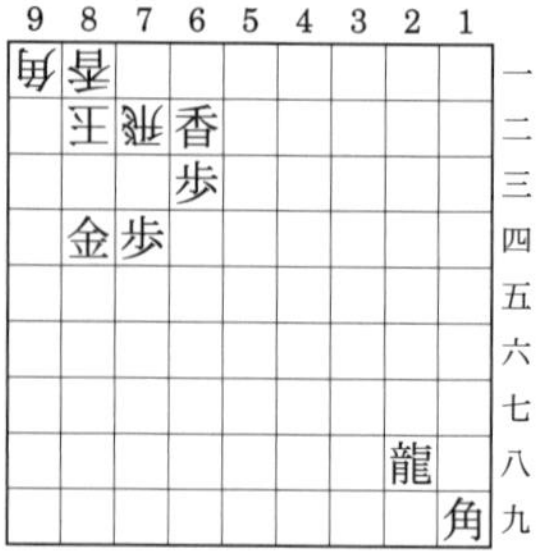

持駒　なし

図1
(森長宏明・『将棋マガジン』・1983年12月号)

　まず盤面を観察してすぐわかるのは、玉が7一に行けば☗2一龍、9二に行けば☗9八龍で詰んでいるということです。しかし、いきなり☗2一龍とあき王手しては、当然☖9二玉と反対方向に逃げられて詰みません。同様に☗9八龍も☖7一玉でダメ。つまり攻方は、まず玉が7一に行くのか9二に行くのかを見定める必要があります。

　そこで、たとえば☗2六龍としてみましょう。☖7一玉なら☗2一龍、☖9二玉なら☗9六龍で詰み。☖7三歩合も☗同歩成から簡単に詰みます。これで解決、と思いきや、玉方には☖4六歩合という手があります（**図2**）。王手を続けるためには▲同角と取るしかありませんが、そこで△9二玉と寄られると、味方の角が邪魔していて龍を9筋へ回すことができません。初手▲2七龍や▲2五龍も同様にうまくいきません。

　では、▲4八龍とこちら側に移動したらどうでしょうか。今度も玉方は△4六歩合と手筋の中合を放ってきます。▲同角に△7一玉と逃げられると、角が邪魔で龍が一段目に飛び込めず、やはり

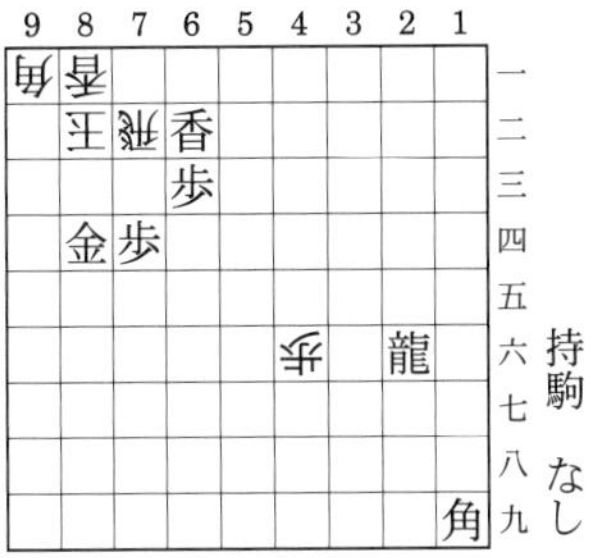

図2
（紛れ図1）

ダメなように見えます。しかし実は、ここで攻方には▲8二角成という好手があります。△同飛、△同角、△同香はすべて▲4一龍まで。△同玉なら▲8三歩、△9二玉、▲9八龍で詰みです。

　一見これでよさそうですが、まだ話は終わりません。実は△4六桂合と桂馬を合駒されると困ってしまいます（**図3**）。先ほどと同様に進めると、▲同角、△7一玉、▲8二角成、△同玉、▲9四桂、△9二玉となったときに、桂馬が邪魔で龍で

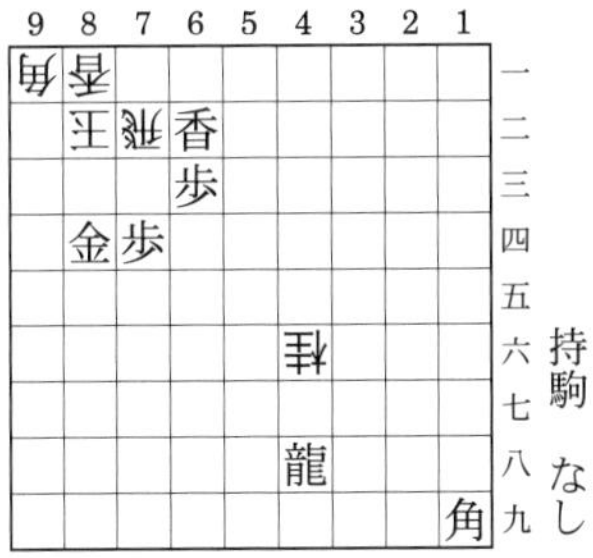

図3
（紛れ図2）

王手することができません。初手☗3八龍なら☖3七桂合、☗5八龍なら☖5五桂合と、いずれも焦点の位置に桂馬を合駒されると詰まなくなってしまうのです。

　このパズルを解くカギが、「八段目の桂合禁止」ルールです。角と龍の利きが交差する地点を八段目になるようにすれば、玉方が桂合するのを防げるというわけです。**☗2九龍**と引いてあき王手すれば（**図4**）、玉方は桂合ができません。しかたなく**☖2八歩合**とすれば、☗同角以下先ほどと同様の手順で詰みます。なお本作の合駒は完全には限定されておらず、たとえば☖2八香合でも詰手順は歩合のときと同じです。しかし本作のすばらしいアイディアとその表現の前では、この程度の非限定を問題にするのは野暮というものでしょう。

　八段目桂合禁止ルールをテーマとした作品は詰手順の構造がロジカルで洗練されており、現代詰将棋の魅力が端的に表現されているように思います。

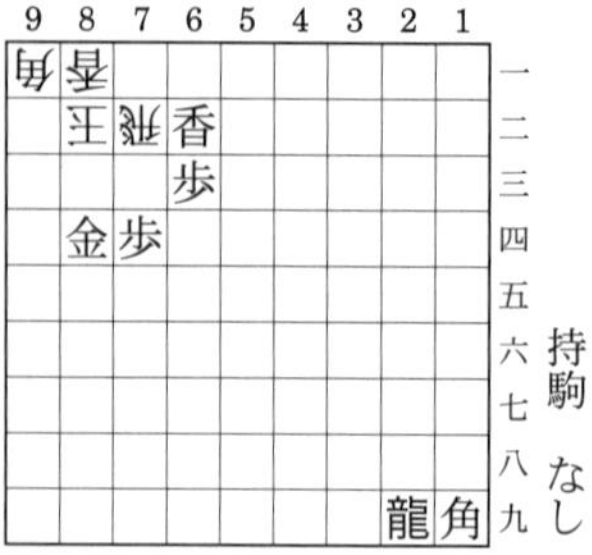

図4
（森長宏明・『将棋マガジン』・1983年12月号・1手目）

詰将棋は手数によって短編、中編、長編と大まかに分けられますが、短編の中でも特に手数の短い3、5、7手詰の世界で膨大な数の名作を世に送り出してきたのが、「超短編の鉄人」こと片山倫生氏です。本名のほか「行き詰まり」、「YYZ」、「呉一郎」などのハンドルネームで発表した数百に及ぶ作品は、有名な看寿賞作（第1章4節の第8問）を始め、いずれも卓抜なアイディアとセンスに満ちあふれた傑作ばかり。ここでは、その中から二作紹介しましょう。

第37問

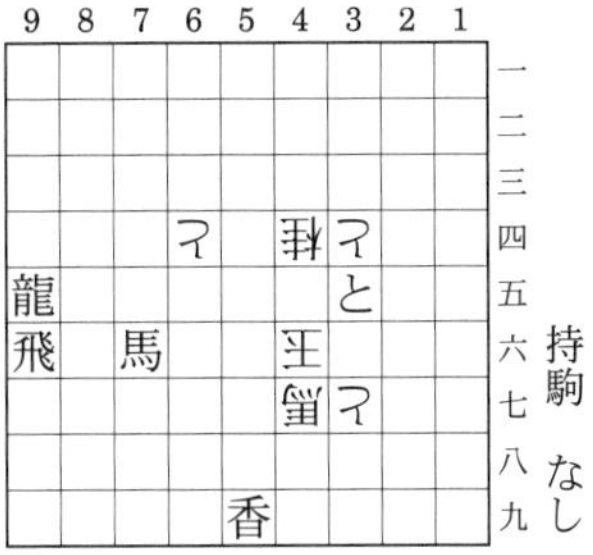

（YYZ・『詰将棋パラダイス』・1998年11月号）

解答は187ページ

強力な守備陣に目がくらくらしますが、3手で詰みます。

第38問

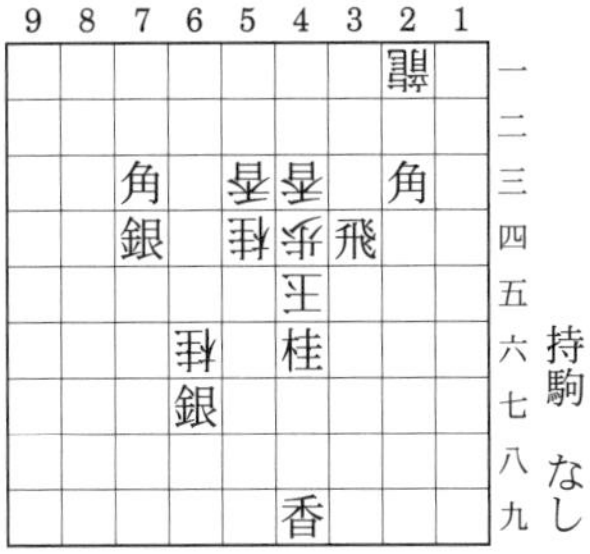

（YYZ・『詰将棋パラダイス』・2002年9月号）

解答は188ページ

難問。作者の仕組んだ巧妙な仕掛けを見破れるでしょうか。7手詰。

11 詰将棋と連続王手の千日手

これまで、将棋における禁じ手である「打歩詰」、「二歩」、「行き所なき駒」をとりあげ、それぞれをテーマとする作品を紹介してきました。残るのが、「連続王手の千日手」です。

千日手とは指し手がループに入ってしまった状態のことで、現在の公式棋戦の対局ルールでは、同一局面が四回出現したら千日手が成立すると定められています。千日手になったら対局をはじめからやり直すしかないのですが、これには一つ例外があり、片方の対局者が王手をかけ続けた結果として同一局面が四回生じた場合は、王手をかけている対局者の反則負けになるとされています。

連続王手の千日手を反則とするルールはあくまで対局に関わる取り決めであり、詰将棋と結びつけることができるとは考えられていませんでした。しかし一九九七年にある作品が発表され、その詰手順を巡って大きな議論がわき起こることになりました。

●「最後の審判」

図1の作品、早速手順を追ってみましょう。初手は▲5六角から入ります。以下、△4四玉、▲3三銀引不成、△5三玉、▲4二銀引不成、△5

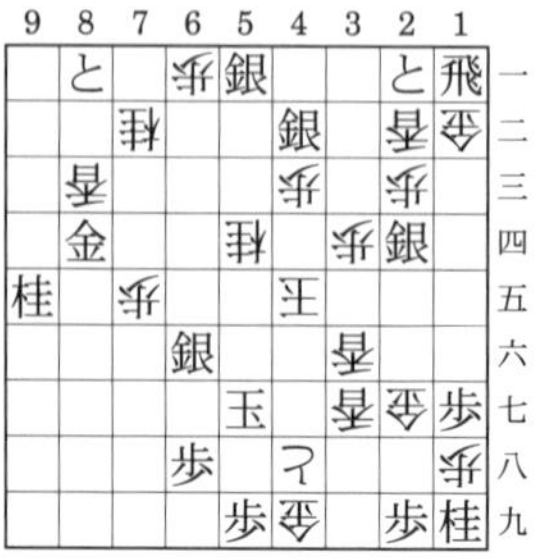

持駒　角歩

図1
（縫田光司「最後の審判」・『詰将棋パラダイス』・1997年1月号）

二玉、☗7四角、☖6三角、☗同角成、☖同玉、☗8五角、☖6二玉、☗5一銀不成、☖5三玉、☗4二銀上不成、☖4四玉、☗4五歩、☖同玉、☗6七角と進めたのが次の局面（**図2**）です。

ここでもし☖4四玉なら、☗3三銀上不成、☖3五玉、☗2七桂、☖2六玉、☗1六金、☖2七玉、☗4九角、☖同と、☗2八金で詰みます。そこで玉方は**☖5六歩合**と捨合を放ちます。**☗同角**と取らせれば4九の金への利きがなくなるため、

図2
（縫田光司「最後の審判」・『詰将棋パラダイス』・1997年1月号・19手目）

先ほどの手順では詰まなくなるというわけです。ここで大切なのは、☖5六歩合を☗同角と取った瞬間の局面（**図3**）が、初手に☗5六角と打ったときと同一局面であるということです。

歩を取らせてから玉方は**☖4四玉**と逃げ、**☗3三銀引不成**からまた先ほどの手順が繰り返されます。そして39手目に、19手目と同じ局面が現れます。ここでも玉方は**☖5六歩合**とするしかありません。そして**☗同角、☖4四玉**以下、また一連の

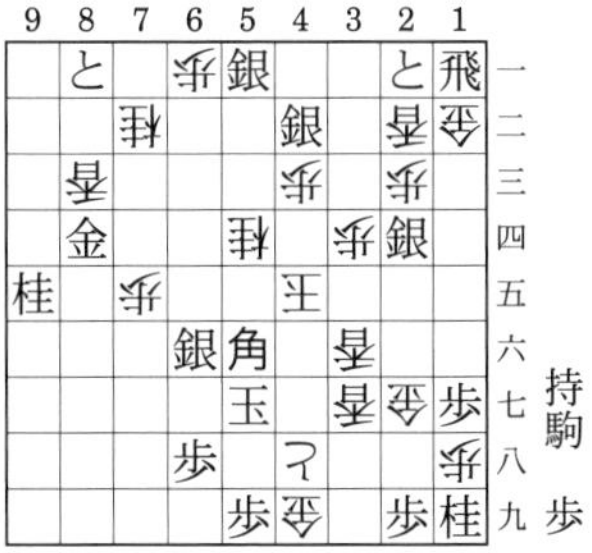

図3
（縫田光司「最後の審判」・『詰将棋パラダイス』・1997年1月号・21手目）

手順が繰り返され、59手目で19手目と同じ局面が三たび現れます。ここが問題の局面です。

もし玉方がまた☖5六歩合としたとしましょう。攻方がこれを☗同角と取った瞬間、初手と同じ局面が現れます。しかしこの局面が生じるのはこれが四回目です。ということは、「連続王手の千日手」のルールにより、攻方は☗同角とは取れないことになります。ところが、☖5六歩合の瞬間は攻方の玉に逆王手がかかっており、この王手を逃れる手は角で歩を取る以外にはありません。その手が指せないとなると、攻方の玉は詰んでしまっていることになります。しかし、それならば☖5六歩合は打歩詰の反則であり、したがってここで玉方が歩を打つことはできない……これこそが作者の用意した仕掛けだったのです！　以下は4九の金を取る手順に入り、69手で詰みに至ります。

本作のロジックが成立しているかどうかをめぐって、詰将棋界は大論争になりました。60手目で玉方が歩を打った局面は「詰み」なのか、また詰みなら☖5六歩合は打歩詰の禁じ手になるのか？　こうした点についてのルールの解釈が、人によって違っていたのです。それは今でも決着したとはいえません。皆さんは、どう思われるでしょうか？

「最後の審判」は、将棋そのもののルールにまだ曖昧さが残されていたことを教えてくれました。「詰み」とは何か、「禁じ手」とは何か、その定義が完全な形で整備されない限り、本作が詰将棋として成立しているかどうかを論じることはできません。しかし何よりすばらしいのは、将棋のルール体系に潜む小さな穴に注目し、詰将棋の形に昇華させたそのアイディアです。どことなく数学における反例の構成を思わせるのは、作者の縫田氏が数学者であることと無関係ではないでしょう。

第39問

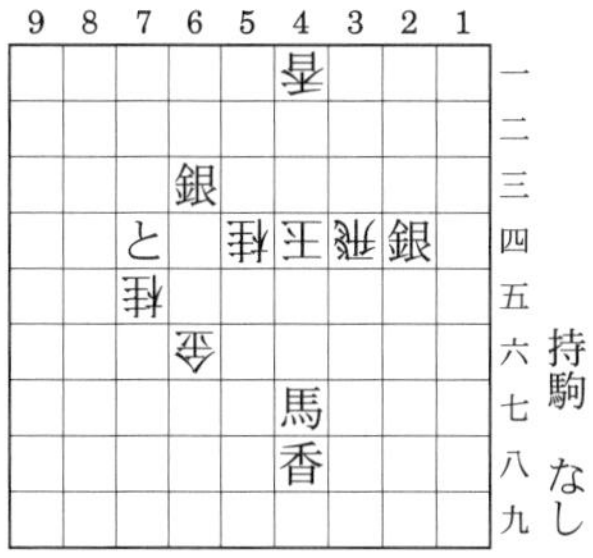

（縫田光司・『詰将棋パラダイス』・1995年1月号）

解答は189ページ

玉方の最善の応手が何かをよく考えて下さい。3手詰。

第40問

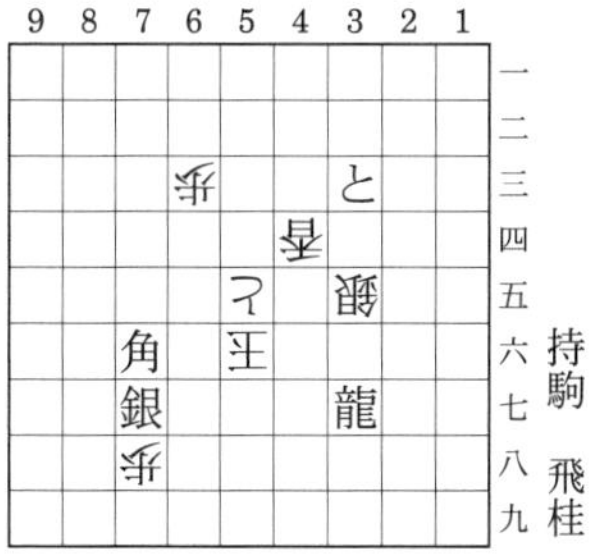

（小泉潔・『詰将棋パラダイス』・1981年5月号）

解答は190ページ

看寿賞も受賞した7手詰の名作。変化にもきらりと光る手があります。

第3章

盤上のサーカス

1

将棋盤をキャンバスに1

曲詰の歴史

詰将棋は、当初こそ終盤において相手の玉を詰める練習問題として誕生しましたが、時が下るにつれて実戦とはかけ離れた不思議な手順が追求されるようになりました。これまでに創られたさまざまな趣向作品の中でも、古くから人気のある定番のテーマが、「曲詰《きょくづめ》」と呼ばれるジャンルです。

曲詰とは文字や図形、模様などを盤上の駒の並びで表現するもので、最初の図面が何かの形になっているものと、詰め上げると最後に文字や形が浮かび上がるものとに大別されます。後者は一般に、「あぶり出し曲詰」と呼ばれています。将棋盤を文字盤、あるいはキャンバスに見立て、詰将棋を使って文字や絵を描くわけですから、初めて見る人にとっては信じられないような離れ業に見えるかもしれません。

曲詰の歴史は古く、詰将棋の興隆期にもすでに作品がいくつも創られています。曲詰第一号とされているのは、一七〇〇年に五世名人二代伊藤宗印から将軍に献上された『象戯作物《しょうぎつくりもの》』（通称『将棋勇略』）第九十一番で、駒が左右対称の形に並べられた初形曲詰になっています（**図1**）。また、宗印とほぼ同時期に活躍した添田《そえだ》宗太夫《そうだゆう》の作品をまとめた作品集で、収録された百一作が何とすべ

持駒　金銀桂歩

図1
（伊藤宗印・『将棋勇略』第91番）

て曲詰という『象戯秘曲集』も知られています（『将棋勇略』も実は添田宗太夫が代作したのではないかという説もあるようです）。

　江戸時代における曲詰作家といえば、添田宗太夫のほかに久留島喜内（義太）と桑原君仲《くんちゅう》をあげることができます。久留島喜内は「智恵の輪」シリーズをはじめとして独創的な名作を数多く遺しており、和算の大家としても知られています。桑原君仲は幕末に活躍した在野の棋士で、『将棋玉図』および『将棋極妙』に収められた二百作の詰将棋が知られています。久留島も桑原も、盤面の半分を市松模様で埋める「石畳」、盤面いっぱいに大きな四角を描く「菱形詰」、端から端まで斜めに線を引いて交差させる「引違」（**図2**、**図3**）など、あぶり出し曲詰の大作を創っています。

●大小詰物について

通常の曲詰とは少し違いますが、江戸から明治

図2
（桑原君仲・『将棋極妙』第100番）

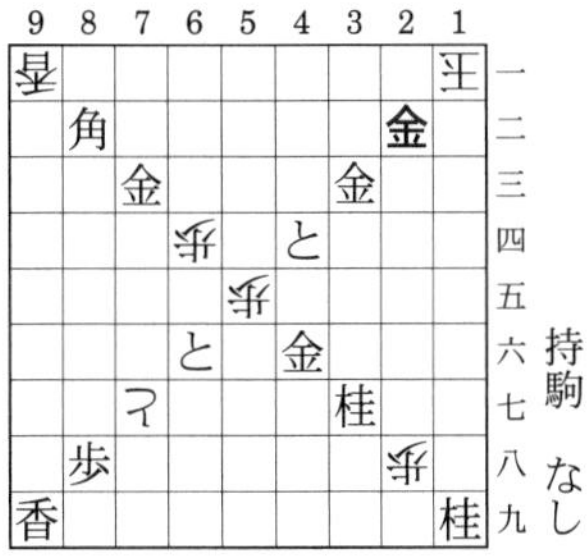

図3
（桑原君仲・『将棋極妙』第100番・詰め上がり）

時代の初め頃までは、初形あるいは詰め上がりの駒配置に意味を持たせた詰将棋として、「大小詰物」と呼ばれているものがいくつか創られていました。これについて簡単に紹介しましょう。

一年が十二か月からなり、二月を除く月は30日または31日からなるというのが、現在採用されているグレゴリオ暦です。これが日本で採用されたのは明治六年のことで、それ以前は月の満ち欠けをもとに毎月の長さを決める太陰暦が使われていました。太陰暦ではひと月の長さは29日か30日で、さらに三年に一度くらいの頻度で閏月と呼ばれる十三番目の月が挿入されます。どの月が29日の「小の月」でどの月が30日の「大の月」になるのか、また閏月がいつ挟まるのかは年によって変わるため、そのたびに暦を確認する必要がありました。そこで遊びの要素を取り入れ、その年の大小の月の並びを、狂歌、地口、判じ絵などで表現するという庶民文化が生まれたのです。「大小詰物」も、そうした文化の延長線上にありました。

図4も「大小詰物」です。詰手順は**▲2二桂成**以下の31手詰ですが、ここで注目していただきたいのは初形の駒配置。1筋を上から下に見ていくと、玉方1一玉、攻方1二角、玉方1四銀があり、次いで2筋を見ると上から攻方2一角、玉方2三歩、攻方2五銀があります。実は玉方の駒が大の月、攻方の駒が小の月に対応しており、1筋から見ていったときに現れる駒の順番と大小の月の並

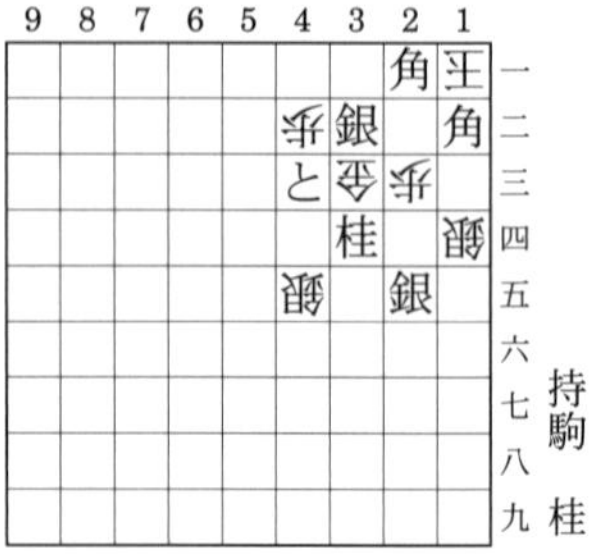

図4
（久留島喜内・『将棋妙案』第5番）

び方が対応しているのです。この作品は享保一一年の暦を表しており、月が大小大小大小小大小大小大の順番であることが、駒の並び方を見ればわかるというわけです。本作は初形配置が暦に対応していましたが、詰め上がりが月並びの順番になっている大小詰物もあります。

大小詰物については、磯田征一氏による詳しい論考が「詰将棋一番星」というサイト

http://1banboshi.on.coocan.jp/

で読めますので、ご興味のある方はぜひご覧になってください。

曲詰は駒の並びを見るだけでおもしろさが伝わるため、常に安定した人気を誇っています。本文では江戸時代の曲詰作家として添田宗太夫や桑原君仲を紹介しましたが、明治以降も、発表した作品のほとんどが曲詰という作家が何人もいました。それほど魅力のあるジャンルだといえるでしょう。

今回作品を紹介する岡田敏氏と門脇芳雄氏も、曲詰の名手として知られた作家。ともに昭和の詰将棋界を支えた大御所です。

第41問

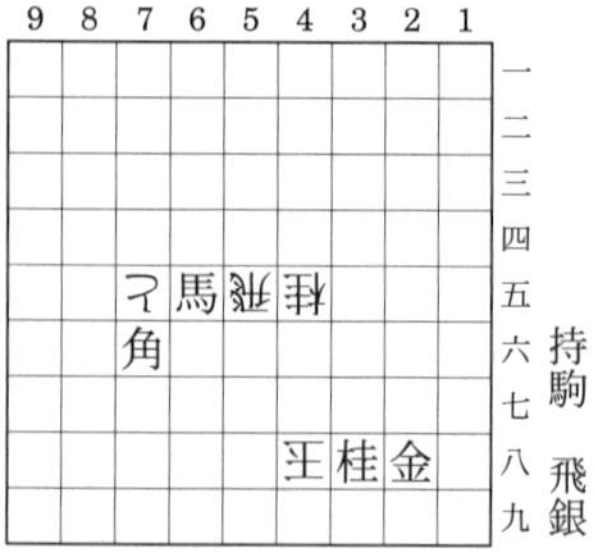

（岡田敏・『詰将棋パラダイス』・2003年1月号）

解答は191ページ

5九に逃げられてもよいように攻める必要があります。5手詰。

第42問

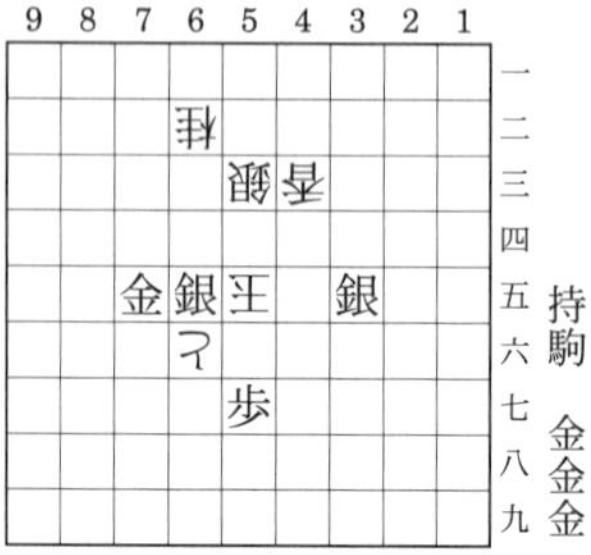

（門脇芳雄・『詰将棋パラダイス』・1952年5月号）

解答は192ページ

7手詰。あぶり出し曲詰です。何が出るかはお楽しみ。

2 将棋盤をキャンバスに2

現代の曲詰

詰将棋の興隆期から親しまれてきた曲詰は、時代が下っても人気のジャンルであり続けてきました。江戸時代は幾何学的図形や模様が中心でしたが、次第に文字を描く作品が登場するようになります。一九二七年には、丸山正為による作品集『将棋イロハ字図』が発表され、すべてのカタカナを初形曲詰とあぶり出し曲詰の両方それぞれで描くという快挙が達成されました。

詰将棋をつくったことのない人からすると、あぶり出し曲詰の創作は恐ろしく難しいことのように思われるかもしれません。しかし、もともと詰将棋は詰め上がりから時間をさかのぼるようにつくっていくことが比較的多いので、ベテラン作家にとってはそこまで大変なものではないようです。

どちらかといえば、初形曲詰の方が創作の難度がより高いといえるでしょう。さらに、初形と最終形がともに文字や模様になっている作品もあり、こうなるとさらにつくるのは難しくなります。こうした作品は「立体曲詰」などと呼ばれています。

立体曲詰のさらに上を行くのが、初形、途中の形、最終形でそれぞれ文字を描く「三段曲詰」。有名なのが、中井広恵女流名人の女流名人位就位を祝って創られた「ヒロエ三段曲詰」で、初形が

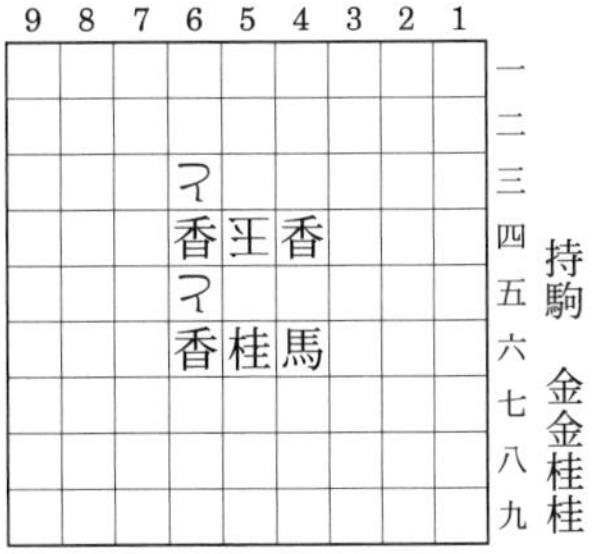

図1
（相馬康幸・『報知新聞』・1987年3月）

「ヒ」（**図1**）、10手目の局面が「ロ」（**図2**）、そして17手の詰め上がりで「エ」（**図3**）が描き出されます。字形も詰手順も実にうまくまとまっており、三段曲詰の傑作としてよく知られています。

●年賀詰と祝賀詰

曲詰は常に一定の人気を保ち続けています。専門誌には今も頻繁にあぶり出し曲詰作品が登場しますが、そのほとんどは解答者から高い評価を受けています。やはりフィニッシュで何かの文字や模様が浮かび上がるというのは視覚的にも鮮やかで、解けた人に爽快感を味わわせてくれるからかもしれません。

特に、あぶり出し曲詰が集中して創作されるタイミングがあります。その一つが年末年始で、「年賀詰」と呼ばれる曲詰が腕自慢の詰将棋作家によってたくさん創られます。その年にちなんだ数字（令和二年なら「2」の字）であったり、干

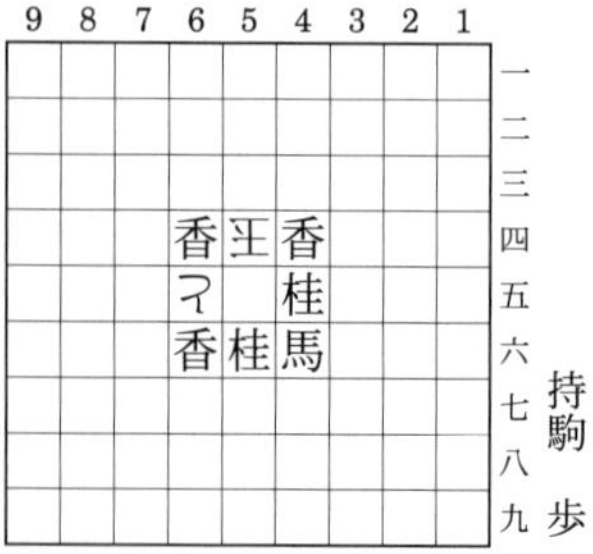

図2
（相馬康幸・『報知新聞』・1987年3月・10手目）

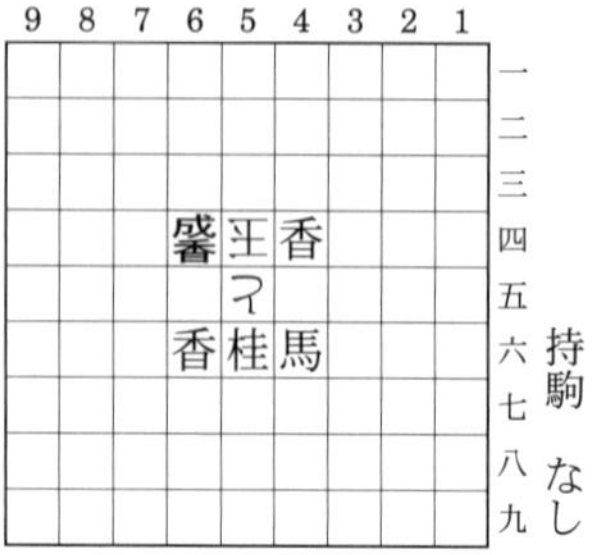

図3
（相馬康幸・『報知新聞』・1987年3月・詰め上がり）

支にちなんだ文字であったり、年に関係なく「一」の字であったりと、あぶり出される字や形はさまざまです（**図4**、**図5**）。こうした作品は『詰将棋パラダイス』のような雑誌に発表されるだけでなく、詰将棋作家同士の年賀状によく添えられています。年始の挨拶とともに書かれた詰将棋を解いてみると、鮮やかに干支の文字が浮かび上がったりするというわけです。

もう一つ、曲詰が専門誌上を賑わすのが、詰将棋作家の間ですっかり定着している「祝賀詰」が企画されたときです。これは、詰将棋仲間の誰かにおめでたいことがあったときに、曲詰の連作をみんなで創ってお祝いとするもの。一番多いのは結婚祝賀詰で、お相手の方の名前をうかがい、カタカナとハートマークでその名前が現れるあぶり出し曲詰を分担して創ります。お相手の方が「なおこ」さんなら、詰め上がりがそれぞれ「ナ」、「オ」、「コ」、「♡」になる作品を創作するわけで

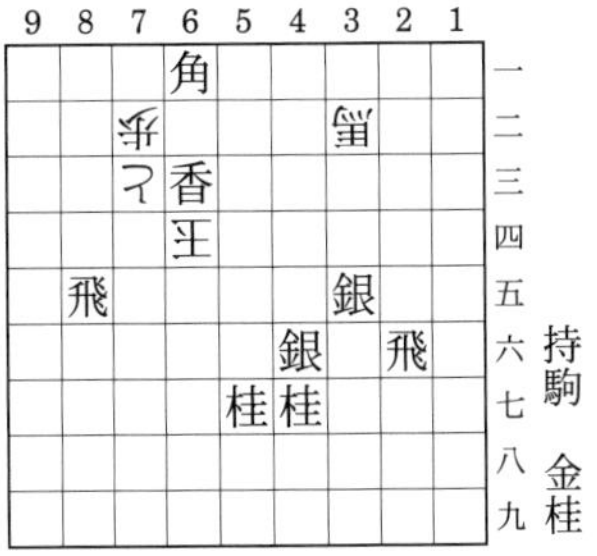

図4
（新ヶ江幸弘・『詰将棋パラダイス』2001年1月号）

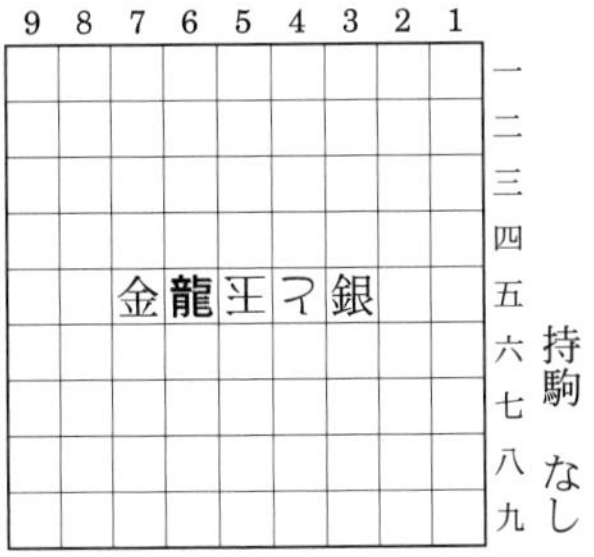

図5
（新ヶ江幸弘・『詰将棋パラダイス』2001年1月号・詰め上がり）

す（図6、図7）。

結婚祝賀詰の場合、詰将棋作家はしばしば玉方の手に合駒が出てくるように創ろうとします。そのココロは、「アイがある」。温かでウィットに富んでいて、なかなかすてきな慣習ではないでしょうか。

本書で紹介しているテーマのほとんどはロジックやストーリーが必要不可欠であり、ある瞬間の駒の配置だけを切り取る曲詰は、その意味ではやや異質といえるかもしれません。しかし、視覚的要素に訴えることで、詰将棋をよく知らない人にすらおもしろさが伝わるというのは大きな特長でしょう。詰将棋の文化が続く限り、曲詰というジャンルも生き続けるに違いありません。

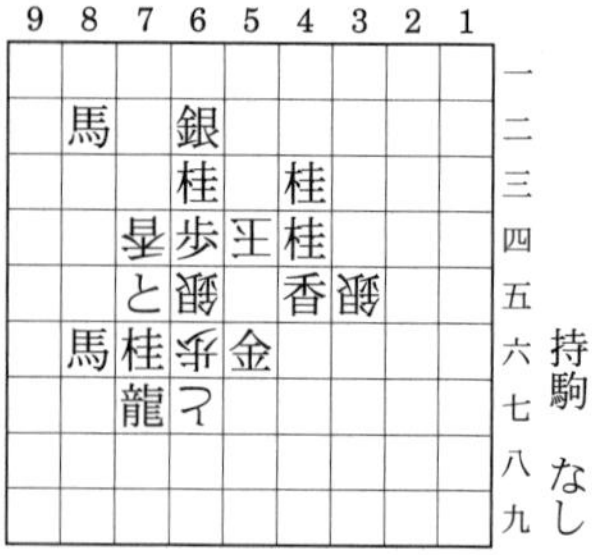

図6
（平井康雄・『詰将棋パラダイス』・2012年4月号）

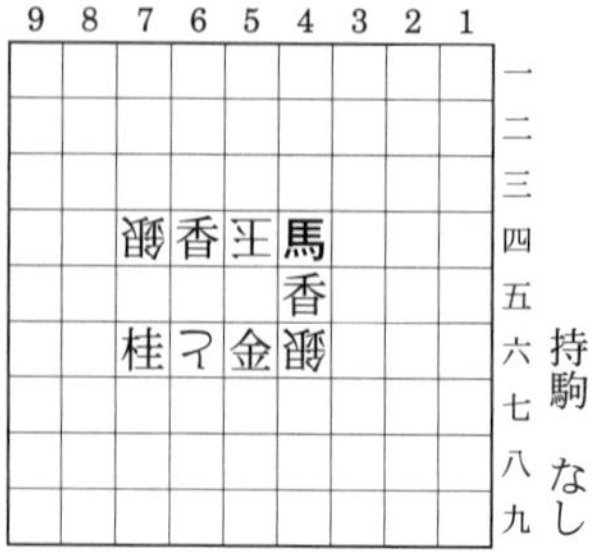

図7
（平井康雄・『詰将棋パラダイス』・2012年4月号・詰め上がり）

今回は2問目で、第1章4節で説明した変同を含む作品を紹介しています。現代において変同が敬遠されるようになったのは致し方ない面もありますが、変同が発生するのが作品の主眼部が終了したあとだったり、枝分かれしたあとの手順がどちらもおもしろかったりするような場合は、それほど減点材料と見なさなくてもよいように思います。お隣のチェスプロブレムの世界では、むしろ同手数で詰む変化が複数あることが当たり前になっており、その複数の変化の関係や対比を評価する価値観が浸透しています。

第43問

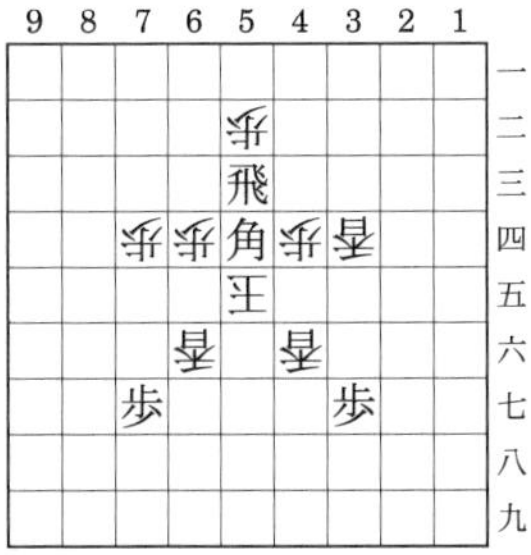

持駒　銀

（岩崎弘勝・『詰将棋パラダイス』・1994年5月号）

解答は193ページ

「大」の字の初形曲詰。左右のわずかな違いが詰手順に影響してきます。5手詰。

第44問

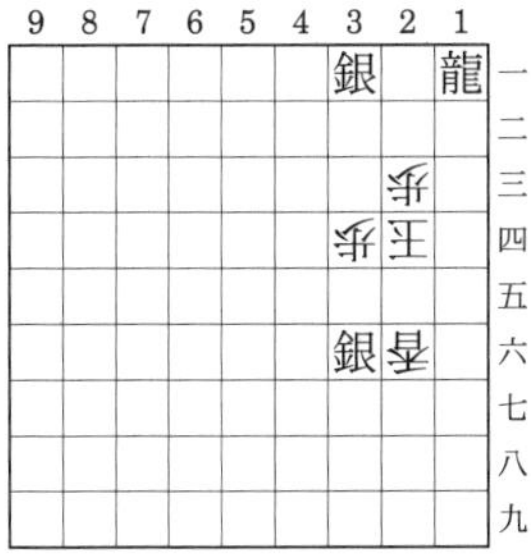

持駒　金銀香

（改発徹・『詰将棋パラダイス』・1957年6月号）

解答は194ページ

7手詰。簡単そうで、腕自慢の猛者たちを苦しめた作品です。本作は変同があります。

3 駒が動く面白さ1
軌跡を楽しむ

●スイッチバック

曲詰は、スタートあるいはゴールの局面において、駒が文字や模様の形に配置されているという視覚的な面白さを楽しむものでした。これに対し、詰手順において駒が動いていく軌跡をテーマとした作品もあります。いってみれば、曲詰がある瞬間でポーズした静止画であるのに対して、動画としてのおもしろさを愛でようというわけです。

駒の軌跡に関するテーマとしてまずあげられるのは、ある駒がA地点からB地点に移動した後、再びA地点に戻ってくるという動きをするというものです。この往復運動のテーマは、「スイッチバック」と呼ばれます。駒が最初にいた位置に戻ってくる間に盤面のどこか別の場所に変化が生じ、詰みに近づいた状態になっているわけです。

たとえば、**図1**の作品を見てください。あき王手ができる形ですが、まず**▲4二銀不成**から入ります。もし△2一玉なら、▲2二角成、△同玉、▲3三銀成以下、11手で持駒に歩が余って詰みます。本手順は**△3二玉**ですが、そこで**▲2四角不成**が先を見据えた好手。**△2一玉**、**▲3一龍**、**△1二玉**となったとき、角を成らなかったおかげで**▲1三歩**と打っても打歩詰になりません。△2三

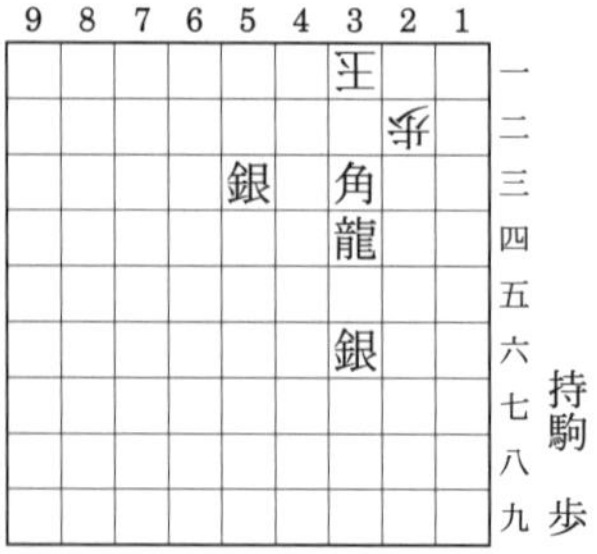

図1
（若島正・『京都民報』・1985年6月）

玉の一手に☗3四龍と華麗に捨てて、☖同玉、☗3三角成までの11手詰です。攻方の龍と角、二つの駒がそれぞれ、いったん移動してもとの位置に戻るスイッチバックのテーマが表現されています。

●ルントラウフ

駒が移動したあとまた戻ってくるという、一次元的な往復運動を表現したのがスイッチバックでした。これに対し、もとの位置に戻ってくるルートを二次元的にして、三角形や四角形の軌跡を描かせて帰ってくるという駒の運動を表現した作品もあります。このように駒が一回りして戻ってくるというテーマは、チェスプロブレムで使われている用語を借用して「ルントラウフ」などとも呼ばれます。

図2の作品の手順を追ってみましょう。☗1五飛、☖3六玉、☗3五飛、☖2六玉、☗3九飛、☖1六玉、☗1九飛といきなり攻方の飛車が一回りします。☖2五玉と逃げた局面を見てみると、初形から2六の桂馬が消えただけです。ここで☗2四と引、☖3六玉に☗4五角成と捨てます。ここで☖3七玉なら、☗2六馬、☖同玉、☗2七馬、☖3五玉、☗3四と引まで。この☖3七玉の変化に対応するために、飛車をぐるぐる回して邪魔駒の桂馬を消去しておいたわけです。したがって☗4五角成には☖同玉と取らざるを得ず、以下☗1五飛、☖3六玉、☗3五飛、☖2六玉、☗3九飛、

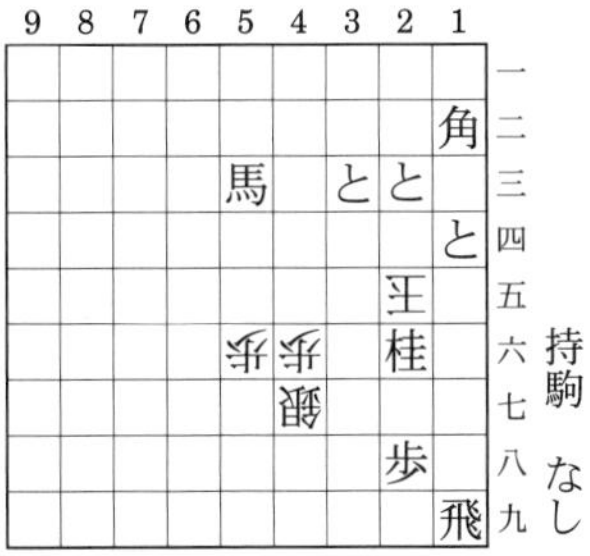

図2
（波崎黒生・パソコン通信・1997年10月）

☖1六玉、☗1九飛と冒頭の手順がもう一度繰り返されて詰みとなります。飛車を一回転どころか二回転させてしまうという難度の高い技を、このさっぱりとした配置で実現してしまったアイディアには感心させられます。

ルントラウフが登場する作品をもう一つご紹介しましょう。**図3**の作品は、詰将棋解答選手権で出題された難解作です。変化が膨大でとても詳述はできませんので、ここでは軽くふれるにとどめます。腕自慢の方はぜひ自分の力で考えてみてください。

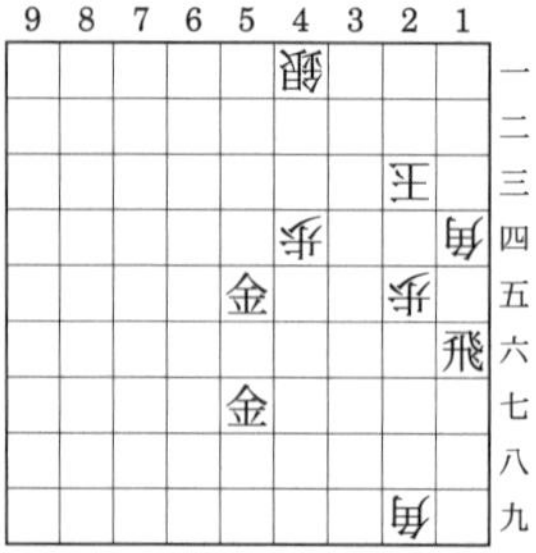

持駒　飛金銀

図3
（真島隆志・詰将棋解答選手権チャンピオン戦・2008年3月・修正図）

初手から悩みますが、☗6三飛とここから打つのが正解。これには☖3三銀と応じるのが玉方の最善手ですが、これだけでも相当な読みを入れる必要があります。ここから☗3四銀、☖同玉と釣り出してから☗4四金と取ります。☖同玉は☗1四飛と取ってから☗6二角と打つ筋で詰み。☖同銀に取ったばかりの歩で☗3五歩とたたき、また☖同銀と取らせます（☖同玉は☗4六金以下詰み）。そこで☗1四飛と取れば、玉方は3五に退路をつくらないとすぐ詰むので、☖2四銀と移動合で応じざるを得ません。ここからは華麗な収束で、☗2三角、☖3五玉、☗3三飛成、☖同銀、☗4五角成、☖同玉、☗4六金打まで。初形では影も形もなかった玉方の銀がくるりと一回転します。読みに読んだ人だけが見ることのできる離れ業。ルントラウフの傑作です。

「スイッチバック」も「ルントラウフ」も、もともとはチェスプロブレムの世界で使われていた用語を詰将棋界に「輸入」したもの。特に「スイッチバック」の呼称は広く使われるようになり、今ではすっかり定着しています。詰将棋とチェスプロブレム、ルールは多少違えども、何をおもしろいと感じるかは相通ずるものがあるようです。

一年に一度の詰将棋全国大会とは別に、詰将棋作家が集う場として、日本各地で詰将棋の会合が定期的に行われています。地域によって開かれる頻度には差がありますが、やることはだいたいどこも同じ。誰かが持ってきた新作をみんなで解き合ったり、最近発表された作品について感想を言い合ったり、みんな気楽に楽しんでいます。『詰将棋パラダイス』誌上に会合案内が出ますので、興味を持たれたら一度行ってみてはいかがでしょうか。初心者でも歓迎してくれますよ。

第45問

持駒　なし

（藤沢英紀・『詰将棋パラダイス』・2002年3月号）

解答は195ページ

駒の動きを楽しむ作品。難しくはないでしょう。5手詰。

第46問

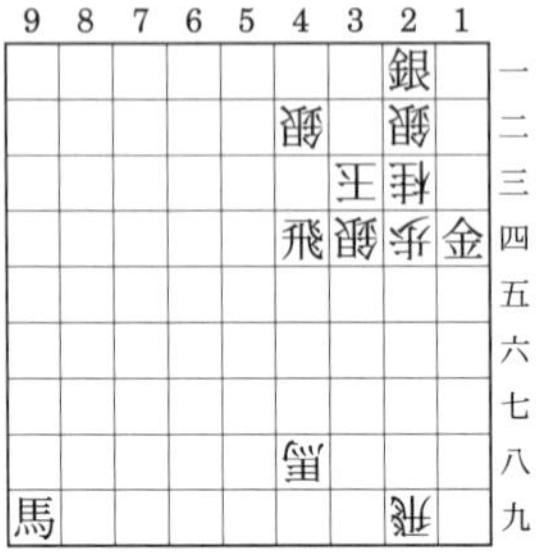

持駒　桂香香

（鮎川まどか・『詰将棋パラダイス』・1994年5月号）

解答は196ページ

あき王手の前に一工夫が必要です。7手詰。

4 駒が動く面白さ2
守備駒の翻弄

スイッチバックやルントラウフは、駒が動いた軌跡に注目したものでした。一方、軌跡より駒が動く頻度をテーマにした作品もあります。一つの駒があちらへ行ったりこちらへ行ったり、大忙しで動き回る様子を楽しもうというのです。

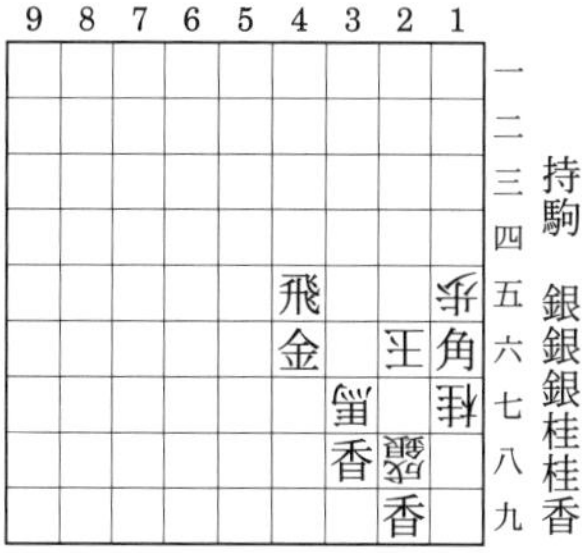

図1
（芹田修・『詰将棋パラダイス』・2012年11月号）

攻方の駒が連続して動くような作品をつくるのは、特に難しいことではありません。手数が三桁になるような長手数作品では龍で追いかけ回す構成であることが珍しくありませんし、馬鋸もひたすら馬ばかり動かしている機構です。また、玉方の玉が逃げ回るのもどうということはありません。このテーマでおもしろさが生まれるのは、玉方の玉以外の駒、つまり守備をしている駒が連続して動くときです。攻方は捨駒を連発して守備をしている駒を動き回らせ、最後には役に立たない場所へ追いやってしまいます。こうしたストーリーは、しばしば「守備駒の翻弄」という呼び方がなされます。主張が明快で派手なテーマなので、江戸時代の昔から翻弄ものはたくさん創られてきました。

図1の作品を例にとって説明しましょう。攻方は山のような持駒を手にしているうえ、２八の成銀をいきなり取ることができます。実際、▲２八香に対し、△同馬は本手順に短絡するので、持駒

を使い切らずに詰んでしまいます。☖1六玉は☗2五銀の一発ですし、☖2七歩合も☗1八桂、☖1六玉、☗2五銀まで。しかしよく考えてみると、☖2七飛合とされたときだけは、☗2五銀を☖同飛と取られてしまいます。また飛車を☗同香と取れば☖1六玉と体をかわされ、馬の守備が強くてどうやっても詰ますことができません。これは失敗です。

そこで攻方は一工夫して、**☗2七銀**、**☖同馬**、**☗1八桂**、**☖同馬**と馬を移動させてから**☗2八香**と取ります。今度は☖2七飛合、☗同香、☖1六玉には☗2六飛があります。したがって玉方は**☖同馬**と香車を取るしかありません（**図2**）。馬ばかりジグザグ動いていますが、まだまだ翻弄は続きます。攻方は4筋の飛車と金を使いたいのですが、不用意に王手をかけると1六の角を取られ、その後2七から脱出されるおそれがあります。そこで、まず**☗2七銀**、**☖同馬**と穴をふさいでから**☗3六金**、**☖同馬**と金を処分します。そして再び**☗2七銀**、**☖同馬**のやりとりを入れてから**☗1八桂**、**☖同馬**と前を開け、もう一度**☗2八香**のリフレイン。**☖同馬**と馬の位置をずらしてから、待望の**☗4六飛**が実現します。**☖同馬**でついに玉方の馬を遠くへ追いやることに成功し、**☗2七銀**までとなります。玉方の9回の応手がすべて☖同馬という徹底した翻弄ぶりが高く評価され、本作は平成二十四年度の看寿賞を受賞しました。

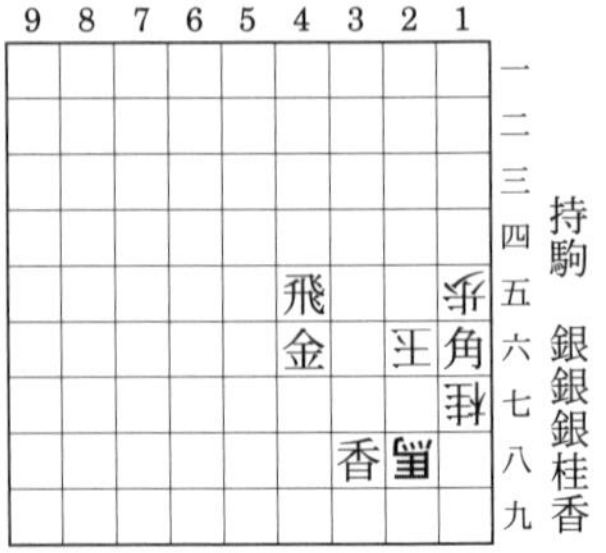

図2
（芹田修・『詰将棋パラダイス』・2012年11月号・6手目）

もう一作、翻弄ものとして看寿賞を受賞した作品を紹介します。**図3**の作品、重そうな駒がごつごつと並ぶ配置と山のような持駒に圧倒されますが、ここから生み出される手順もまた圧倒的なものです。正解手順を先に書いてしまうので、自分で挑戦したい方はここで読むのをやめて考えてみてください。

▲6七香、△同龍、▲5六銀打、△同龍、▲6六香、△同龍、▲7七桂、△同龍、▲6七飛、△同龍、▲6六金、△同龍、▲5六銀打、△同龍、▲5五と、△同龍、▲5六金、△同龍、▲5四銀、△同龍、▲6六金までの21手詰。当然ながら、玉方の龍をこの順序で動かしていかないと次の手がうまくいかないように創られています。10回の応手がすべて△同龍という驚異的な作品で、「奔龍」というタイトルもぴったりです。

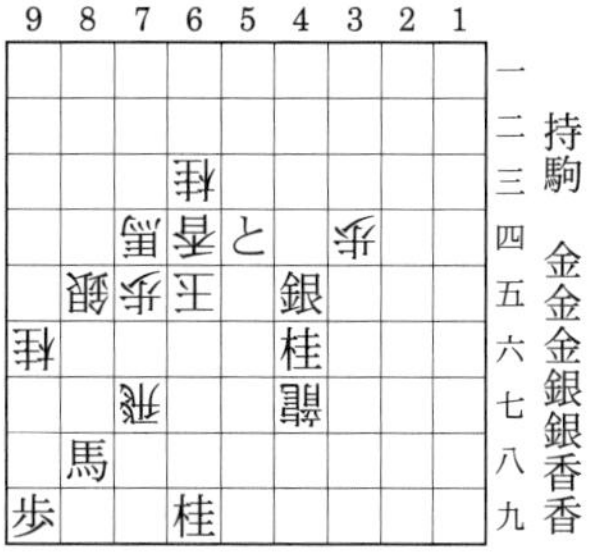

図3
（中村雅哉「奔龍」・『詰将棋パラダイス』・2008年3月号）

翻弄ものは捨駒を連発することになるので、どうしても持駒は多くなります。その分指し手の選択肢が増えて、重厚なつくりになることも少なくありません。しかしそれだけに腕に覚えのある猛者にとっては解きがいのある趣向のようで、今も昔も人気のテーマといえるでしょう。

詰将棋作品は、しばしばタイトルがつけられます。江戸時代の作品は、ほとんど後世の人によって名づけられたものがほとんどですが、近年の作品は作者本人によって命名されています。もちろん命名するかしないかは本人の自由ですが、やはり思い入れのある作品、気に入った作品にはタイトルがつけられることが多いようです。作品のテーマや趣向をうまく表した名前であれば、解く人の記憶にも残り、知名度も上がります。いかにいいタイトルをつけるかも、一流作家の腕の見せどころといえるかもしれません。

第47問

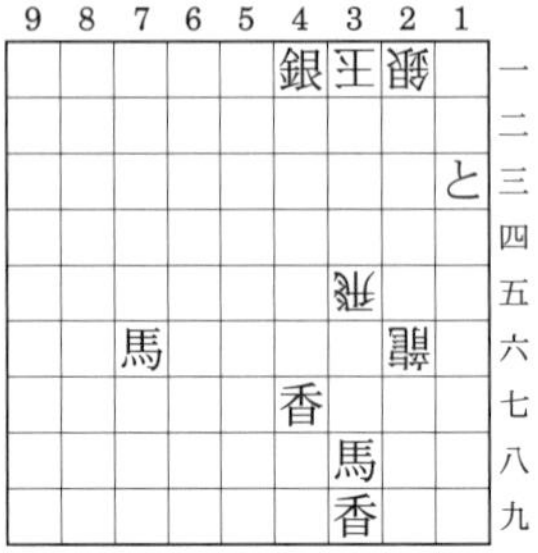

持駒 なし

（筒井浩実・『詰将棋パラダイス』・2002年2月号）

解答は197ページ

空中ブランコのようなアクロバティックな芸が楽しめます。5手詰。

第48問

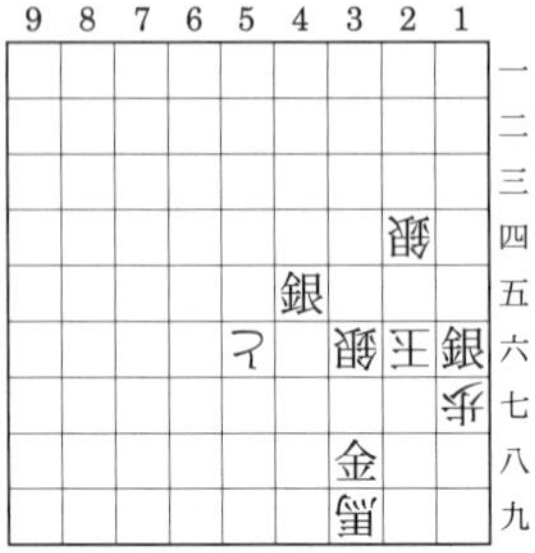

持駒 飛飛角

（小川宏・『詰将棋パラダイス』・1967年2月号）

解答は198ページ

7手詰。頑張っている玉方の銀を無能な駒に変化させてください。

5 ここしかない！1

限定打の魅力

詰将棋の本手順は原則としてただ一つに決まるように創られていますが、第1章で述べたとおり、これにはいくつかの例外があります。その一つが持駒の飛・角・香の打ち場所に関するもので、こうした駒を離して打って王手をするときには、必ずしも打ち場所が限定されていなくても不完全とは見なされないことになっています。ある程度以上離れていればどこに打ってもよいような王手は、しばしば「以遠打《いえんだ》」と呼ばれます。これらの走り駒の性質上、玉方の玉に隣接しているかいないかは本質的な差異があるのに対し、「どれくらい離れているか」は詰手順とは通常関係がありません。以遠打が許容されるのは、ルールを考えれば無理からぬことだったのです。

しかし、この許容の慣習の裏返しとして、飛・角・香をある特定の場所に打たなければ詰まないような手順が盛り込まれていることは、詰将棋として魅力的であると認識されるようになりました。ある程度離れていればどこに打ってもよいように見えて、実はここでなければダメだという王手、「限定打」は、詰将棋作家にとっては追求しがいのあるテーマなのです。なぜ決まった場所でなければならないのか、その理由づけとして、さまざまなからくりがこれまでに考えられてきました。

たとえば、**図1**の作品を見てください。4二から脱出されてはかないませんので、初手は右側から角を離して打つことになりますが、3三、2四、1五のどこから打てばよいでしょうか？　打ち場所の決定は保留して、先へ進んでみましょう。角を打ったとき、玉方が飛車以外の駒を合駒として打ったら、☗7三角、☖6一玉、☗6二角成で簡単に詰みます。**☖4二飛合**のときは**☗7三角**、☖

6一玉に☗6二香と勢力を足すことになりますが、このときにもし☖7二玉なら、☗8二角成まで。つまりこの手を指せるようにしておくため、3手目の☗7三角は限定打であったことがわかります。本手順は香打ちに☖5一玉と戻りますが、以下☗4三桂、☖同金、☗6一香成、☖同玉、☗5二桂成、☖同飛、☗5一角右成、☖同飛、☗6二角成の15手で詰み。パタパタと駒がさばけていく様子は爽快そのものです。

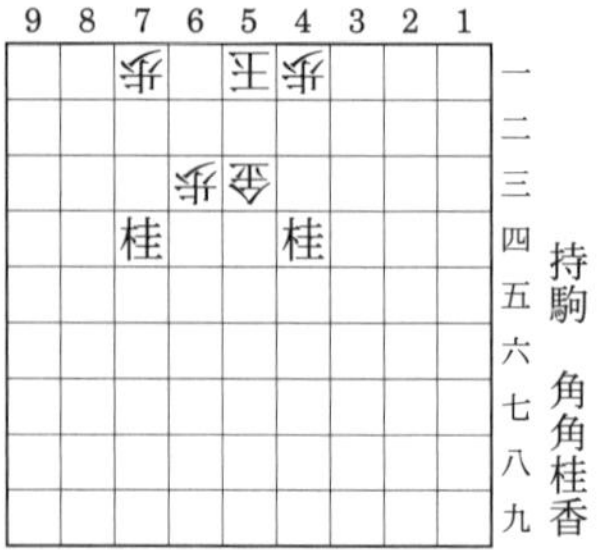

図1
（上田吉一・『近代将棋』・1978年11月号）

　では結局、初手の角打ちはどこから打てばよかったのでしょうか。実は角打ちには☖4二歩と移動合とする手があります。このときは☗7三角、☖4一玉と反対側へ逃げられます。ここで☗3三桂と打ちたいので、初手☗3三角ではまずいとわかります。さらに桂打ちに対し☖3一玉となったとき、もし初手に☗2四角と打っていれば、☗1三角成、☖2二歩合、☗3二香で詰みます。これで、初手が限定打であることがわかりました。

　なお、初手☗2四角に対して☖6一玉なら☗9四角以下詰みですが、この☗9四角も限定打。これも数えれば、角の限定打が本手順と変化手順において実に三回も登場しています。涼やかな配置にしてこの切れ味、この完成度の高さ。詰将棋界のレジェンド、上田氏による一分の隙もない名作でした。

　駒の打ち場所を限定させる仕組みとして、別の駒の利きの遮断を目的とするケースもあります。攻方の駒の利きを遮るのは主に打歩詰に陥るのを避けるためで、これは第2章でも紹介しました。ここでは、玉方の駒の利きを遮断するための限定打を見てみましょう。

図2の作品、持駒に香車が四枚もあります。正解手順を先に書いてしまうと、**☗9五香、☖8三玉、☗8四香、☖7三玉、☗7六香、☖6三玉、☗6七香、☖同角成、☗9六馬**まで。初手から香車を次々に連打していきますが、その打ち場所はすべて完全に限定されています。最後の☗6七香は、7八の角の利きを遮断することで☖6四歩合に☗3六馬を用意した手。そしてその前の☗7六香は、最終手の☗9六馬のときに☖8五歩合とされないよう予防的な遮断を行っています。香車が立ち並ぶ林の中をさっと馬が駆け抜ける最終手の爽快感は格別です。前半の二本の香打ちがなぜ限定されているかは、読者の皆さんに考えていただくことにしましょう。

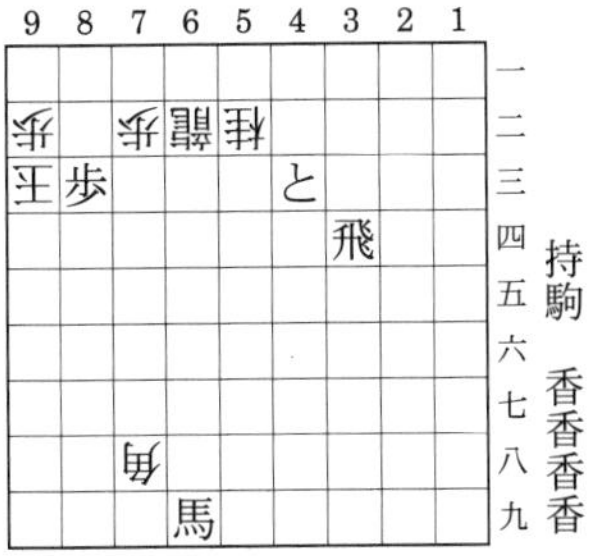

図2
（秋元龍司・『近代将棋』・1976年9月号）

次節も、限定打について紹介します。

本文で作品を紹介した上田吉一氏は、詰将棋界ではその名を知らぬ人のないほどの巨匠の一人。オリジナリティあふれる傑作を数多く世に送り出されています。一つ一つの駒の特質を知り尽くし、その駒を使ってどのように「遊ぶ」ことができるかを極限まで追求する姿勢は、他の追随を許しません。詰将棋作品集『極光21』（河出書房新社）を上梓されていますが、残念ながらすでに絶版のようです。

第49問

あとのことをよく考えて角の移動先を決めなければいけません。5手詰。

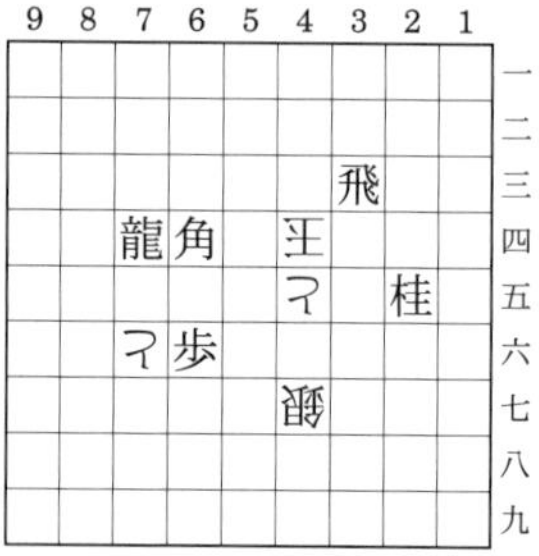

持駒　なし

（紅竜介・『詰将棋パラダイス』・1991年4月号）

解答は199ページ

第50問

7手詰。最初から最後まで、これぞ詰将棋という手でかっこよく決まります。

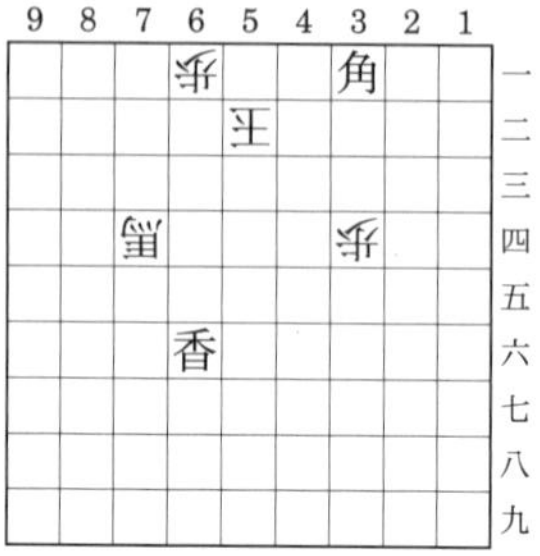

持駒　飛香

（小林敏樹・『詰将棋パラダイス』・1998年11月号）

解答は200ページ

6 ここしかない！2
進化する限定打

飛・角・香を、ある地点から打ったときだけ詰むようにしたい——限定打が成立する手順を求めて、詰将棋作家はさまざまな可能性を模索してきました。前節に引き続き、その驚くべき成果の一端をご紹介しましょう。

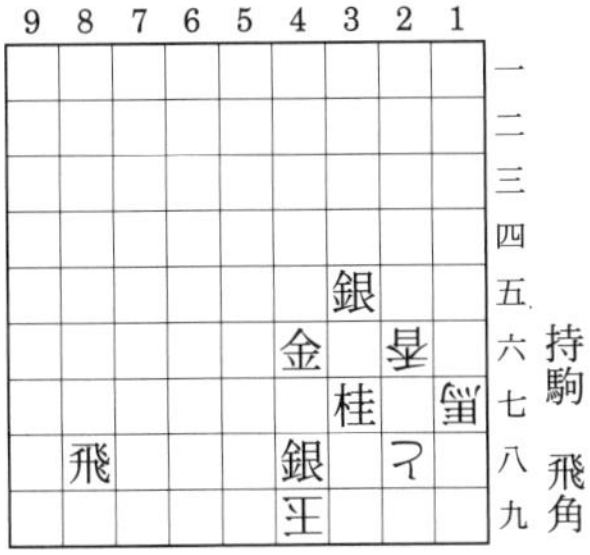

図1
（山本民雄・『詰将棋パラダイス』・1970年11月号・修正図）

まずご紹介したいのが**図1**の作品です。3八から2七への脱出路が見えており、初手はこのルートをふさぐべく☗**2七角**と打ちます。これをと金か香車で取れば、☗5九飛、☖3八玉、☗3九銀、☖2九玉、☗2八銀、☖1八玉、☗1九飛と、二枚飛車を後ろ盾にして銀がジグザグ動いていくことで詰みます。本手順は☖同馬で、この場合は先ほどの手順では☗2八銀のあき王手のときに4九に合駒をされてしまうため詰みません。

さて、ここが問題の局面です。実はここでの正解は☗**9九飛！**と最も遠い地点から打つ手（**図2**）。なぜほかの場所ではダメなのでしょうか？

試しに、☗7九飛と打ってみましょう。☖3八玉となったとき、もし3七の桂馬がいなければ☗3七銀、☖同玉、☗7七飛で詰むのです。そこで☗5七銀、☖3七玉、☗4八銀、☖3八玉と銀の往復運動を挿入することで、邪魔駒の桂馬を消去します。なるほど、これで一件落着……と思いきや、まだ落とし穴がありました。▲5七銀とあき王手した瞬間、玉方には△7八歩合という手があるのです（**図3**）。九段目に逃がせないので▲同飛寄と取るしかありませんが、以下先ほどのように桂馬を消去したあと銀を捨てて、いざ飛車を浮こうとすると……もう一枚の飛車が邪魔していて指せないではありませんか！

もし3手目が▲6九飛なら△6八歩合、▲5九飛なら△5八歩合でいずれも不詰。二枚の飛車の利きが交差する地点に合駒をされないようにするただ一つの解決策、それが9九に飛車を打つことだったのです。

この作品は、新しい意味づけを持った限定打の開拓に成功したとして、発表当時に絶賛を受けました。『古今短篇詰将棋名作選』の中で本作を解説した原敏彦氏による「嗚呼、君知るや9九飛」という名文句は、今でもよく知られています。

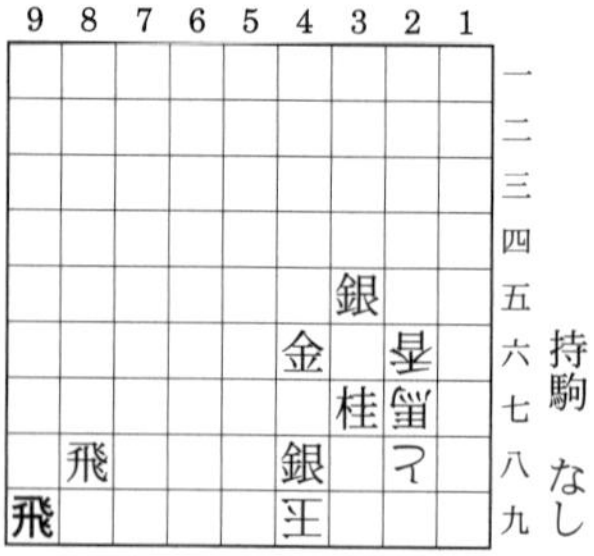

図2
（山本民雄・『詰将棋パラダイス』・1970年11月号・3手目）

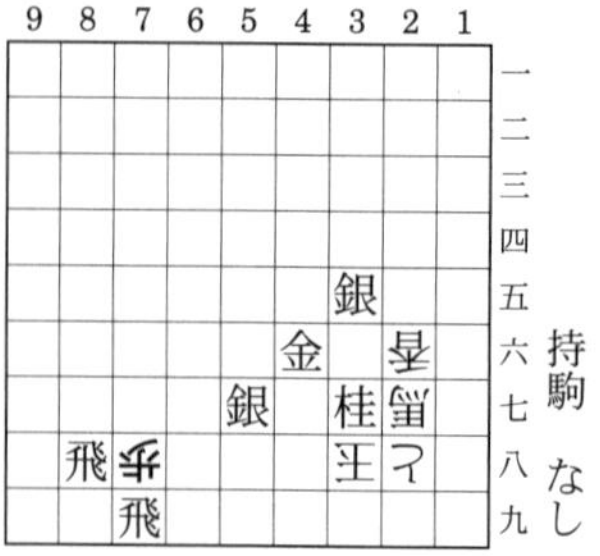

図3
（紛れ図）

もう一作、また別の意味づけを限定打に持たせた作品を紹介しましょう。

図4の作品、初手は右側から角を打つしかありませんが、どこから打てばよいでしょうか。試しに▲5三角としてみましょう。平凡な△6二歩合は、▲8三桂不成、△8一玉、▲9一桂成、△同玉に▲6四角成で簡単です。そこでこの最後の手を防ぐべく、△6二香合とする手が考えられます。

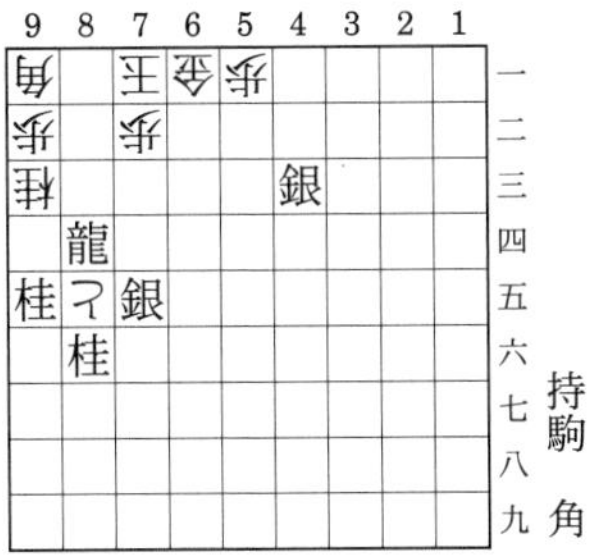

図4
（添川公司・『近代将棋』・1980年3月号）

それならば、初手▲4四角はどうでしょうか。今度は△6二香合とされても、桂馬で角を取ったあと▲5五角と王手しても取られません。△6四歩合と合駒されても、▲8二角、△8一玉、▲6四角成とこちらの角で取り、△8四と、▲8二馬まで。最初に打った角に馬が支えられています。

ところが、まだ話は終わっていません。▲4四角に△5三香合と捨合する手があるのです。このままでは先ほどの▲5五角ができませんが、▲同角成と取れば△6二香合でダメ。同じように▲3五角も、△4四香合、▲同角、△5三香合、▲同角成、△6二香合で詰みません。角が引けないように連続して香合を続けられると、どうしても詰まないのです。

ここにいたって、ついに真の初手が明らかになります。**▲1七角！**　将棋には香車は四枚しかないことが、この角打ちを限定打たらしめているのです。玉方は連続香合戦略を断念せざるを得ず、

☖6二飛合とします。これは、先ほどと同じように☗8三桂不成、☖8一玉、☗9一桂成、☖同玉に☗2八角とするなら、☖7三歩と飛車の横利きで守ろうというもの。本手順は桂で角を取ったあと、☗8二角以下21手で詰みます。のちに超長編の第一人者となる作者が十代のころに発表した作品。看寿賞も受賞した遠角の名作でした。

限定打をテーマにした作品は非常に数が多く、打ち場所を限定させる意味づけも多様で、とてもすべてをここでは紹介しきれません。また、限定打に類するテーマとしてあき王手の際の限定移動を主眼とした作品もあり、こちらも数多くの名作が発表されています。

さて今回の二作、実は構造が似ていて、1問目はちょうど2問目のヒントのような手順になっています。

ぜひ挑戦を！

第51問

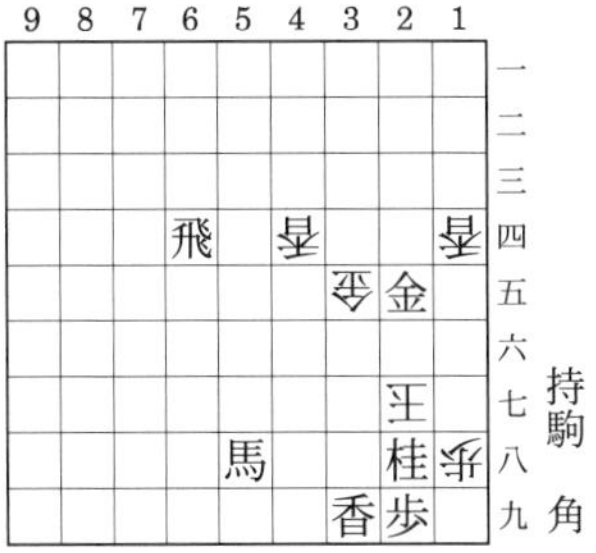

（山田康一・『詰将棋パラダイス』・2004年5月号）

解答は201ページ

1七に逃げ込まれたときにどうするか、がポイント。5手詰。

第52問

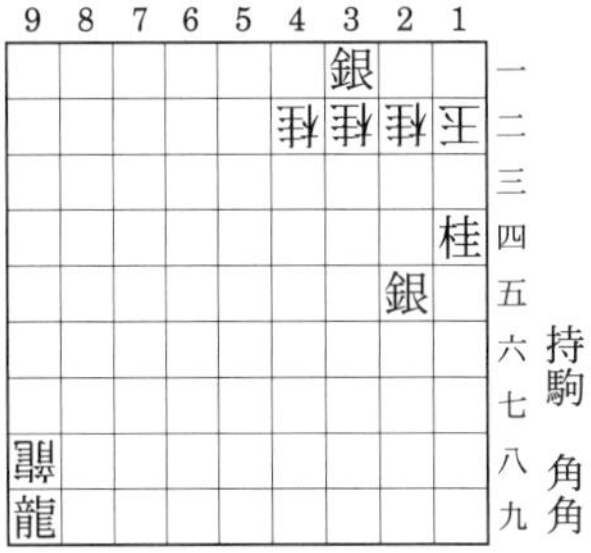

（三谷郁夫・『詰将棋パラダイス』・1999年12月号）

解答は202ページ

難問。某プロ棋士に「世界一難しい7手詰」とまで言わせた名作です。

7 懸命の延命1
回収手筋

詰将棋はそもそも、どうしたら相手の玉を詰ますことができるかを問うパズルであり、与えられた局面において最もよい攻方の手は何かを考えるものでした。しかし本手順においては攻方と玉方の双方が最善を尽くすというルール上、玉方にも驚くような受けの手が飛び出すことがあり、これが詰将棋をますますおもしろいものにしています。ここでは玉方の手が主役となるテーマのうち、特に最近注目されているものを紹介しましょう。

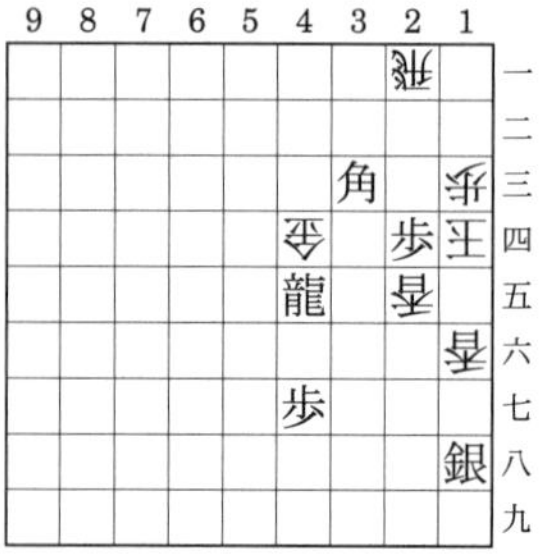

図1
（原亜津夫・『詰将棋パラダイス』・1998年5月号）

近年、玉方が繰り出す驚きの手順としてポピュラーになりつつあるのが、回収手筋というちょっと変わった名前のテーマです。これは、玉方が盤上にある味方の駒を「回収」して持駒にし、あとで合駒として使おうというもの。さて、どうやったらそんなことができるのでしょうか?

図1の作品を見てください。初手は☗3二角しかなさそうです。☖1五玉は☗2三歩成から簡単に詰むので、玉方は合駒をするしかありません。まずは平凡に☖2三歩合を考えてみましょう。☗同角成のときに☖同飛と取り返すのは、☗1五歩、☖同玉、☗2三歩成と手順に飛車を取られてしまいます。☗同角成のときに☖1五玉は有力で、攻

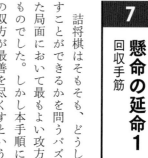

方は馬が邪魔で歩を成ることができません。しかし、☗1四馬、☖同玉、☗1五歩と邪魔駒の馬をさばき捨てれば、結局歩成を実現できます。以下☖同玉、☗2三歩成、☖2六玉、☗4六龍となれば、何を合駒しても☗4四角成、☖1五玉、☗3三馬、☖2六玉、☗2七金まで。なお今の手順で、☗2三歩成に☖2四歩合と捨合する手も考えられますが、☗同角成以下19手でやはり詰みます。

では2手目に別の合駒をしたらどうでしょうか。前に動ける駒なら歩合のときとまったく同じようにして詰むはずなので、考える必要があるのは☖2三桂合だけです（角は二枚とも盤上にあります）。しかしこれも、☗同角成、☖同飛（☖1五玉は☗2七桂以下簡単に詰み）、☗2六桂、☖同香に☗1五龍！というかっこいい手があり、17手で詰みに至ります。

玉方の手はこれで調べ尽くしたから、結局2手目は☖2三歩合が最善手か……。いやいや、まだ吟味していない手が残っています。それが**☖2三飛（図2）**！

攻方は当然**☗同角成**と飛車を取りますが、**☖1五玉**と逃げられると、歩合のときと同じように**☗1四馬、☖同玉、☗1五飛**と進めるしかありません。歩だろうが飛車だろうが、敵の玉頭に打ち捨てるしかない状態になっているのがミソで、以下**☖同玉、☗2三歩成、☖2六玉、☗4六龍**となったとき、玉方は**☖3六飛合**とすることができます

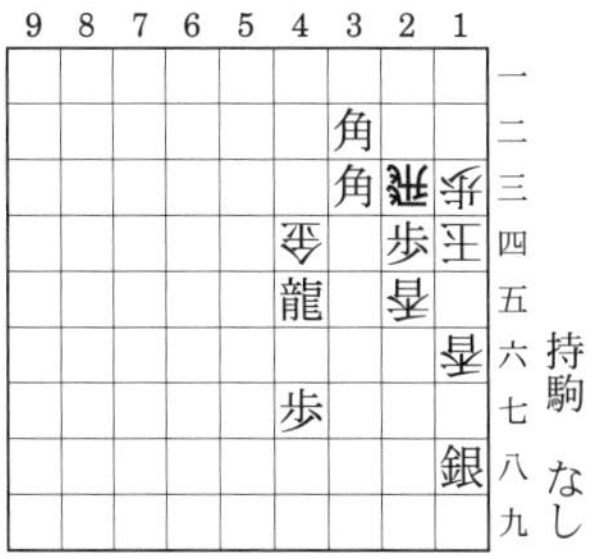

図2
（原亜津夫・『詰将棋パラダイス』・1998年5月号・2手目）

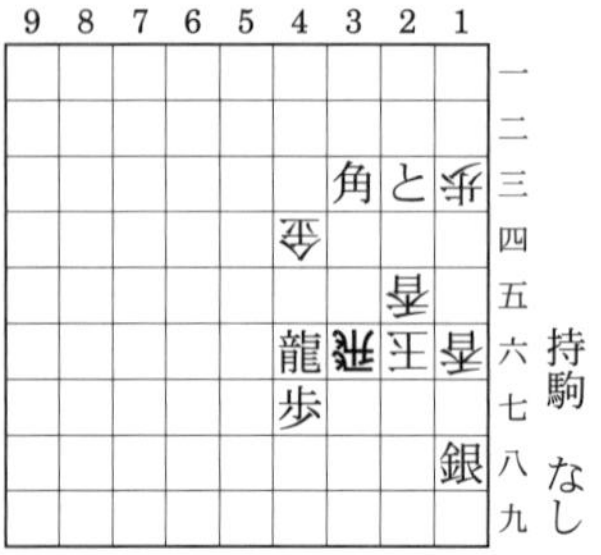

図3
（原亜津夫・『詰将棋パラダイス』・1998年5月号・12手目）

（図3）。ここに飛車が打てれば、▲4四角成、△1五玉、▲3三馬となったとき△同飛と取れるわけです。以下、▲1六龍、△同玉、▲1七金、△1五玉、▲1六香まで21手詰。さっぱりとした駒配置と長すぎない手数で、「玉方が、盤上にある味方の駒を移動合して攻方に取らせ、それを攻方に使わせることで結果的に持駒として回収し、あとで合駒として使用する」というストーリーが、これ以上ないほど明快に表現されています。特に、眼目の移動合が純粋な捨駒になっているのがポイントといえるでしょう。平成十年度の看寿賞中編賞も受賞した名作でした。

　回収手筋は、近年になって作例が増えてきた構想であり、まだまだ発展の余地があります。今後どんな作品が生まれるか、期待は尽きません。

「盤上の玉方の駒をいったん攻方が取って使い、それを玉方が合駒に利用する」という仕組みが組み込まれた作品は、実は江戸時代にあります。『将棋図巧』第十七番では、攻方が安易に進めると盤上の玉方の駒を取ることになり、結果的に玉方に駒を回収させる形になって失敗するので、そうならないように準備工作をします。玉方が能動的に駒を捨てるわけではありませんが、回収手筋の流れが伏線として隠されているわけで、こんなところにも看寿の先見性を感じざるを得ません。

第53問

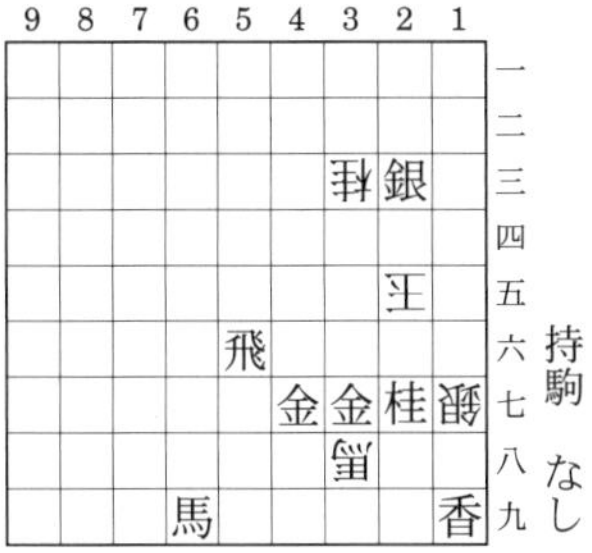

（有吉澄男・『詰将棋パラダイス』・1982年9月号）

解答は203ページ

玉方の馬と銀に仕事をさせないように攻めなくてはいけません。5手詰。

第54問

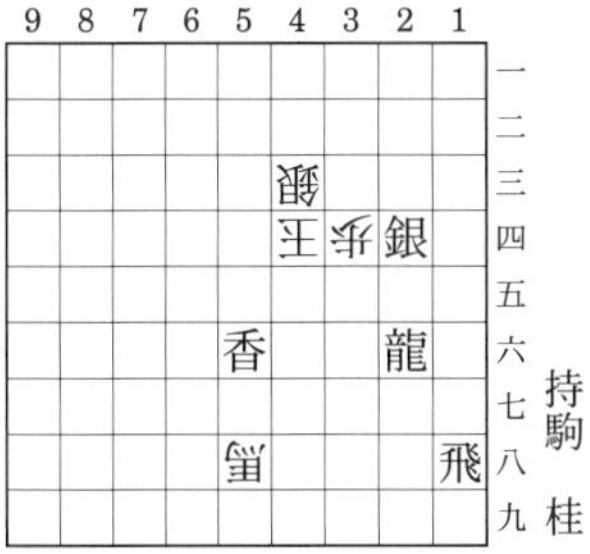

（原亜津夫・『詰将棋パラダイス』・1988年10月号）

解答は204ページ

7手詰です。何が最善の合駒かを一生懸命読む必要があります。

8 懸命の延命2

高木手筋

近年、『詰将棋パラダイス』誌上などで、「高木手筋」という言葉がしばしば登場するようになりました。これはいったいどんなものなのでしょうか。

高木というのは、主に昭和三十年代から五十年代にかけて活躍した詰将棋作家、高木秀次氏のことです。40手から60手台の重厚な作品を数多く発表し、代表作「千早城」63手詰は、発表当時誰も解くことができなかった難解作として知られています。

図1
（高木秀次・『風ぐるま』・1955年5月・修正図（不完全））

その高木氏が一九五五年に発表したある作品（**図1**）に、それまでの詰将棋には見られなかった新しい意味付けを持った手が含まれていると最近になって若島正氏から指摘があり、忘れられていた作品に注目が集まりました。残念ながらその作品には余詰があり、「新手の入った初めての完全作」にはなれませんでした。しかし指摘された手の価値は認められ、やがて高木手筋という名前とともに詰将棋作家の間で認知されるようになったのです。

オリジナルの作品も大変おもしろいのですが、手数も長く構成も大がかりですので、ここでは高木手筋のエッセンスを抜き出して短編としてまとめられた作品を紹介します。

図2の作品、玉方の立場で考えてみましょう。▲8八馬とされたらどう応じるのが最善でしょうか？　△4五玉は▲3五金で簡単に詰むので、逃げるなら△4六玉です。しかし▲7九馬の追撃があります。△5五玉と戻ると▲6五馬ですぐ詰み。6八に何か合駒しても、▲同馬、△同銀成に取った駒を4七に打たれるとすぐ詰んでしまいます。頭の丸い桂馬を合駒できればいいのですが、八段目なので打つことができません。

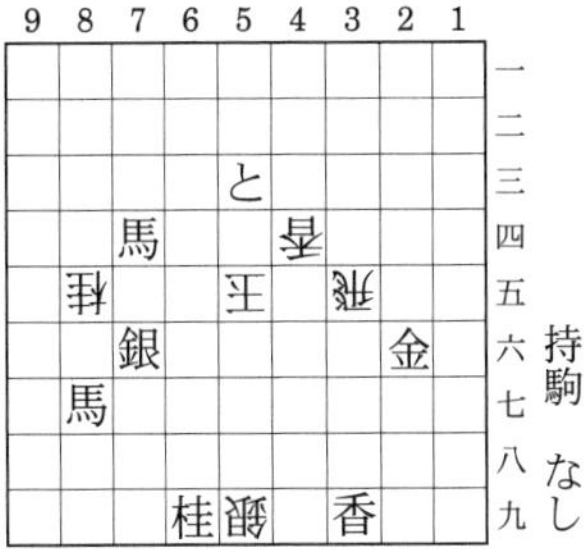

図2
（宮原航・『詰将棋パラダイス』・2013年7月号）

▲8八馬のときに合駒をしても、あまり状況は好転しそうにありません。6六、7七のどちらに何を合駒しても、▲6五馬から▲7九馬で、先ほどのように6八の合駒をむしり取られて詰まされてしまうからです。何かよい手があるとは思えませんが……。
ここで、驚きの一手が飛び出します。**△7七桂成**！と成り捨てるのが玉方の奇抜な妙手（**図3**）。

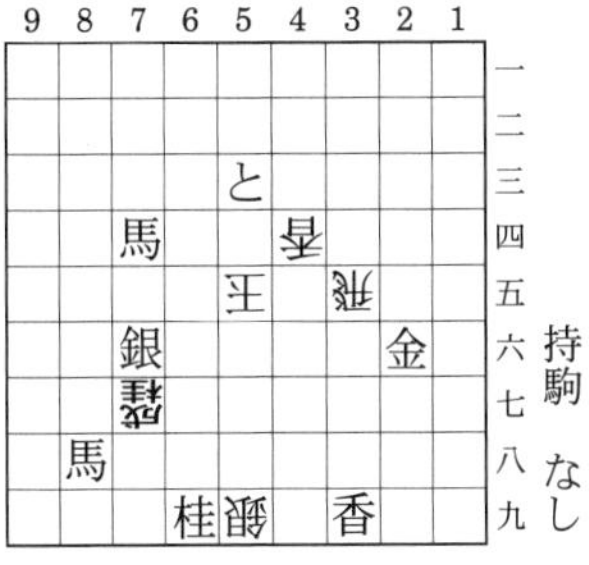

図3
（宮原航・『詰将棋パラダイス』・2013年7月号・2手目）

この手は、▲6五馬、△4六玉、▲7九馬なら△6八成桂と移動合する手を用意しています。△4六玉の変化と比べると、まるで魔法で成桂を打ったかのようです。本手順は**▲同馬、△6六桂合**と続きますが、馬を近づけたことで、6八で合駒を取られる可能性がなくなっているのがミソ。以下は**▲6五馬、△4六玉、▲5八桂、△同桂成、▲5五馬上、△同飛、▲3六金**までとなります。

もう一作紹介しましょう。**図4**の作品で初手**▲7三香成**とあき王手されたとき、どう応じるべきかを考えます。逃げるなら△5三玉ですが、▲9七馬のときに困ります。△4四玉も△5二玉も、銀を打って簡単に詰みますし、△8六歩合や△8六香合は▲5四歩、△5二玉に▲9六馬とされて詰まされてしまいます。しかし9六に利かせるべく△8六金合とすれば、今度は▲同馬からその金を打たれてやはり詰みです。

あとで▲9六馬とされたくはないが、金を渡したくもない――このジレンマに対する答えが、初手に対する驚きの捨合、**△7七銀**！です。もし▲4五歩なら、△5三玉、▲9七馬のときに△8六銀成として逃れようというわけです。本手順は△7七銀を▲同馬と取り、初手から11手で詰みます。これは、読者のみなさんに考えていただくことにしましょう。

このように、「取られなかったときにあとで移

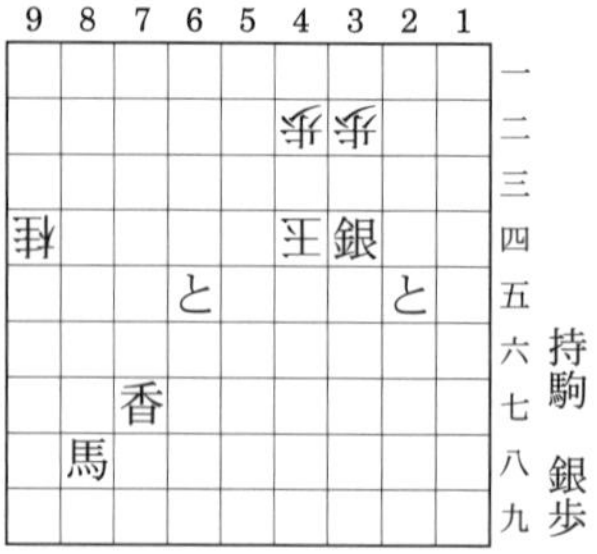

図4
（青木裕一・『詰将棋パラダイス』・2015年3月号）

動合することを意図して特定の駒を捨合する」のが高木手筋です。ここで紹介した二作は、捨合をする理由としてあたかも成駒を合駒として打ったかのような局面に誘導することを狙っている点が共通していましたが、高木手筋の意味づけはこれ以外にも考えられます。実際、高木秀次氏のオリジナル作品では、玉方が攻方を打歩詰の局面に誘い込むために金を移動捨合します。ほかにも新しい意味づけを与えることは可能でしょう。高木手筋は、まだまだ発展の余地がある魅力的なテーマです。

詰将棋は、今も毎月何十作という新作が発表されています。これだけ数が多くなると、特に短手数の作品の場合、新味を出すのはどんどん難しくなってきています。もう詰将棋らしい手順の作品は出尽くしてしまったのではないか、と思う人がいても不思議ではありません。しかし最近になって高木手筋が開拓され始めたことは、模索を続ければまだまだ私たちは詰将棋で「遊べる」ことを示しているように思います。

第55問

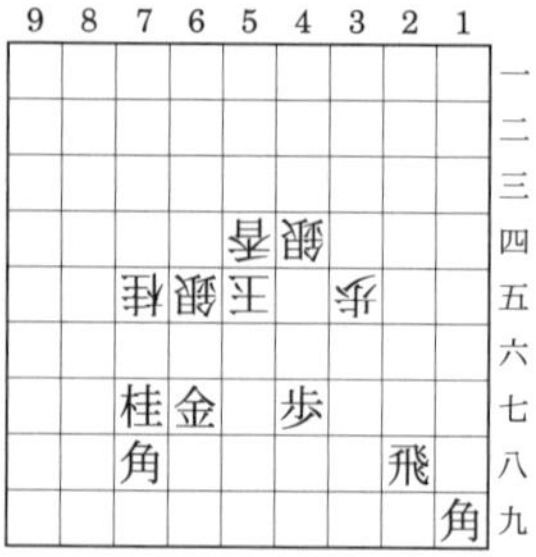

持駒　飛

（楓香住・『詰将棋パラダイス』・1988年10月号）

解答は205ページ

6四に逃げられそうなので、あき王手をしたくなるところですが……。5手詰。

第56問

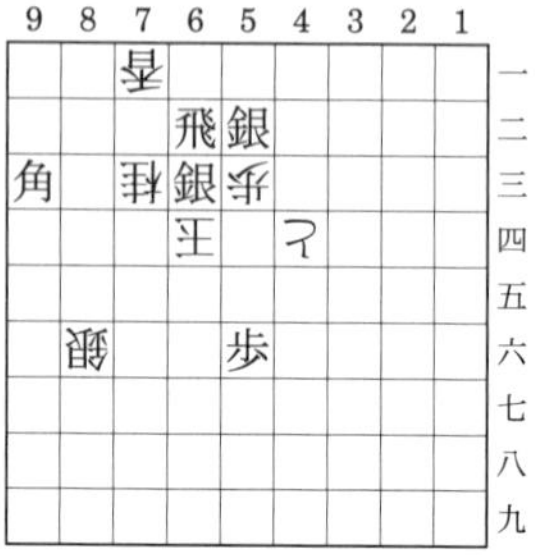

持駒　飛銀

（上谷直希・『詰将棋パラダイス』・2016年1月号）

解答は206ページ

7手詰。密度の濃い虚々実々の応酬が繰り広げられます。

第4章 フェアリーの楽園

1 最善と最悪1

協力詰

第2章、第3章で、さまざまな名作を通して奥深い詰将棋の世界を紹介してきました。これ以外にもすばらしい詰将棋はたくさんあり、これまで見てきたものは広大な詰将棋ワールドのほんの一部分に過ぎません。

しかし、実はこの詰将棋の世界の外側には、さらに広い「フェアリー」の宇宙があるのです。フェアリーとは、従来の詰将棋のルールや使用する駒の動きなどに何らかの改変を加えたもののことで、もとは同様の変則的なチェスプロブレムを指すfairy chessという用語に由来します。本章では、そのおもしろさの一端を紹介したいと思います。

フェアリールールには実にさまざまなものがありますが、最もポピュラーなのは協力詰（または「ばか詰」）と呼ばれるルールでしょう。ルールが理解しやすく、フェアリーの不思議な世界をすぐに味わえる協力詰は、フェアリーの入門編として最適です。

通常の詰将棋（以下、「普通詰将棋」と呼びます）では、相手の玉を詰まそうとする攻方に対し、玉方はできる限りの抵抗を試みます。ところが協力詰では、玉方は自分が詰まされるような手を選択するのです。詰みを目指す攻方に、自ら「協力」するわけです。一番愚かな手を指すともいえ、「ばか詰」の名前もここから来ています（フェアリー愛好家は、普通詰将棋をしばしば「かしこ詰」と呼んだりします）。

相手が都合よく応じてくれるのですから、普通詰将棋より簡単なのではないかと思われるかもしれません。しかし実際は、短手数の作品でもかなり難しいものが多いのです。

図1を見て下さい。普通詰将棋なら、この局面が到底詰まないことはすぐにわかります。ところが本作は協力詰で、たった3手で詰むのです。協力詰をはじめてやってみるという方は、ちょっとここで考えてみて下さい。

協力詰において、手数は大事な要素です。何手で詰むかという情報は、普通詰将棋を解くときには必ずしも必要ではありません。しかし協力詰は

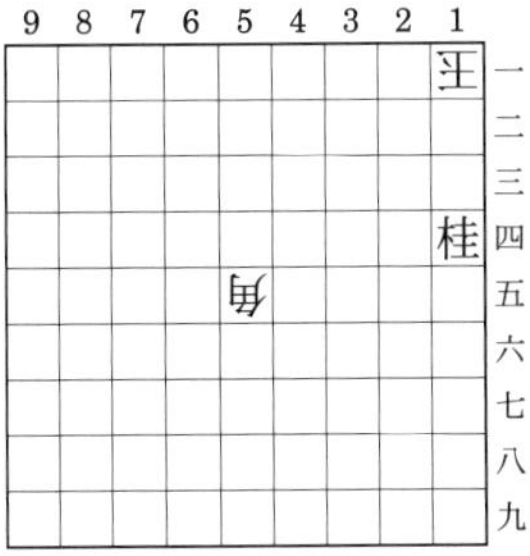

持駒　飛金

図1
（花沢正純・『カピタン』・1971年12月号）

着手の自由度が高く、長い手数をかければいろいろな詰ませ方が生じます。「最も短い手数での詰手順を求めよ」というスタイルもあり得ますが、手数は明示して出題されるのが普通です。

図1の作品で、もし5手かけてもよいのなら、たとえば▲1三飛、△2一玉、▲1二飛成、△3一玉、▲3二金で詰みますし、▲2一飛、△1二玉、▲2三飛成、△1一玉、▲1二金でも、▲3一飛、△1二玉、▲3二飛成、△2二角、▲同龍でも詰みます。でも3手で詰む手順は、たった一つだけです。**▲9一飛、△同角、▲2二金**までの3手詰。角に取ってもらうために一番遠くから打つという発想が浮かびましたか？　これだけでも、協力詰の面白さを実感していただけるのではないでしょうか。

なお協力詰では、「『すかし詰』は詰みの局面とは認めない」というルールがあります。すかし詰とは、詰みではあるが、いわゆる無駄合はまだで

きる局面のこと。普通詰将棋ではこうした合駒は手数としてカウントしませんが、協力詰の場合はただの手数伸ばしも無駄とは言い切れないので、文字どおり玉方の可能な着手がなくなったときに詰みとするわけです。歴史的にどうしても無駄合の概念と格闘しなければならなかった普通詰将棋と比べると、協力詰はその意味でルールがすっきりしているといえるかもしれません。

協力詰は玉方も詰みに協力する以上、あまり長い手数のものは創れないと思われるかもしれません。ところが現実はその反対で、一万手を超える作品が何作も発表されています。加藤徹氏の作品「寿限無3」（**図2**）に至っては、何と49909手詰！　繰り返される手順が入れ子のように重層的になる「ハノイの塔」のような手順構造が、これほどまでの長手数を生み出しているのです。普通詰将棋の最長手数作品は1525手詰ですから、この数字がいかにすさまじいかおわかりいただけるでしょう。

持駒　なし

図2
（加藤徹「寿限無3」・1999年5月）

これまでは詰将棋を二問出題してきましたが、本章では普通ルールで5手詰程度の詰将棋を一問紹介し、もう一問は短手数のフェアリー作品に挑戦していただくことにします。毎回ルールが変わるので、頭をやわらかくして臨んでください。
2問目は協力詰です。出題時にプロ棋士を悩ませたことで話題になった一作。左右対称形をしているので形式的には解は二つ存在することになりますが、本質的にはもちろん答えは一つです。

第57問

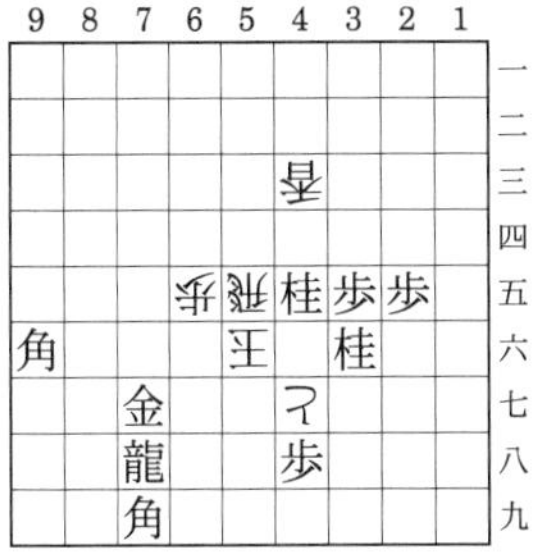

持駒　なし

（柳田明・『詰将棋パラダイス』・1974年11月号）

解答は207ページ

普通詰将棋、5手詰。2手目をよく吟味する必要があります。

第58問

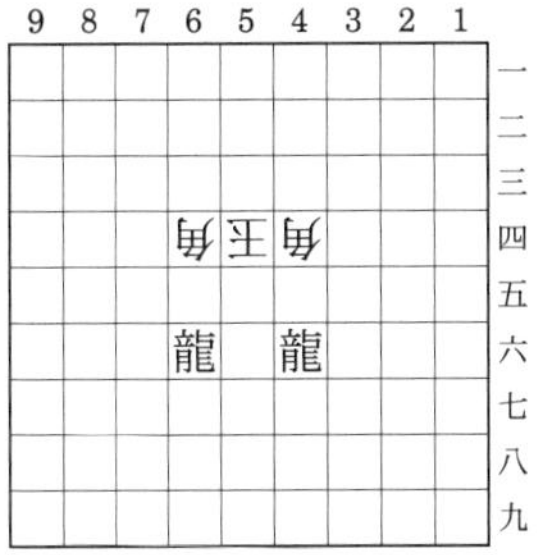

持駒　なし

（長谷繁蔵・『詰将棋パラダイス』・2004年4月号）

解答は208ページ

協力詰、5手詰。協力詰ならではの1手が飛び出します。

2 最善と最悪2

協力詰の仲間たち

●最悪詰と悪魔詰

前節でフェアリー詰将棋のトップバッターとして協力詰を紹介しましたが、攻方と玉方が協力するというルールは、次のようにとらえることもできます。通常の詰将棋は、どのような玉方の手に対しても詰みに至るような攻方の手が存在するように創られており、その手順を見つけることを目的としています。これに対し、攻方の手も玉方の手も詰みに至る手順が存在するように創られているのが協力詰です。つまり

普通詰将棋：すべての玉方の応手に対し、詰みに至る攻方の手がただ一つ存在する

協力詰：ある玉方の（ただ一つの）応手に対し、詰みに至る攻方の手がただ一つ存在する

ということになっているわけです。では、「ある玉方の応手がただ一つ存在して、すべての攻方の手で詰みに至る」というルールを考えたらどうなるでしょうか？　これが「最悪詰」というフェアリーです。このルールでは、攻方はなるべく詰まないような王手をかけ、それに対して玉方はなるべく詰まされるように応じます。双方が「最悪」

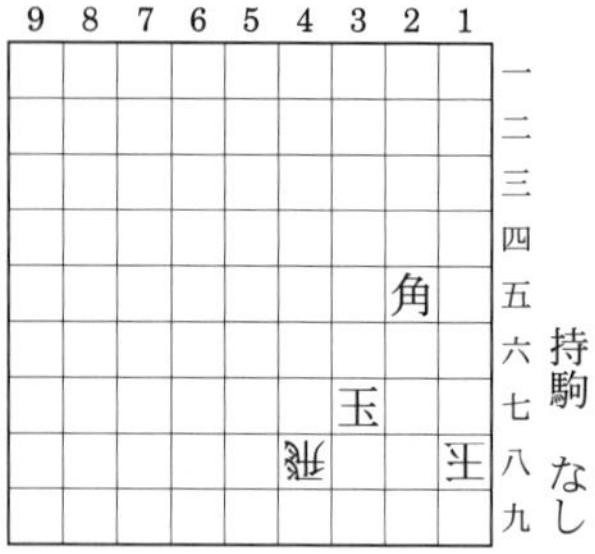

図1
（青木すみれ・『詰将棋パラダイス』・2000年11月号）

を尽くすわけです。
図1の作品は最悪詰です。初手は☗3六角しかありません。これに対し、玉方が☖1七玉や☖1九玉と逃げれば、もう王手がかからず詰まなくなってしまいます。玉方はなるべく詰まされる手を指さなければいけないので、ここは合駒をする一手。何を合駒しても、攻方はそれを取るしか王手がありません。☖2七飛合として、☗同角に☖1七玉と逃げてみましょう。もし☗1六飛と打ってくれればめでたく詰むのですが、攻方は最悪の手を選択するので、ここではたとえば☗1八飛とします。玉方は取るしかなく、これで王手がかからなくなるので失敗です。同様に、前に利く駒を取らせてから☖1七玉と逃げるのは、その駒を1八から打たれてしまうのでうまくいきません。☖2七角合も☗同角、☖1七玉に☗2八角と打たれるのでダメ。また、合駒を取らせてから1九や2九へ逃げるのも、攻方にまずい手を指され続けるとまったく詰みません。正解は桂合で、取らせてから1七に玉を引けば、王手をかける手が桂打ちしかなく詰みになります。**☗3六角、☖2七桂合、☗同角、☖1七玉、☗2九桂**までの5手詰でした。

なお、「すべての玉方の応手に対し、すべての攻方の手で詰みに至る」というルールもあります。どうやっても詰むということなので、双方ともなるべく玉方の玉が詰まないように指し続けたときの詰手順を求めるわけです。このルールのフェアリーは「悪魔詰」と呼ばれています。

●協力自玉詰

協力系のフェアリールールで、協力詰に次いでポピュラーなものの一つに、「協力自玉詰」(または「ばか自殺詰」)があります。このルールでは攻方の玉も必ず盤面に配置されており、攻方は相手の玉に王手をかけつつ、最後は自分の玉が詰まされることを目指します。必然的に、最後は攻方の王手に対し玉方が逆王手をかけることになります。また、手数は必ず偶数手です。

協力自玉詰はしばしば、通常の詰将棋とは似ても似つかぬ不思議な手順が展開されます。**図2**の作品、びっくりするような配置ですが、協力自玉詰ならこれが8手で詰むのです。**▲9九香、△9八角、▲8一飛、△同玉、▲1八角、△2七飛、▲2一飛、△同角成**まで。当然ですが、8手で詰まされる手順はこれ一つしかありません。攻方は、

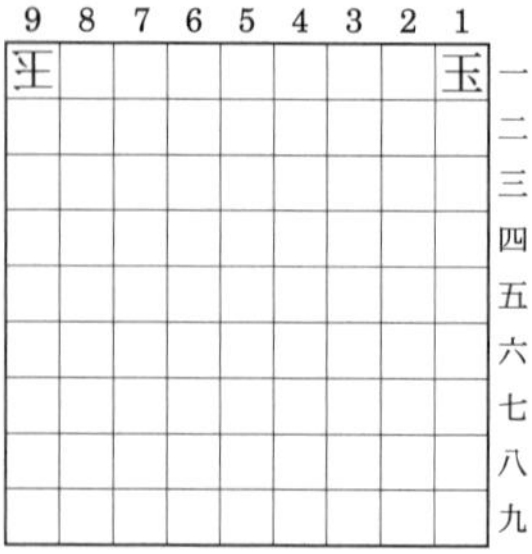

持駒　飛飛角香

図2
（左真樹・『詰将棋パラダイス』・1985年4月号）

合駒をさせることで自分の玉を攻める駒をつくりだしていきます。3手目の飛車打ちが大事な一手で、玉をずらして9八の角のピンを外すとともに、飛車を玉方に渡すことで6手目の△2七飛を可能にしているのです。

なお、「協力」のない「自玉詰」（または「自殺詰」）というルールもあります。この場合、攻方は王手をかけつつ自玉が詰まされることを目指し、玉方はそれに抵抗する手（つまり攻方の玉が詰まないような手）を指すことになります。協力自玉詰に比べると自玉詰の作品数はそれほど多くありませんが、こちらも一度慣れればなかなか面白いルールです。実際、お隣チェス界では、自玉詰に近いルールである〝selfmate〟は比較的人気があり、数多くの作品が創られています。

前節の協力詰はいかがでしたか。フェアリーの世界では、通常の詰将棋ではあり得ない手順が登場します。普通ルールで培った「この形はこうするもの」という先入観を、いかに捨てられるかがポイントです。
今回、2問目は協力自玉詰の問題にしてみました。攻方と玉方で協力しながら、「王手をかけ続けていた攻方が最後に逆に詰まされてしまう」手順を見つけて下さい。8手と手数はやや長いですが、2手目までは絶対手なので、実質的には6手詰です。

第59問

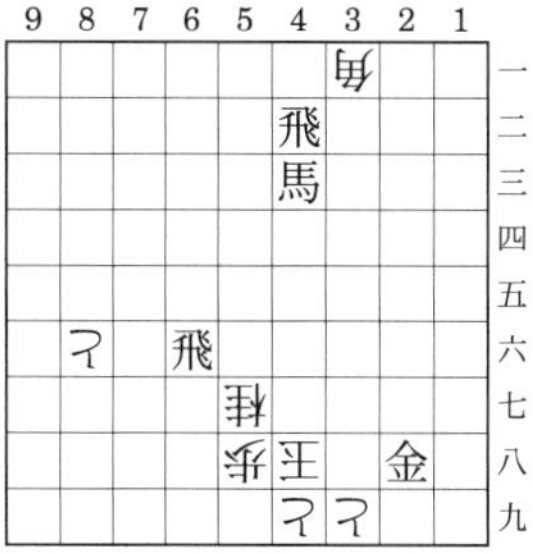

持駒　金

（岡村孝雄・『詰将棋パラダイス』・1988年4月号）

解答は209ページ

普通詰将棋、5手詰。5九に逃げられたときに詰むように。

第60問

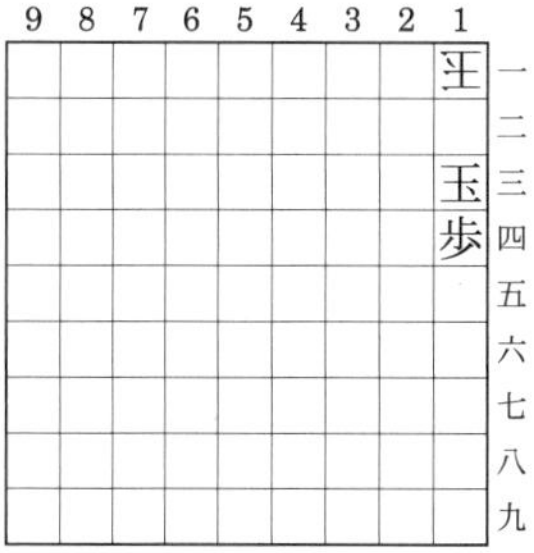

持駒　香香香

（Dr.ドラゴン・『詰将棋パラダイス』・1989年6月号）

解答は210ページ

協力自玉詰、8手詰。攻方の玉を詰ます駒を合駒で出現させせます。

3 安南詰と安南協力詰

フェアリー詰将棋には、「駒が特定の条件を満たしたときに性能が変化する」というタイプのものがあります。慣れ親しんだ駒が突然思わぬ動きをするさまは、意外性があって非常に面白く感じられます。専門誌などでよく見かけるのは、たとえば次のようなものです。

安南《あんなん》：味方の駒が縦に連続して並んだとき、上の駒は下の駒の動きになる。
対面《といめん》：敵味方の駒が向かい合ったとき、それぞれが相手の駒の動きになる。
マドラシ：敵味方の同種の駒が互いの利きに入りあったとき、両方とも利きを失って動けなくなる。

本節では、こうした性能変化系ルールの中でも安定した人気を持つ安南詰について紹介しましょう。

図1の作品は、5手詰の安南詰です。一見すると、☗2二金の1手で詰んでいるような気がするかもしれません。しかし上で述べたとおり、安南ルールでは味方同士の駒が縦に並んだとき、上に

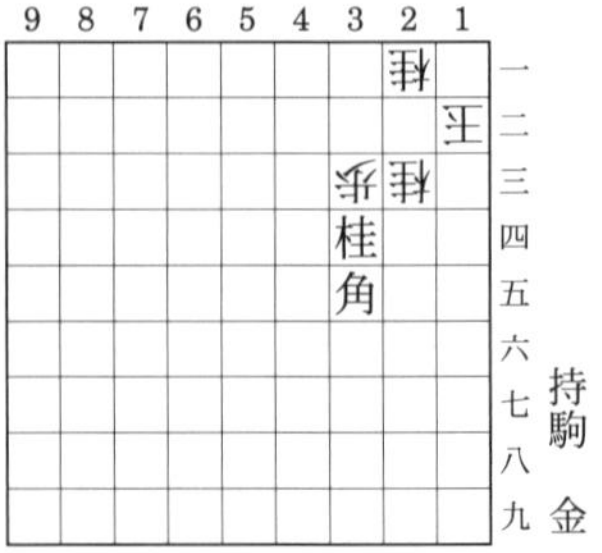

図1
（大野孝・詰将棋作品集『夢銀河』（2000年発行）収録）

ある駒の利きが変化します。配置を見ると攻方の桂馬と角が縦に並んでいるため、この瞬間は３四の桂馬は角の利きを持っているのです。したがって、２二には攻方の駒は何も利いていないので、☗２二金と打っても☖同玉と取られてしまいます。しかし２二に玉が移動した瞬間、玉方の駒も利きが変わります。２一に桂馬がいるため、２二の玉は桂馬の動きしかできなくなります。さらに２三の桂馬はすぐ下に玉がいるため、玉の動き方に変化します。このように、あくまで直下の駒本来の利きに変化することに注意して下さい。

さて、金を取られてもうどうしようもないように見えますが、ここで☗１三角成という手があります。玉方の駒で今１三に利きがあるのは、２一の桂馬と２三の桂馬です。しかし玉方はどちらで取ることもできません。角が動いたために３四の桂馬は桂馬の利きを取り戻しており、２二の玉に両王手がかかっているからです。玉方が可能な応手は、☖３四玉と桂馬を取る手だけです。すると今度は歩のすぐ前に玉が来たので、玉は歩の動きになってしまいます。そこで☗２四馬と横から王手すれば、利きが３五にしかない玉は取ることも逃げることもできず詰みになります。**☗２二金、☖同玉、☗１三角成、☖３四玉、☗２四馬**までの５手詰でした。このように、歩や桂馬など、利きが少ない駒の上に玉を移動させて詰ますのが、安南詰の常套手段です。

なお本作では出てきませんが、安南ルールでは「行き所のない駒を打つ」という禁じ手はありません。最上段に歩や香車を打っても、その直下に別の駒が来れば性能が変わるからです。

安南ルールと協力詰と組み合わせることもできます。

図2の作品は、５手詰の安南協力詰です。協力ルールとはいえ、こんな形から詰むようにはあま

り思えませんが、安南ルールの特殊性を生かすと、あっと驚く詰みがあります。

まず準備工作として、▲2六銀と打ち、△同銀不成と取ってもらいます。これで2七の飛車が銀の動きに変わります。次に▲3六金と捨てるのが妙手。これは角でも玉でも取れますが、銀の動きになっている飛車で△同飛不成と取るのが正解です（2手目で銀を成ってしまうと金の動きになってしまうため、この手が指せません）。ここで玉が飛車の動きに変わるので、逆王手がかかります。

そしてここで▲2八玉！というのが、普通詰将棋の感覚ではあり得ない手。4手目に飛車を成らなかったので、3七の玉は2八に利いていません。また飛車の動きになっているので、逃げられるのは1七、2七、3八、3九のみ。どこも2八の玉が利いていますから、これで詰んでいるのです。

▲2六銀、△同銀不成、▲3六金、△同飛不成、▲2八玉までという、何とも不思議な手順が正解でした。

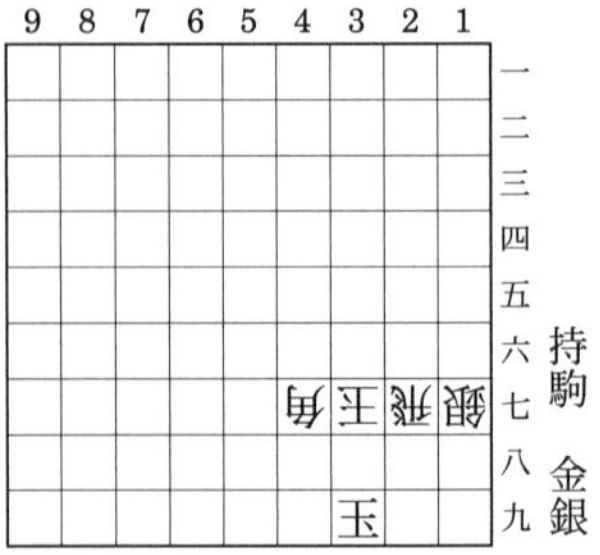

図2
（左真樹・『詰将棋パラダイス』・1978年11月号）

本文ではふれませんでしたが、安南ルールでも打歩詰は禁じられています。打歩詰は「持駒の歩を打った瞬間に相手の玉が詰む」ということなので、歩がその瞬間にほかの駒の利きになっている場合も含まれます。また、二歩も禁じられていますが、「利きの変わった歩で王手したとき、玉がいる筋に攻方の歩がすでにいる」という状況をどう取り扱うかが難しいようです（玉を取ったときに二歩になるため）。

今回の2問目は安南詰です。協力ルールではないのでご注意を。

第61問

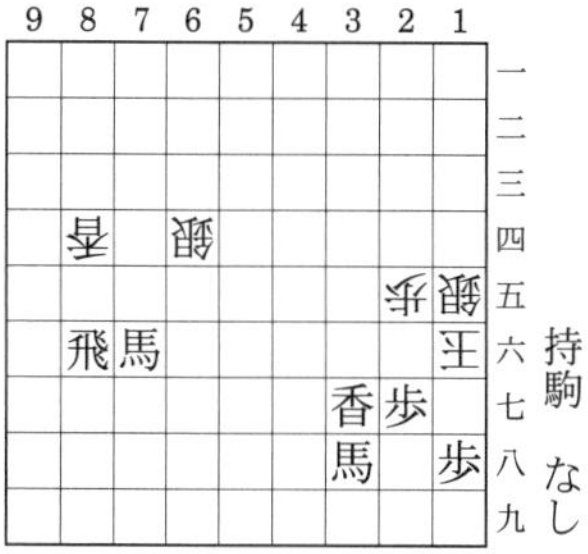

（中村雅哉・2011年度詰将棋解答選手権初級戦）

解答は211ページ

普通詰将棋、5手詰。詰みそうな手がいくつかありますが……。

第62問

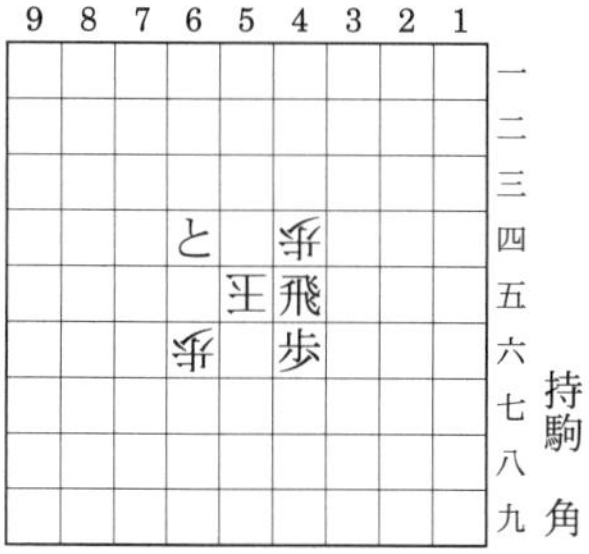

（Sub・『詰将棋パラダイス』・2009年1月号）

解答は212ページ

安南詰、3手詰。6四のと金を取られてはいけません。

4 レトロ

本節では、「玉を詰める」という目的から離れたという意味でフェアリーの中でもやや特殊な存在である「プルーフゲーム」を中心に、レトロと呼ばれるジャンルについて紹介しましょう。

レトロというのは、もともとはお隣のチェスプロブレムから来た用語で、正式には〝retrograde analysis〟(「逆向き解析」などと訳されます)といいます。これは、現局面でこれから指すべき手を探すのではなく、現局面に至るまでにどのような手が指されたかを推理するという、過去を探求する分野なのです。もちろん、勝手な推論をするだけなら簡単ですが、レトロの問題は、厳密な論証を組み立てることで過去に何が起きたかを完全に特定できるように創られています。

とくに、このタイプの問題で定番ともいえる出題形式が、「プルーフゲーム」です。これは将棋の実戦初形配置から指定された手数で提示された局面に至るまでの手順を求めるものです。

図1の局面を見て下さい。実戦初形配置から、**23手**指してこの局面になりました。さて、どのような手順だったのでしょう? 当然ながら、正解の手順は一つだけ。闇雲に動かしていては、手順を見つけることは不可能です。

23手ということは、先手が指せる手は12手しかありません。今の局面になるまでの手数を勘定してみましょう。3三に角がいますから、まず角道を開けて角を移動するのに2手かかります。また、8九に桂馬がおらず、4一に成桂がいることから、桂馬を跳ねる4手が必要そうです。それから、9一になぜかと金がいます。これはどこから来たのでしょうか? 初形配置にあった歩が前進してここまで達するのは、配置を見ても手数的にも不可能です。したがって、歩を打ってから成ったとわかります。持駒に銀と桂があること、3三でおそらく歩を取っていること、7筋のみ先手の歩がないことなどから、7二に歩を打って銀、桂、香と取っていったのではないかと推察できます。するとこれに4手かかります。さらに、9筋の歩を突く1手と、9一で取ったと思われる香車を4二に打つ1手も必要です。今までの手を全部合計してみると、ちょうど12手。つまり先手が今の形をつくるには、1手の余裕もありません。あとは、後手の手をうまく挟み込めばよいわけです。

　しかし、ここで疑問が浮かびます。現在の局面にするためには、角道を開けるために突いた7六の歩を後手が取らないといけません。いったい誰が取ったのでしょうか？　まず思い浮かぶのは、8二の飛車が歩を取りに行ったのではないかという疑惑です。しかし3三には先手の角がいますし、最終手が☗4一桂成の王手であることから5筋も閉じていたはずなので、後手の飛車は外に出られません。また2二の角も、7六では筋違いになるためアリバイがあります。では真犯人は？

図1
（高坂研・『詰将棋パラダイス』・2011年3月号・改良図）

☗7六歩、☖5二玉、☗3三角不成、☖4四歩、☗7七桂、☖4三玉、☗6五桂、☖5四玉、☗5三桂不成、☖6五玉、☗9六歩、☖7六玉、☗7二歩、☖6五玉、☗7一歩成、☖5四玉、☗8一と、☖4三玉、☗9一と、☖5二玉、☗4二香、☖5一玉、☗4一桂成まで23手。

実は、玉自ら出かけていって歩を食って戻ってきていた、というのが真相だったのです！　6五の地点で、攻方の桂と玉方の玉がきわどいタイミングですれ違うさまがたまりません。論証の果てにたどり着く意外性、これこそがプルーフゲームの醍醐味です。

持駒のルールがないチェスに比べ、将棋は着手の自由度が高く、長い手数にわたって手順を完全に限定することはかなり難しいタスクです。現在発表されているプルーフゲームも、手数は長くても20手前後のものがほとんどです。しかし中には驚くべき長手数の作品もあります。ここに掲げた中村雅哉氏の作品（**図2**）は**56手**、そして橋本哲氏の作品（**図3**）に至っては、何と**86手**！　もちろん手順は一通りしかなく、理詰めで導くことができます。我こそはという方は、ぜひトライしてみてください。

図2
（中村雅哉・『詰将棋パラダイス』・2008年4月号）

図3
（橋本哲・『Problem Paradise』・2012年 Issue 57）

プルーフゲームは、将棋のルールさえ知っていれば誰でも楽しめるジャンルです。最近では、「実戦初形から9手で詰み」・「馬を玉頭に動かして王手した手あり」（安江久男・『詰将棋パラダイス』・二〇一一年七月号）などの断片的な情報から手順を当てる「推理将棋」という新ジャンルも流行しています。

なお、チェスのレトロについては、『アラビアン・ナイトのチェスミステリー』（レイモンド・スマリヤン著、川辺治之訳、共立出版）という本があります。レトロの楽しさが存分に味わえる名著です。

第63問

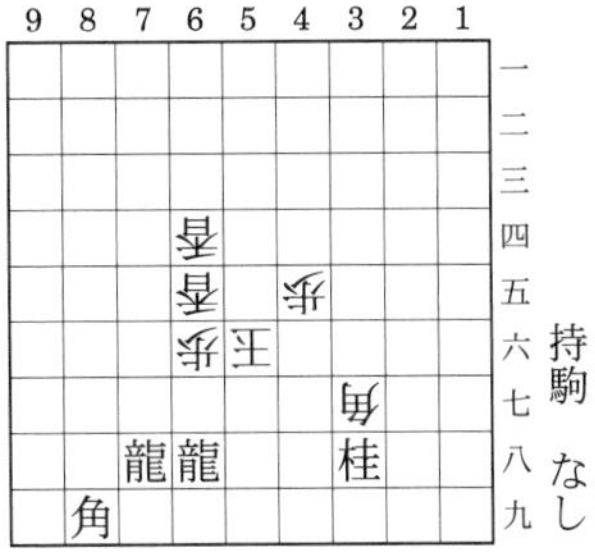

（長谷川哲久・『詰将棋パラダイス』・1986年5月号）

解答は213ページ

普通詰将棋、5手詰。ダブった龍をうまく使いましょう。

第64問

（武紀之・『詰将棋パラダイス』・2008年4月号）

解答は214ページ

プルーフゲーム、10手。手数を勘定して推理を組み立てて下さい。

5 謎の駒

この節では、詰将棋作家として名高い若島正氏によって考案されたフェアリールールで、独特な魅力を持つ覆面駒と透明駒をとりあげてみましょう。

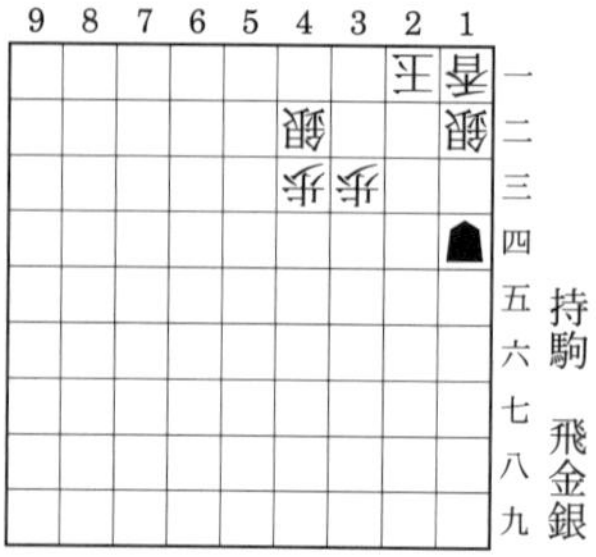

図1
（若島正・『将棋パズル』）

●覆面駒

覆面駒とは、盤面において位置は判明しているが、種類はわからない駒のことです。盤上に謎の駒Xがあるわけで、実際若島氏は、チェスプロブレムで同様の駒のことを〝variable〟（変数）と呼んでいました。

図1の1四に置かれているのが覆面駒です。ここに攻方の駒が置かれていますが、それが何かははじめの段階では決まっていません。このルールでは、攻方は覆面駒が将棋の駒のどれかであるとして王手をかけ、玉方は覆面駒が攻方の手が王手であるという仮定を満たす将棋の駒のどれかであるとして王手を外します。双方とも、それまでの手順と矛盾しないように覆面駒の駒種を仮定した手を指し続けたとき、詰みに至る手順を求めるのが目的です。

本作の初手は☗2三飛です。もし玉方が☖同銀と取ったなら、攻方は☗同［覆］と取り返します。

これが詰将棋の手であるなら、斜めに動いた駒が王手しているのですから、これは龍以外にあり得ません。あとは逃げても合駒しても☗3二金で詰みです。もし☗2三飛に☖2二歩合と合駒したなら、今度は☗同［覆］成で詰みになります。攻方はこの動きによって、1四の駒は桂だったと証明でき、その場合たしかに詰みになるからです。同じようでも、☗同飛成では詰みになっていません。1四の駒が桂である保証がないため、☖同玉と取り返されてしまうからです。

玉方の最善手は、**☖3一玉**と逃げる手です。これに対し、攻方は**☗3二銀**と捨てます。これは**☖同玉**の一手。ここで**☗2一飛不成**とするのが、覆面駒特有の妙手です。これが詰将棋における合法手であるという前提から、攻方は必ず王手をかけています。つまり攻方は、この手はあき王手であって1四の駒は角か馬であると主張しているのです。**☖同玉**なら**☗3二金**まで、☖2三歩合なら☗2二金までの**7手詰**となります。では、なぜ5手目に☗2一飛成としてはダメなのでしょうか？

飛車を成ると、玉方に「この手は2一の龍で王手している手であり、1四の駒は角や馬とは限らない」と主張される余地を残してしまうからです。したがって、☖同玉、☗3二金としても、平気な顔で☖同玉と取られてしまうのです。

●透明駒

透明駒は覆面駒をさらに抽象化したもので、位置も駒種も判明していない駒です。透明駒の問題では、攻方および玉方の透明駒が盤上に何枚存在しているかという情報だけが与えられます。限られた紙数で透明駒のあれこれをすべて説明することは難しいので、ここでは簡単な紹介にとどめます。

図2の作品は3手詰で、盤上に攻方の透明駒が1枚存在していると仮定されています。透明駒X

はどこにいるかわからないので、棋譜のうえでも▲Xと場所を特定しない形にしか表せません。どこに着手したかわからないので、攻方が証明できない限り、玉方はどこからどういう駒で王手したかを主張し返すことができます。たとえば攻方が▲Xとしたら、玉方は△1三玉と応じることができます。1三に逃げられない王手をかけたことが証明できないからです。ここに逃げられるともう捕まらなくなります。同様に、盤上にある駒で直接王手をかけても、△同馬か△1三玉と応じられると詰みません。

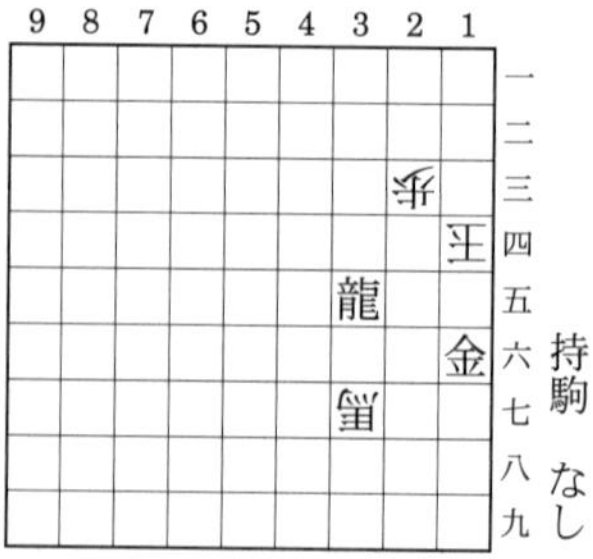

図2
（若島正・Twitter・2013年8月）

しかし、ここで▲2六金という手があります。攻方は、これで王手であると主張するわけです。すると1筋にある飛車か香車で王手したことになり、△1三玉と逃げられる可能性はありません。玉方にできることは、王手している駒が1九にあると主張して△1九馬と取ることだけです。そこで▲1五龍できれいに詰みとなります。

なお、ここでは玉方が詰みに抵抗する「かしこ詰」の作品を紹介しましたが、最近発表される透明駒作品は、協力ルールのものが多くなっているようです。

覆面駒も透明駒も、慣れるまでにやや時間を要するかもしれません。しかし、たとえば数学が好きな方などは、こうした論理的思考が要求されるルールは大いに楽しめるのではないかと思います。

本文中でも紹介した若島正氏は、詰将棋最高の賞である看寿賞を（二〇二〇年現在で）十回も受賞している詰将棋界の巨匠です。その活躍は詰将棋創作にとどまらず、詰将棋解答選手権を自ら企画して実施したり、チェスプロブレムの同人誌『Problem Paradise』を発行したり、普及面でもこの世界の牽引者であり続けています。私自身、若島氏の詰将棋作品集『盤上のファンタジア』（河出書房新社）に収録された数多くの傑作に魅せられて、詰将棋創作をやってみようという気になったのでした。

第65問

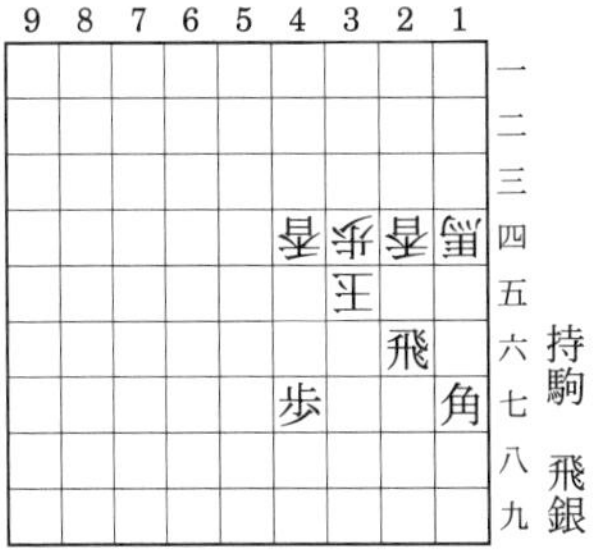

（若島正・2009年度詰将棋解答選手権初級戦）

解答は215ページ

普通詰将棋、5手詰。若島氏作としては素直でやさしい作品です。

第66問

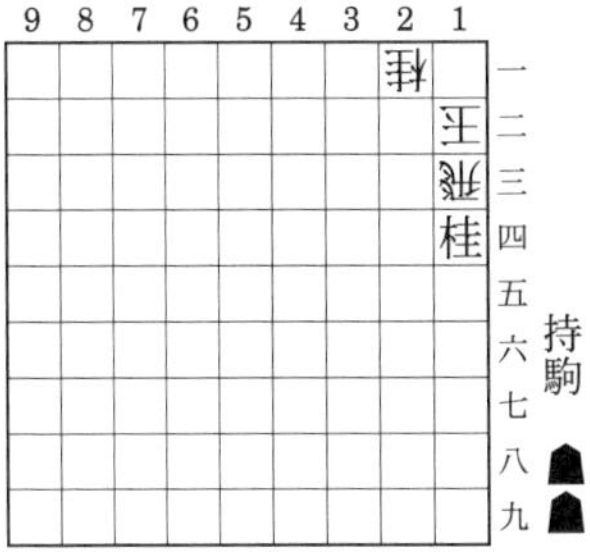

（山田康平・『詰将棋パラダイス』・1993年10月号）

解答は216ページ

5手詰。2枚の持駒が覆面駒です。ヒントは「品切れ」。

6 広大なフェアリーワールド

ここまで、協力詰、自玉詰、安南詰、プルーフゲーム、覆面駒など、さまざまなフェアリー作品を見てきました。しかしこれでも、多岐にわたるフェアリールールのほんの一部を紹介したに過ぎません。本節では、ほかにどんなルールがあるかを駆け足で見ていきましょう。

図1
（森茂・『詰将棋パラダイス』・2007年6月号）
協力千日手、25920手詰。

●ゴールの変更

「玉を詰ます」という作品の目的を変更したもの。たとえば、千日手（王手をかけ続け、指定された手数で最初に与えられた局面に戻る手順）、自玉ステイルメイト（王手はかけられていないが攻方に合法的な着手が存在しない局面にする手順）を目的とするものなどがあります（**図1**）。

●異種の駒の導入

将棋の駒にはないような動きの駒を入れたもの。チェスの駒であるクイーンやナイトのほか、中将棋やシャンチーの駒が登場する作品もあります。さらに、グラスホッパー（縦、横、斜めのライン上で、ある駒を一つ飛び越したその直後に着地する駒）のように、通常のボードゲームには存在しないような特殊な駒もしばしば使われます。

●性能変化系

対面、マドラシ（3節で紹介）などのように、特定の状況に置かれた駒の性能が変化するルール。

●指し手の制限

特定の条件下で指し手が制限されるもの。たとえば強欲詰というルールでは、駒が取れるときは必ず取らなければいけないという制限がつきます。

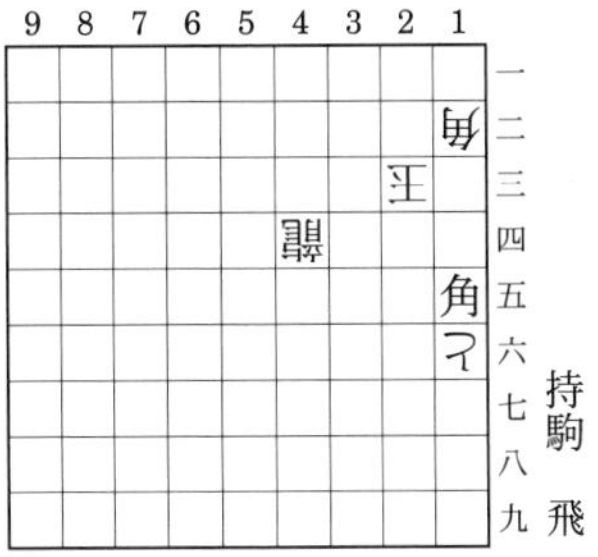

図2
（たくぼん・ウェブ発表・2006年1月）

●駒のワープ

特定の条件下で駒が別の場所にワープするもの。たとえばキルケというルールでは、駒を取られたときにその駒は相手の持駒にならず、将棋の実戦での初形位置に再生します。ただし、その場所がすでにふさがっていた場合は相手の持駒になります。一方、アンチキルケというルールもあり、こちらは駒取りをした方の駒がその瞬間に実戦の初形位置に再生します（取られた駒は通常どおり持駒になります）。

図2の作品は、アンチキルケ協力詰の3手詰。正解手順は**▲2四飛**、**△3三玉**、**▲2三飛成**となります。最終手、通常の詰将棋なら△同玉と取れるはずですが、アンチキルケでは駒取りをした駒は実戦初形位置に移動するため、玉方の玉は5一にワープしてしまいます。しかしそこは1五の角が利いています。したがって玉は飛車を取れず、これで詰みということになるわけです。

フェアリールールはまだまだたくさんありますが、ここではとても紹介しきれません。興味を持たれた方は、たとえば以下のサイトをご覧になることをおすすめします。

Onsite Fairy Mate

http://k7ro.sakura.ne.jp/

フェアリー詰将棋の老舗サイト。フェアリー詰将棋の検討や創作を支援するツールもダウンロードできます。

Web Fairy Paradise

http://www.dokidoki.ne.jp/home2/takuji/wfp.html

フェアリー詰将棋の出題と解答発表、フェアリー作品に関する記事などが掲載されたミニコミ誌が、毎月ＰＤＦファイルの形で作成されています。

また、マドラシやキルケなどのルールの「輸入元」であるお隣チェス界のフェアリー作品を知りたい方には、若島正氏が運営する季刊誌『Problem Paradise』があります。若島氏らによる入門書『チェス・プロブレム入門』も数年前に出版されました。この世界にどっぷり浸かりたい方にはおすすめです。

フェアリーの世界、まだまだ紹介したいことはたくさんありますが、ひとまずこれくらいにしておきたいと思います。ちょっとマニアックな内容で、ルールによっては「ついていけない」とあきれてしまった方がいらっしゃるかもしれません。でも、この世界の出版物やサイトなどに「パラダイス」と名のついたものが多いのにはお気づきでしょう。ひとたび入り込むことができれば、そこには駒たちと心ゆくまで遊び回れる楽園が広がっているのです。

最後ですので、私と詰将棋との関わりについて少しだけお話しします。知った風な顔でえらそうにあれこれ書いてきましたが、私自身が詰将棋を始めたのは今世紀に入ってからで、大した「業績」もありません。これまで発表した詰将棋は二十作あるかないかというところで、手数は17手前後のものがほとんどです。あまり人様にお見せするようなものでもないのですが、せっかくの機会なので一作紹介させていただきます。

第67問

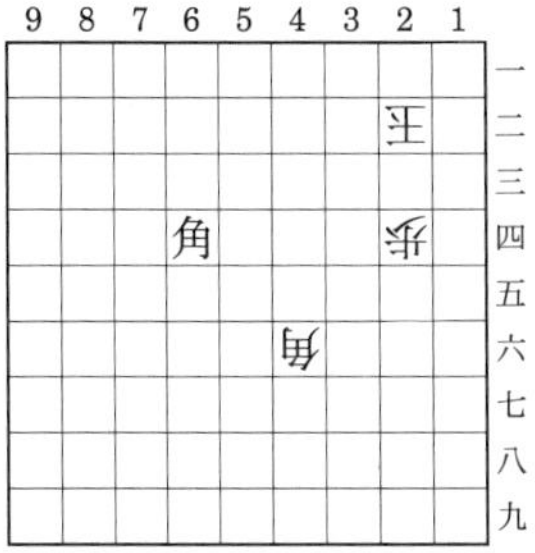

持駒　なし

（たくぼん・ウェブ発表・2005年9月）

解答は217ページ

アンチキルケ協力詰、5手詰。5一を押さえるのがポイントです。

第68問

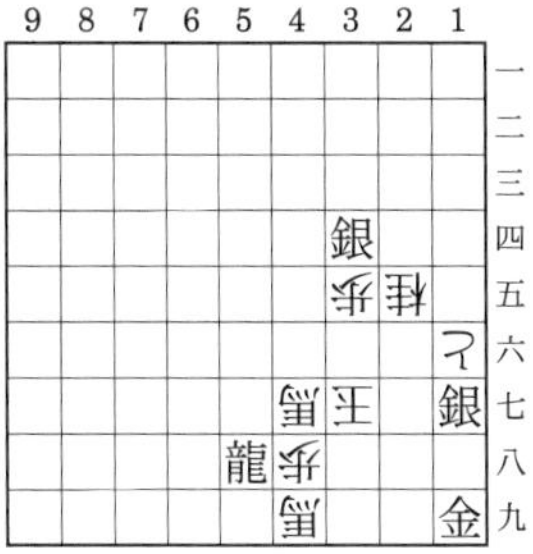

持駒　金金桂桂

（斎藤夏雄・『将棋世界』・2003年2月号）

解答は218ページ

普通詰将棋、17手詰。幸運にも平成十五年度看寿賞短編賞を受賞しました。

解答

第1問

持駒　なし

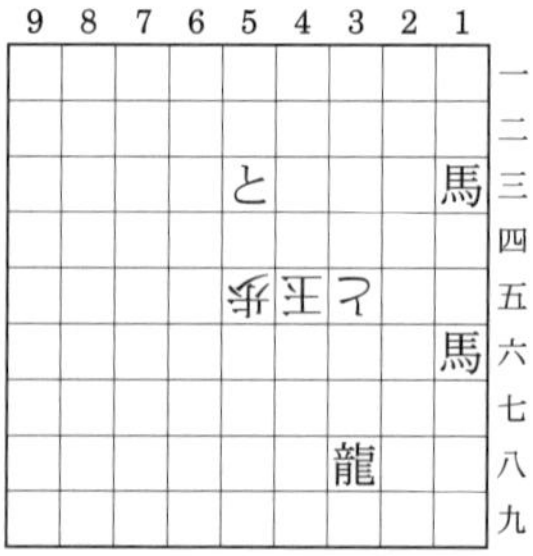

（小林敏樹・2012年度詰将棋解答選手権初級戦）

▲3四馬、△同と、▲4七龍まで3手詰。

▲3五馬や▲3五龍では△5六玉と逃げられ、その後も王手は続くものの、どうしても捕まえることができません。玉方は使われていない駒をすべて持駒として持っているので、初手▲4七龍も、△4六歩合と合駒されると詰みません。正解は▲3四馬と飛び込む手。玉方は△同と、△同玉、△4六玉の三通りの応手がありますが、△同玉は▲3五龍で、△4六玉は▲3五馬右でいずれも詰んでいます。この二つの手順はいずれも3手目にと金を取るので、詰んだとき持駒に歩が余ります。一方、△同となら▲4七龍まで。4六には攻方の馬も利いており、玉方が合駒をしても▲同龍と取ればそのまま詰みなので、合駒は「無駄合」として手数には数えません。詰んだときに攻方の持駒が余りませんので、これが正解となります。

第2問

持駒　なし

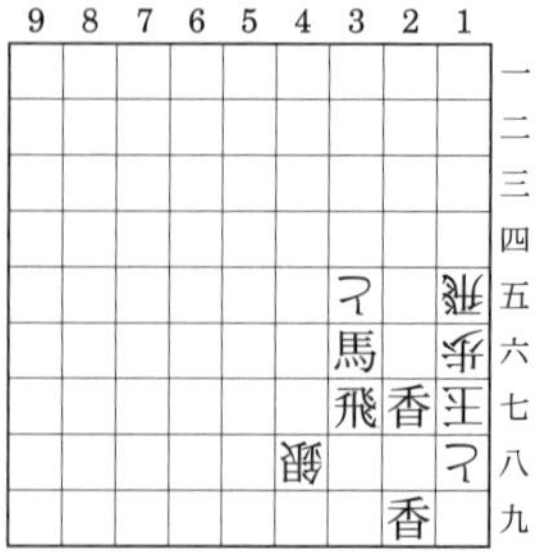

（塩見倫生・『近代将棋』・1989年10月号）

☗2五香、☖3七銀不成、☗2七馬まで3手詰。

馬で王手するのは取られて後続手がないので、香を動かして飛車であき王手をするしかありません。たとえば☗2三香成としてみましょう。玉方は王手している飛車を銀で取ることができますが、銀が攻方の陣内にいるため、☖3七銀成と成ることができます。こうなると、馬で王手しようとしても、☗2七馬は☖同成銀、☗2六馬は☖同と、☗3五馬は☖同飛といずれも取られてしまいます。これは失敗です。

一見、どこに香車を動かしても同じように見えますが、☗2五香と動かせば飛車の横利きが遮断されるので、☖3七銀成には☗3五馬とと金を取ることができます。2六に合駒をするのは「無駄合」なので、これで詰み。このとき、攻方の持駒には歩が余っています。一方、もし☖3七銀不成なら2六に銀が利くので、☗3五馬には☖2六歩合とされると詰みません。しかし、今度は銀を成らなかったために2七に利きがないので、☗2七馬と指して詰めることができます。こちらは、詰んだときに攻方の持駒が余っていません。したがって、2手目での玉方の最善手は☖3七銀不成となり、これが正解手順となります。いかがでしたか？

第3問

持駒　なし

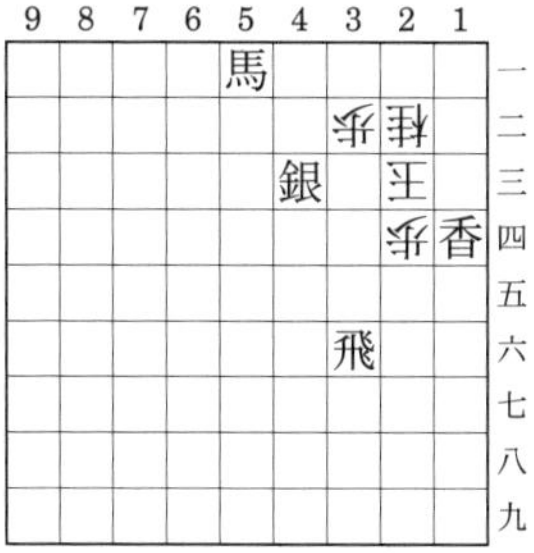

（野村量・『詰将棋パラダイス』・1996年10月号）

☗3三飛成、☖同歩、☗4一馬まで3手詰。

☗3二飛成や☗3二銀不成とすれば歩を取ることはできますが、☖1四玉と逃げ出されてしまうと捕まらなくなってしまいます。☗3四銀成なら、☖1四玉には☗2四馬で詰むのですが、3四には玉方の桂馬が利いているので☖同桂と取られてしまいます。ここは☗3三飛成と歩頭に成り捨てる手が好手で、☖1四玉なら☗2四龍と詰ませることができます。したがって玉方は☖同歩と取る一手ですが、このとき☗4一馬と寄ると、馬の利きが1四の香車まで通り、玉は逃げ出すことができません。3二での合駒も「無駄合」ですので、これで詰みになります。

第4問

持駒　なし

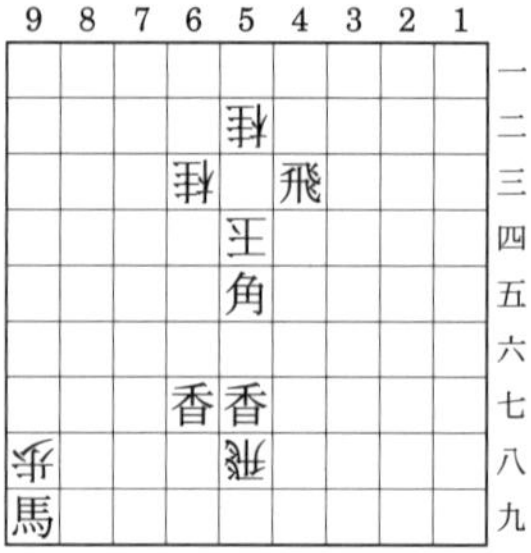

（YYZ・『詰将棋パラダイス』・1998年3月号）

☗8八角、☖4三玉、☗3三角成まで3手詰。

角を動かして5七の香車で王手すればよさそうですが、たとえば☗5三角成を狙って☗6四角とすると、☖4三玉と飛車を取られたときに困ってしまいます。☗3三角成とすれば飛車は取られませんが、今度は☖5五歩合と合駒され、☗同香、☖同桂、☗同馬行、☖同飛成となってやはり詰みません。

実は飛車を取られても、合駒をされても詰む角の移動先が一か所だけあるのです。それが☗8八角。☖5五歩合なら☗9八馬が用意の一手で、馬の利きが4三の飛車まで通っています。このとき5八の飛車の利きを遮断するために、角は8八に移動する必要があるわけです。☖5七飛成でも同様に☗9八馬まで。玉方が☖4三玉と飛車を取れば、今引いたばかりの角を3三に成って詰みます。詰んだときに攻方の持駒が余らないので、これが正解。弓を引いて放つような角の動きがダイナミックな作品でした。

第5問

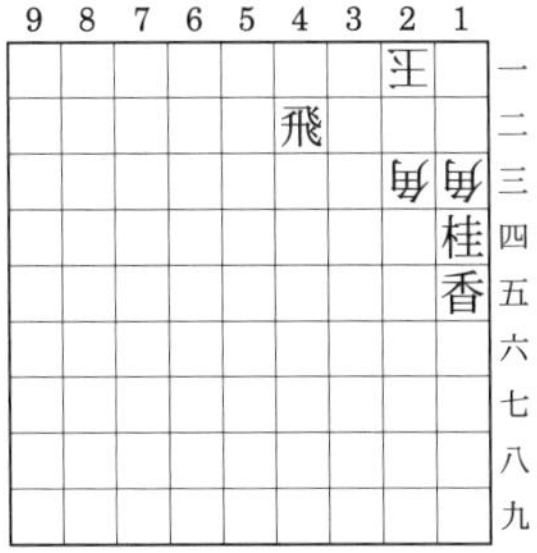

持駒　飛

（平松準一・『詰将棋パラダイス』・2003年2月号）

☗1一飛、☖同玉、☗2二桂成まで3手詰。

玉方の2枚の角がよく守りに利いています。盤上の飛車や桂馬を成っても、取られるだけで後続手がありません。☗2二飛打は、☖同角なら☗同桂成で詰むのですが、☖3一玉と逃げられると困ってしまいます。ここは☗1一飛と端に玉を呼ぶのが好手で、取らせてから☗2二桂成とします。☖同角と取られそうに見えますが、1五の香車の利きが玉に当たってしまうので、1三の角は動けないのです。このように、動くと相手の駒の利きが通るために動けなくなっている駒を、「ピンされている」ということがあります。同じようでも、3手目に☗2二飛成とするのは、角がピンされていないので☖同角と取られて失敗です。

第6問

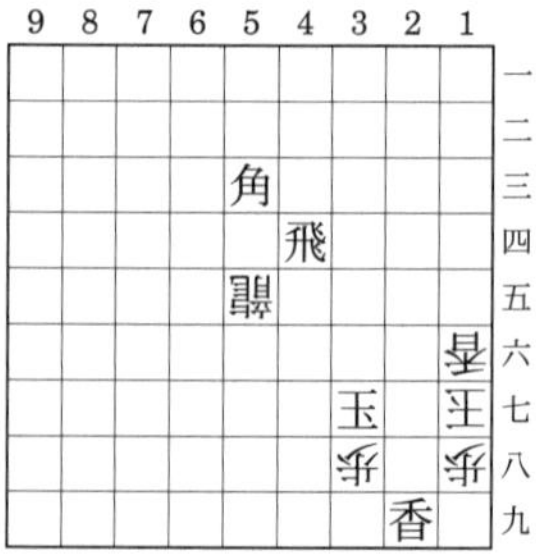

持駒　なし

（三角淳・『詰将棋パラダイス』・1999年2月号）

☗4七飛、☖3五香合、☗4八玉まで3手詰。

☗2四飛、☖5三龍、☗2七飛まで、と思われた方はいませんか？　玉方は使われていない駒をすべて持駒として持っているので、合駒をすることができます。ただ取られるだけの無駄な合駒はしない約束ですが、この場合は☖3五香と打てば先手の玉に逆王手がかかります。王手がかかったら、放置しておくことはできません。☗同角成と取ればまた王手をかけ返せますが、☖同龍と取り返されればまたまた逆王手。今度は玉を逃げなければならず、王手をかけられなくなったので失敗です。

正解は☗4七飛。攻方の玉の陰に飛車を配置しておき、次にあき王手で詰ませようというわけです。もし☖5三龍なら、攻方は3筋か4筋のどこかに玉を動かせば、あき王手で相手の玉を詰ますことができます。特に☗3八玉とすれば、詰んだときに攻方の持駒に歩が余ります。しかし、もし2手目に玉方が☖3五香合と逆王手の形で合駒すれば、攻方は3八の歩を取れず、▲4八玉があき王手できる唯一の手になります。したがって、2手目は△3五香合でなければ不正解。なお、▲4八玉とした局面では香車はピンされていて動けないので、3七に合駒をするのは「無駄合」です。いかがでしたか？

第7問

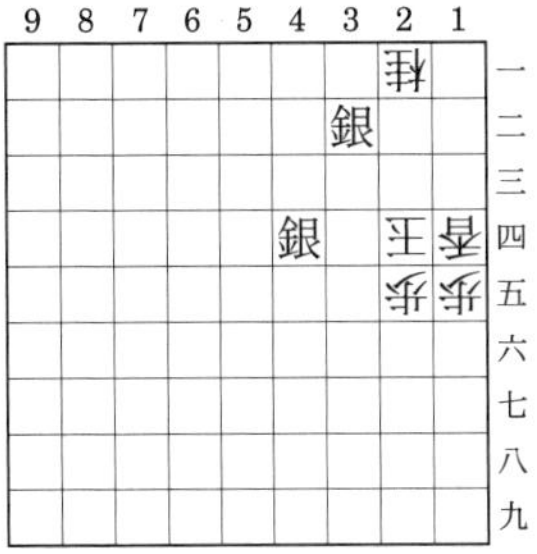

持駒　角金

（市原誠・『詰将棋パラダイス』・2004年11月号）

▲1三角、△同桂、▲3五金まで3手詰。

持駒が2枚ありますから順に打っていくことになりますが、▲3五金は△1三玉、▲2三金は△3四玉でいずれも失敗。そこで初手に角を打ってみます。▲3五角は△3四玉と寄られて詰みません。では▲4六角ならどうでしょうか。△3四玉なら▲3五金でぴったり詰むのですが、金の打ち場所をつぶす△3五歩合がうまい捨合。▲同角なら△3四玉、▲同銀なら△3三玉とされると、やはり詰ますことができません。

　ここは、▲1三角とこちら側から打つのが正解です。△同桂と取れば1三の地点が埋まるので、今度こそ▲3五金で詰んでいます。また▲1三角に△同玉なら、**▲2三金**まで。こちらの手順を答えても正解です。ただ、▲1三角、△3四玉、▲3五金は不正解。なぜなら、3手目は▲3五角成とすれば持駒の金を使わずにすむからです。

第8問

持駒　なし

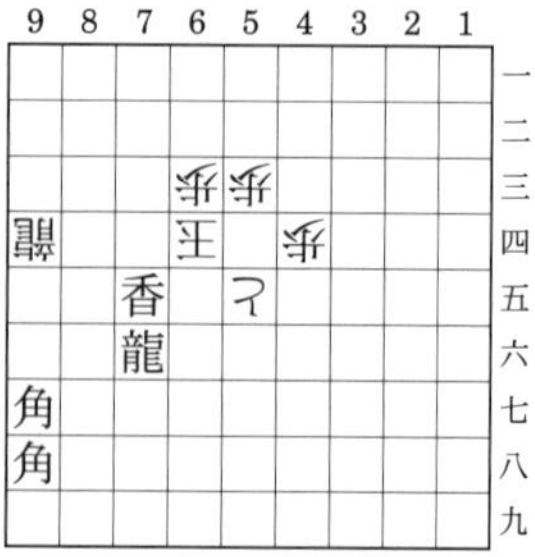

（行き詰まり「新たなる殺意」・『詰将棋パラダイス』・1989年3月号）

▲7三香成、△9七龍、▲7四龍まで3手詰（?）。

初手は▲7三香成とあき王手。玉方が王手を防ぐには、△9七龍と王手している角を取るか、△5四玉と逃げるか、あるいは△7五歩合と合駒をするしかありません。しかし、△9七龍は▲7四龍で詰みますし、△5四玉は▲5六龍がぴったり。5五のと金はピンされているので6五に合駒をするのは無駄合になります。また、△7五歩合とするのも▲同龍で詰み。これで万事解決……でしょうか？

実は、▲7三香成には△8六歩合！という受けがあるのです。ただで▲同角と取れるので無意味な合駒に見えますが、そこで△5四玉と寄ると、▲5六龍のときに△9八龍と根元の角を取られてしまいます。これは失敗です。では、どう指せばよかったのでしょう？

▲7二香成（!）、△9七龍、▲7三龍まで3手詰。

7三のもう一つ奥、7二に香を成るのが妙手。これなら、△9七龍でも△8六歩合でも▲7三龍で詰んでいます。**△5四玉**なら、先ほどと同様に**▲5六龍**まで。こちらの手順を答えても正解です。

「新たなる殺意」と名付けられた本作は、詰将棋に与えられる最高の賞である看寿賞を受賞しています。3手詰の看寿賞作品は本作だけ。稀代の名作といえるでしょう。

第9問

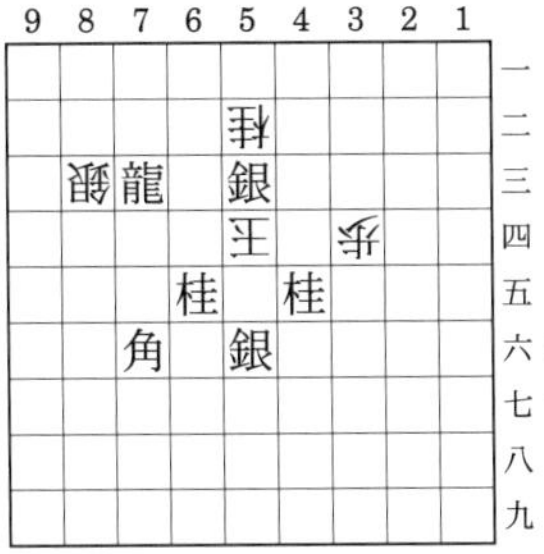

持駒 なし

(赤羽守・『近代将棋』・1982年10月号)

☗8四龍、☖同銀、☗7三桂成まで3手詰。

4三に脱出路が見えています。6五の桂を跳ねて角であき王手をしたくなりますが、現在は銀と龍が邪魔をしていて桂が動かせません。☗6四銀成は、☖同桂なら☗5三龍で詰むのですが、☖4四玉と逃げられると3五に新たな脱出路ができてしまいます。同様に☗4四銀成も☖同玉でダメです。

そこで、龍を捨てることを考えてみます。☗6四龍は、☖4三玉なら☗7三桂成で角が3二まで利いてぴったり詰み。したがって玉方は☖同桂の一手。これも☗7三桂成とあき王手すれば詰み……と思いきや、今跳ねてきた桂に☖7六桂と角を取られてしまいます！ これは失敗。では初手☗7四龍はどうでしょうか。今度は☖同銀と取られ、☗7三桂成に☖6五歩合と合駒されてしまうので、やはり詰みません。

正解は☗8四龍と遠ざかりながら王手する手で、これなら玉方がどう応じても☗7三桂成で詰んでいます。龍が遠ざかりながら王手する手は「ソッポ龍」と呼ばれ、詰将棋ではしばしば登場する手筋の一つです。

第10問

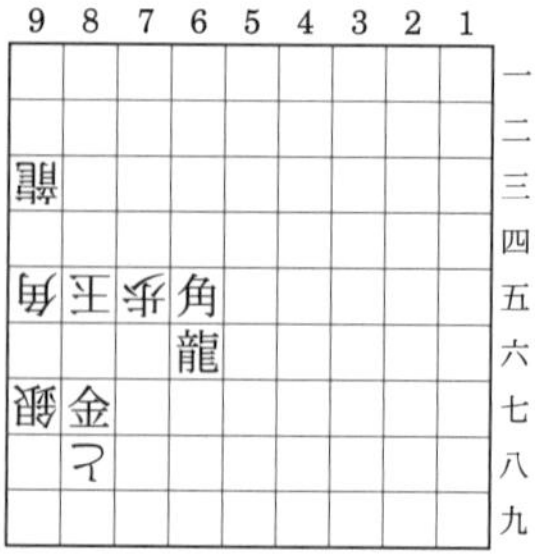

持駒　金

（仲西哲男・『詰将棋パラダイス』・1988年4月号）

☗7六金、☖9六玉、☗8七金、☖同玉、☗7七金まで5手詰。

☗9六龍くらいで簡単に詰みそうですが、☖8四玉と真っ直ぐ下がられると、☗8五金は☖7三玉、☗7四金は☖9四玉で、あと一歩詰みません。初手☗9六金も同様に☖8四玉でダメ。ほかにもいろいろ王手はありますが、どれも届かなそうに見えます。

正解は、☗7六金！　角と龍の利きを止め、9六への逃げ道を新たにつくってしまう手で、実に指しにくい。☖同歩は☗同龍、☖9四玉（または☖8四玉）、☗8五金で持駒が余って詰みます。☗7六金に☖8四玉も☗7五龍から詰みで、やはり駒余り。そこで玉方は☖9六玉と逃げますが、そこで脱出を誘うかのように☗8七金と捨てるのが、初手に劣らずやりにくい手。☖同玉と取られて絶望的に見えますが、☗7七金と引くと、両王手でぴったり詰んでいます。☗8七金に☖同となら、☗7四角までです。

しばしば短編詰将棋のテーマとなる「不利感」（心理的な指しにくさ）を見事に表現した作品といえましょう。

第11問

持駒　なし

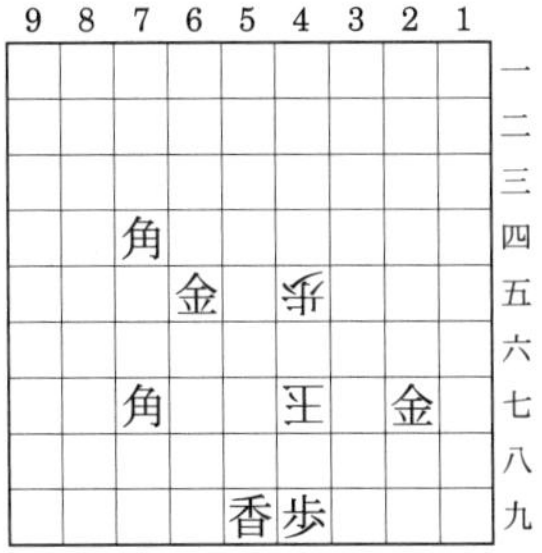

（永井一矢・『詰将棋パラダイス』・1995年1月号）

▲6六金、△4六玉、▲6八角まで3手詰。

初手は金をずらしてあき王手をするしかなさそうです。試しに▲5五金と寄ってみましょう。△4六玉と逃げたときに▲6八角と引けば、角の利きが3五まできれいに通っています。これで解決……と思いきや、玉方には△5七歩合という手があります。▲同角と取ると香車の利きが遮断されるので、△5五玉と金を取って脱出されてしまいます。これは失敗。

では、5五に逃がさないように初手▲5四金とするのはどうでしょう。これなら△4六玉には▲6八角で確かに詰んでいます。ところが今度は、2手目に△5六歩合とする手が成立します。一見無駄合のようですが、▲同角に△4六玉とかわし、▲6八角に△5七歩合とすれば、▲同角、△5六玉と角を取られてしまいます。

正解は▲6六金と引く手で、これなら合駒は▲同角と取って何も状況は変わりません。△4六玉に▲6八角としたときも、合駒はただ取られるだけなので無駄合ということになります。

第12問

持駒　なし

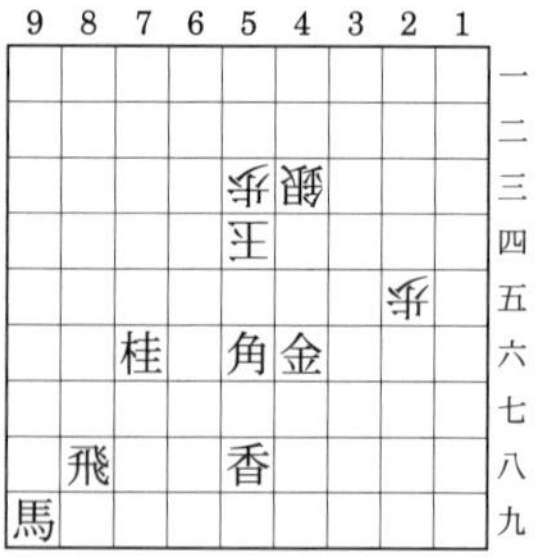

（吉田芳浩・『詰将棋パラダイス』・1987年7月号）

▲7四角、△4四玉、▲8四飛、△3四玉、▲5六角まで5手詰。

局面を観察してみると、6三と4四に逃げ道があるのがわかります。特に6三に脱出されては、とても捕まえられそうにありません。それを防ぐ王手は▲4五角か▲7四角ですが、▲4五角は△6五玉とこちらに体をかわされます。8八にいるのが龍ではなく生の飛車なので、これは詰みません。

さて、▲7四角、△4四玉となった局面も逃げ出されそうですが、ここで今動かした角の陰に▲8四飛と回り込むのが好手。△3四玉に▲5六角と角をスイッチバックさせると、飛角による両王手がかかります。飛、角、馬の利きがレーザー光線のように張りめぐらされ、玉は動けません。これで詰みです。

なお、3手目の馬の王手に対する合駒は無駄合になりますが、初手の香車の王手に対して△5六歩合とする手は考える必要があります。香で取って本手順と同じように進めると最後の▲5六角ができないので、これは無駄合ではありません。しかし△5六歩合は▲同香、△4四玉に▲3八飛で詰んでいます。この変化まで確認して、はじめて本作を完全に解いたといえるでしょう。

第13問

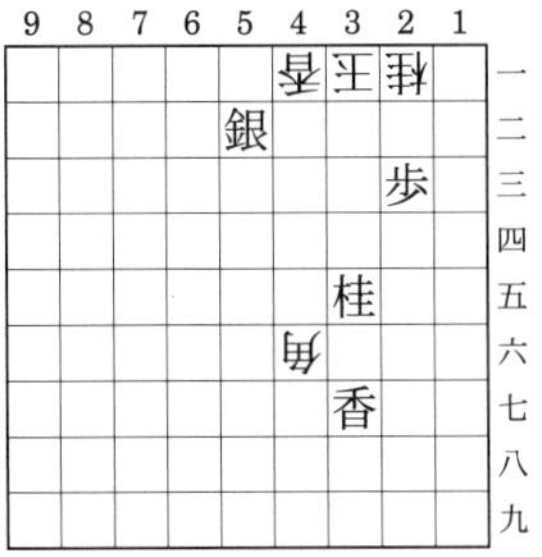

持駒　角

（関勝寿・『詰将棋パラダイス』・1999年7月号）

☗4二角、☖同香、☗4三桂不成まで3手詰。

あき王手ができる形。☗4三桂不成なら両王手をかけることもできますが、これは☖4二玉と逃げられると詰みません。では☗4三桂成ならどうでしょうか。☖3七角成と香を取るなら、☗2二角で詰み。これで解決かと思いきや、玉方には☖3三桂という奥の手があります。ただで☗同香不成と取れますが、☖2一玉と寄られると、やはり捕まらなくなってしまいます。

それなら、☗5三角とまず打ってみましょう。もし☖4二歩合なら4二の地点が埋まるので、☗4三桂不成でぴったり詰みます。しかし今度は合駒をせずに☖3二玉と上がられると、☗4三桂成には☖2三玉と脱出されてしまいます。

大駒はその特性を生かすべく離して打ちたくなるもの。しかしここは、☗4二角とくっつけて打つのが正解です。これなら4一の香の利きが遮られるので、**☖3二玉には☗4三銀成**で詰ますことができます。また角を**☖同玉**と取れば、**☗4三桂成**まで。☖同香なら☗4三桂不成で詰みです。

3手目がいずれも4三への着手でありながら、玉方の応手によってすべて違っています。このように、分岐する手順の対比を意識した作品もしばしば見られます。

第14問

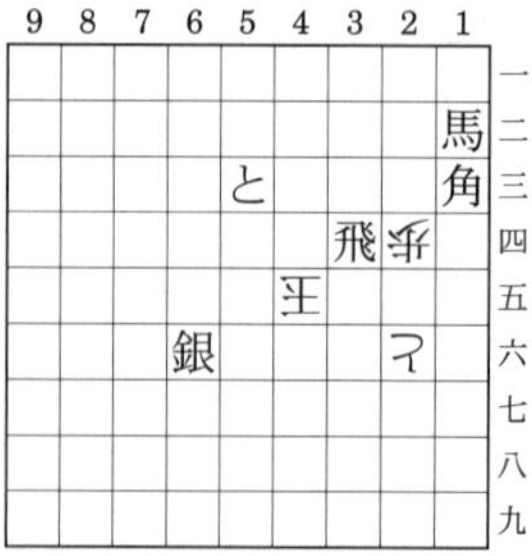

持駒　なし

（小林敏樹・『詰将棋パラダイス』・1984年7月号）

☗3九飛、☖4四玉、☗3三飛成、☖同玉、☗2二角成まで5手詰。

持駒もありませんので、あき王手するしかありません。飛車を横方向に動かすのは、☖3六玉と逃げられてダメそうです。☗3三飛成は、☖4六玉、☗2四角成で一見捕まえられそうなのですが、☖3五歩合と捨合されると、☗同龍なら☖4七玉、☗同馬なら☖3七玉でどうしても詰みません。

正解は、☗3九飛！　一番下まで飛車を引く理由は、☖4六玉と逃げられたときにわかります。☗2四角成と追撃すると、合駒しても無駄なので玉方は☖4七玉と逃げる一手。ここで☗5七馬とすれば詰み（持駒歩余り）ですが、たとえば飛車を3八に引いていたら、このときに☖3八玉と取られてしまうわけです。2手目に☖4四玉と逃げれば、今度は☗3三飛成と今引いたばかりの飛車を豪快に成り捨てます。☖同玉の一手に☗2二角成まで。詰んだときに攻方の持駒が余りませんので、こちらが本手順となります。

洗練された初形から繰り出される華麗な手順。一つ一つの駒が、その能力を最大限に発揮しています。5手詰の傑作といえるでしょう。

第15問

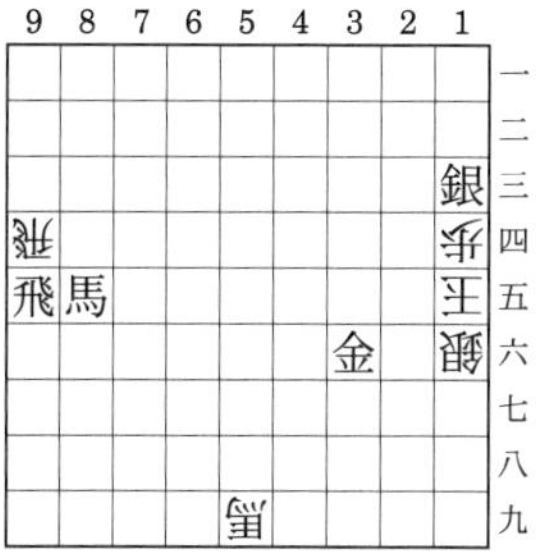

持駒　なし

（佐々木康・『詰将棋パラダイス』・1988年9月号）

☗4九馬、☖9五馬、☗4八馬まで3手詰。

　馬を動かしてあき王手をします。移動先の候補がたくさんありますが、もちろん正解は一つだけです。まず☗9四馬は、☖9五馬と飛車を取られて全然ダメ。☗5二馬もやはり☖9五馬で、☗4二馬には飛車の利きを生かして☖2四歩合と合駒されてしまいます。☗8四馬は、☖9五馬なら☗4八馬、☖9五飛なら☗5一馬でいずれも詰みますが、☖2五歩合とされると届きません。☗8六馬なら、☖2五歩合には☗5九馬で詰み。ところが今度は、☖2五銀と移動合する手があります。☗同飛に☖1六玉と脱出されてしまうと、銀を持っていても詰みません。初手☗5八馬も同様に☖2五銀でダメです。

　正解は☗4九馬。これなら1六に馬が利いているため、☖2五銀は☗同飛で詰んでいます。☖6五飛や☖2五歩合なら☗5九馬まで。したがって☖9五馬と馬で飛車を取りますが、これには敵の馬の利きを避けて☗4八馬とすればぴったり詰みです。玉方の応手をもらさず読むことがポイントでした。

第16問

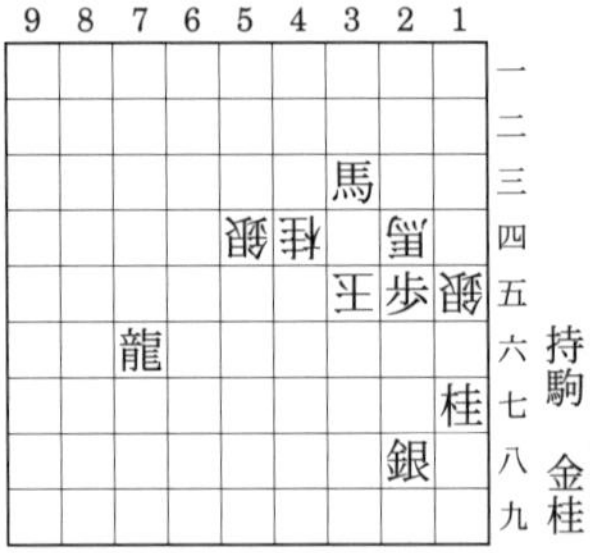

（駒三十九・『詰将棋パラダイス』・1965年9月号）

まずは☗4七桂と打ってみたくなりますが、☖4五玉と逃げられてみると、☗3六金は☖同桂、☗4六金は☖同馬、☗2三馬も☖3四歩合で、後続手段がありません。では初手☗2六金はどうでしょう。☖同銀なら☗2四馬から簡単に詰みますが、☖4五玉と逃げられると、☗3七桂は☖5五玉で捕まらないし、☗3六金、☖同桂、☗3七桂も☖3五玉でダメ。ひねって初手☗4六金も、☖2六玉に、☗4七金は☖5六歩合、☗4四馬は☖1六玉でどうしても詰みません。おかしい、可能な手は全部調べたのに……。

☗2六龍（!）、☖4五玉、☗5六金、☖同桂、☗3七桂まで5手詰。

驚愕の龍捨て！　☖同玉は☗4四馬、☖1六玉、☗2七金まで、☖同銀も☗2四馬、☖4五玉、☗4六金まで。どちらも攻方の持駒が余るので☖4五玉と逃げますが、続く☗5六金から☗3七桂がまた何とも浮かびにくい。これがすらすら解けた人は、相当な実力者だといっていいでしょう。

「駒三十九」は詰将棋作家の故・酒井克彦氏のペンネーム。解く人の心理の隙を突く名作を多数発表しました。

第17問

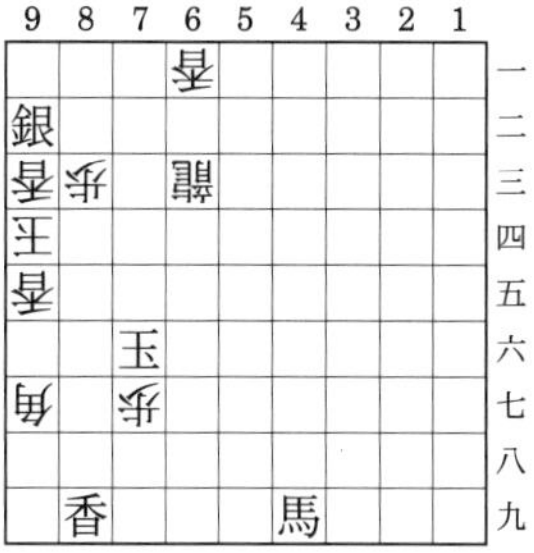

持駒 飛

（市橋豊・『近代将棋』・1982年8月号）

▲6四飛、△7四龍、▲6六玉まで3手詰。

8九の香車がよく利いていて敵の玉は動けませんから、攻方の玉を動かして馬であき王手をすれば詰みそうです。しかし▲7七玉は△6七金と逆王手をされ、▲同馬と取ろうものなら△同龍で何とこちらが詰まされてしまいます。

そこでまず持駒の飛車を使ってみましょう。▲1四飛などと遠くから打つのは、△8四桂とまた逆王手をかけられ、▲7七玉に△6七金で詰みません。この手順を避けるためには、初手▲6四飛と敵の龍にぶっつけて打つ必要があります。△同龍なら▲8三銀不成で歩が余って詰みますし、△同角成や△8四桂なら▲7七玉でこれも歩余りの詰み。香車は4枚とも使われていますから△7四香とはできず、どうやっても7七の歩を取って詰むように見えます。ところが、△7四龍が玉方の妙防。うっかり▲同飛はまた△8四桂から△6七金の逃れ筋が復活してしまいます。そこで、▲6六玉と横に動きます。玉方の龍はピンされており、合駒はすべて▲同馬と取れますから無駄合。したがって、これが正解です。

第18問

持駒　金

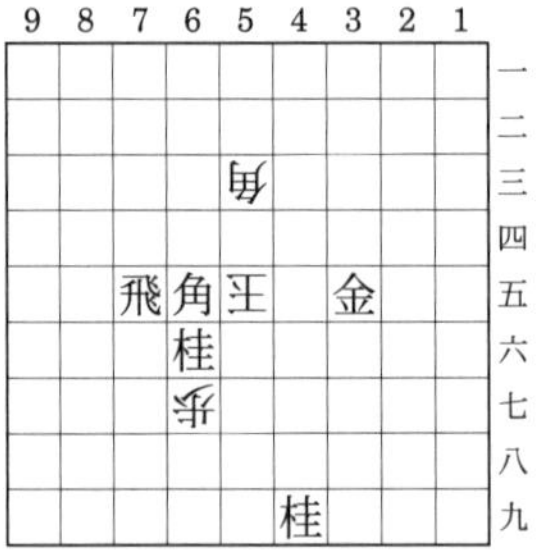

（富沢岳史・『詰将棋パラダイス』・1988年4月号）

この形なら、とりあえず角を動かしてあき王手をしてみたくなります。角の移動場所は十四か所。しかし、一つ一つ調べてみるとどうもうまくいきません。☗8三角成は、☖4六玉なら☗4五飛、☖6四玉なら☗7四馬、☖6六玉なら☗6五馬と、持駒を使わずとも詰みます。しかし☖7五角と大事な飛車を取られてしまうと、☗5六金、☖6四玉、☗7四馬に☖5三玉と逃げられてしまいます。

ほかの場所に角を移動させてみても、結局☖7五角と応じられると、馬と金でどう王手をかけてみてもウナギのように逃げられてしまって詰みません。さて、となると……。

☗4五金（！）、☖同玉、☗5六角、☖同玉、☗5七金まで5手詰。

3五の金は盤面右辺への逃走を押さえる大事な駒だ、といったん思い込んでしまうと、この金捨てはなかなか見えません。☖同玉と取らせてから☗5六角と両王手をかけると、☖同玉なら☗5七金、**☖3六玉**なら**☗3七金**、また**☖4四玉**なら**☗3四金**で、いずれもぴったり詰んでいます。中段玉特有の詰ましにくさと、意外性に満ちた初手が印象に残る作品でした。

第19問

持駒　なし

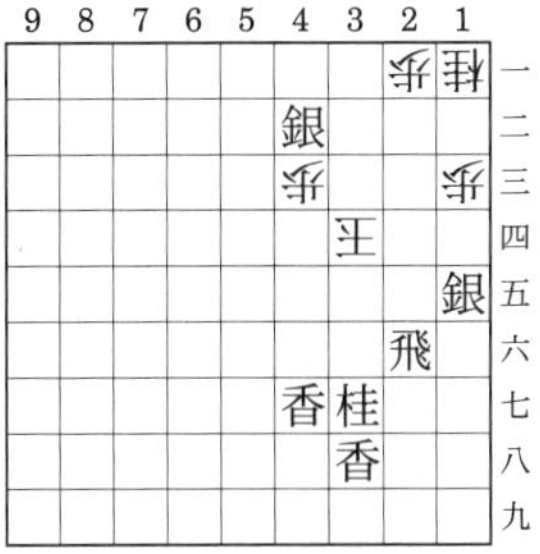

（六車家々・『詰将棋パラダイス』・1981年5月号）

☗2五桂、☖2三玉、☗3三桂不成、☖3二玉、☗4一桂成まで5手詰。

持駒がありませんから、盤上の駒で王手をかけるよりありません。☗2四飛は☖3五玉、☗4五桂は☖4四玉で続きませんから、初手は☗2五桂よりなさそうです。☖3五歩合は☗3三桂成で詰み。☖2三玉にも☗3三桂成としたくなりますが、☖1二玉と逃げられると1一の桂がよく利いていて詰みません。ここであえて両王手にせずに☗3三桂不成とすれば、☖1二玉には☗2一飛成で詰ますことができます。桂を成らなかったので☖3二玉と逃げられますが、☗4一桂成とこちらにはねれば、4二の銀は取られません。合駒は無駄合になりますから、これで詰み。桂馬がぴょんぴょんと三段跳びするという楽しい作品です。

紛れがほとんどないので解くのは簡単ですが、つくる立場に立つと、少ない駒数ですっきりこれを表現するのはやさしいことではありません。「テーマがあり、解く人にそのテーマが伝わる」というのは、よい詰将棋の大事な要素。その意味で、センスの感じられる小品でした。

第20問

持駒　香

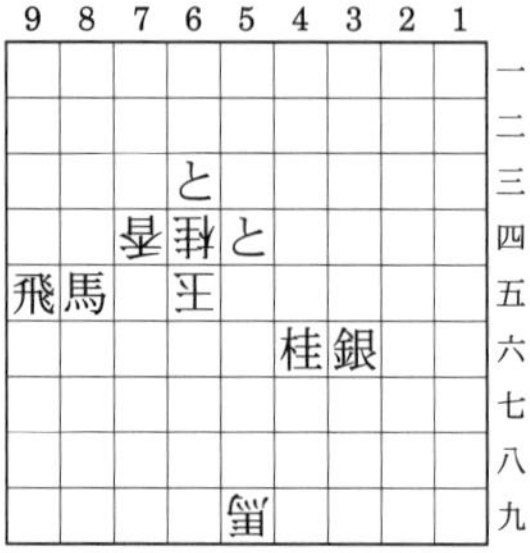

（森本雄・『詰将棋パラダイス』・1984年7月号）

馬を動かしてあき王手しても飛車を取られて詰みませんから、初手は香車を打つ一手。▲6九香と最下段から打てば、△同馬なら馬の利きがそれるので、▲6七馬、△7五歩合、▲6四と引で詰みます。また▲6九香に△5六玉なら、▲7四馬、△5七玉、▲4七馬まで。すると2手目は合駒するしかありません。△6六歩合は▲6七馬、△9五馬、▲6六馬で詰み。△6七歩合は▲同香なら△5六玉と逃げ出せますが、▲同馬と取ればやはり先ほどと同様にして詰みます。△6八歩合なら馬の利きが止まるので、▲6七馬、△7五歩合、▲6四と引まで。おかしい、どうやっても持駒が余って詰んでしまいますが……。

▲6九香、△6八馬（！）、▲6七馬、△9五馬、▲6六馬まで5手詰。

馬を香の利きに投げ出すのが驚愕の受け。うっかり▲同香と取ると、△5六玉、▲7四馬、△5七玉、▲4七馬のときに△6八玉と香車を取られてしまいます。馬を取りたいのをこらえて▲6七馬とするのがよく、△9五馬に▲6六馬と押して詰みになります。攻方に持駒を余らせない手順はこれしかありません。いかがだったでしょうか？

第21問

持駒　角桂

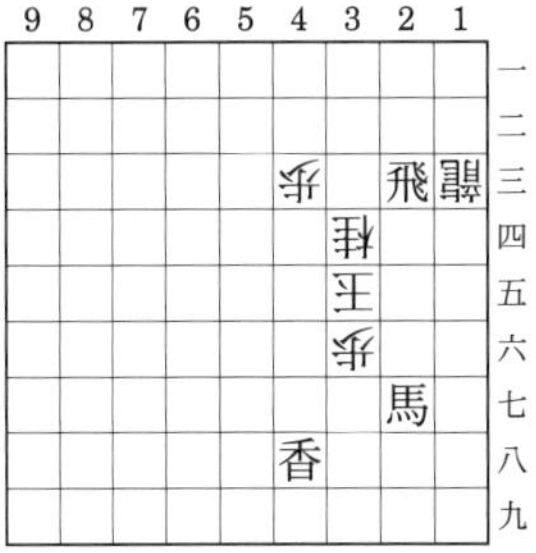

（三輪勝昭・『詰将棋パラダイス』・1980年7月号）

☗1七馬、☖同龍、☗1三角、☖同龍、☗2七桂まで5手詰。

持駒に角がありますから、☗1七角と打ってみましょう。☖同龍なら☗同馬と取り返し、☖2六歩合としても☗2七桂まで。しかし☗1七角に☖2六歩合とすぐ合駒されると、☗同角、☖同桂、☗同馬、☖3四玉と下がられ、桂と歩の持駒ではどうしようもなくなります。

最初の局面をよく観察してみると、2七の馬がもしいなければ☗2七桂の1手詰であることがわかります。つまり、大事そうな馬は実は邪魔駒なのです。そこでこれを☗1七馬と捨てるのが好手。☖2六歩合は馬が移動したので☗2七桂と打って詰みます。☖2六桂と跳ねて☗同馬に☖3四玉と下がる手も考えられますが、先ほどと違って持駒に角があるので、☗4五角と打てば詰んでいます。☗1七角を☖同龍なら、☗1三角と打って龍を呼び戻します。盤上の馬を消去することに成功したので、最後は桂吊しまでとなります。

邪魔駒消去は詰将棋のポピュラーなテーマの一つ。本作はそれをスマートに表現しています。

第22問

持駒 なし

（内山真・『詰将棋パラダイス』・2012年9月号）

持駒がないので、馬を動かしてあき王手をすることになりますが、さてどこへ行くのが正解でしょうか？　3六に逃げられると詰みそうもなくなるので、8一から1八のライン上のどこかに移動させるのがよさそうです。試しに▲4五馬としてみましょう。△3八玉に▲7四角と出れば、△2八玉なら▲2七馬、△4九玉なら▲6七馬で、いずれも詰んでいます。しかし、これなら初手▲5四馬でもよさそうですが……もちろんそうではありません。

▲7二馬（！）、△3八玉、▲7四角、△4九玉、▲9四馬まで5手詰。

遠く7二の地点まで馬を飛ばすのが唯一無二の絶対手。もし初手▲4五馬なら、△3八玉、▲7四角のときに△5六歩合という手があるのです。▲同角と取らせてから△4九玉ともぐれば、攻方は角が邪魔して馬を引くことができません。このように攻方が▲7四角と出たとき、玉方に攻方の馬と角の利きが干渉する地点に捨合をされると詰まなくなってしまうのです。その合駒をさせず、かつ最終手を指せるような馬の移動先は、7二しかありません。いかがだったでしょうか？

第23問

持駒　飛香

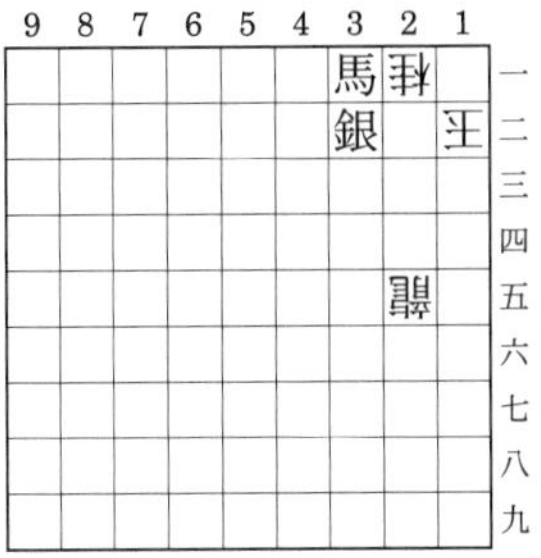

（佐藤正範・『近代将棋』・1979年9月号）

☗1四飛、☖同龍、☗1三香、☖同桂、☗2一馬まで5手詰。

　盤面5枚の簡素な初形。1三の地点をふさいで☗2一馬と寄る形が見えますが、現状では玉方の龍が利いていてできません。そこでまず1四に飛車か香車を打ち、取らせて龍の利きをそらしてから1三に残った持駒を打つという流れが考えられます。さて飛車と香車、最初に使うのはどちらでしょう？

　もし龍で取ってくれるならどちらから先に使っても同じ結果になりますが、玉方が☖1三歩合と合駒をしてきたときが問題です。☗2一銀不成と桂馬を取る手が考えられますが、もし初手に打ったのが香車だった場合、☖2三玉と逃げられると困ってしまいます。しかし1四の駒が飛車なら、☗3二馬でぴったり詰み。この変化手順のために、飛車の打ち場所も1四でなければならないことがわかります。☗2一銀不成を☖同龍なら☗1三飛成までです。

「どちらから使ってもよさそうな局面で、強い駒を先に使う」という意味で、本作も一種の飛先飛香といえるでしょう。現代的なテーマが簡潔に表現された小品です。

第24問

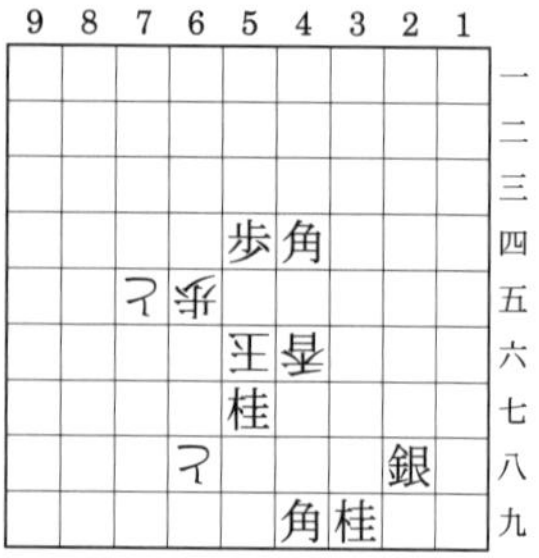

持駒　飛飛

（金子清志・『詰将棋パラダイス』・1988年10月号）

☗6六飛、☖5七玉、☗5五飛、☖6六玉、☗5九飛まで5手詰。

初手は飛車を打つしかなさそうです。角と桂が利いており、玉が動けるのは5七だけ。しかし☗5五飛とするとその瞬間に角の利きが遮断され、☖6六玉と逃げ出されてしまいます。となると、まず☗6六飛と打つのがよさそうだということがわかるでしょう。☖同歩や☖同となら、6六の地点がふさがるので☗5五飛までとなります。

さて、☗6六飛、☖5七玉となったところで、もう1枚の打ち場所を考えることになります。☗5六飛打が確実そうですが、☖4八玉のときに困ります。そこで、ここで☗5五飛と打つのが好手。☖4八玉なら☗4六飛で詰んでいます。玉方はそこで☖6六玉と初手に打った飛車を取りますが、いきなり☗5五飛と打ったときには盤上にあった5七の桂馬が消えているのがミソ。最下段まで☗5九飛と引けば、2枚の角の利きがさっと通って詰みになります。

手が限られているので解くのはそう難しくありませんが、使いにくい生の大駒が一斉に連係する最終手に爽快感を感じさせてくれる作品でした。

第25問

持駒　なし

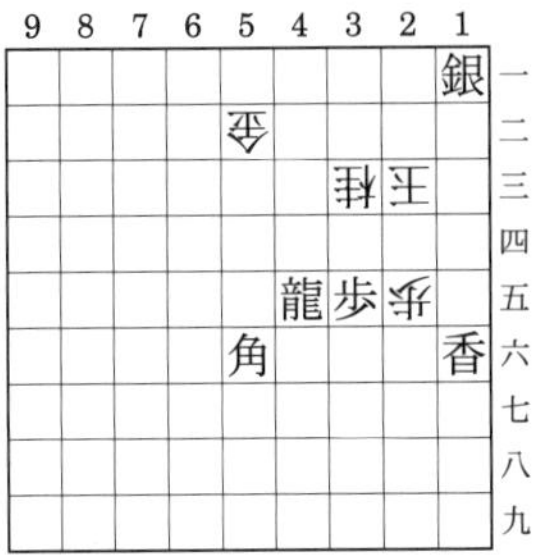

（大崎壮太郎・『詰将棋パラダイス』・2001年5月号）

▲4二龍、△2四玉、▲4四龍まで3手詰。

　龍を動かしてあき王手をするしかなさそうです。3二に逃げられると捕まらなくなるので、龍は4一、4二、4三のどこかへ動かせばよさそうだとわかります。もし△2四玉と逃げれば、龍をどこに動かしていても▲4四龍まで。しかし、この中に正解は一つしかありません。さて、どれでしょう？

　まず、▲4一龍と一番奥まで行ってみましょう。△4五歩合なら▲2一龍と回って詰んでいますから、一見問題なさそうです。ところが、玉方はここで△4五桂とただ捨てする手があります。▲同角でも▲2一龍でも、△3三玉と寄られて詰みません。

　では、▲4三龍ならどうでしょうか。これなら桂馬がピンされるので、4五での合駒は利きません。ところが今度は、△3四歩合という手が生じます。▲同角は△2四玉、▲同龍は△3二玉でやはり詰みません。

　かくして、残った▲4二龍が正解となるわけです。合駒は▲2二龍まで。三択問題、解けましたか？

第26問

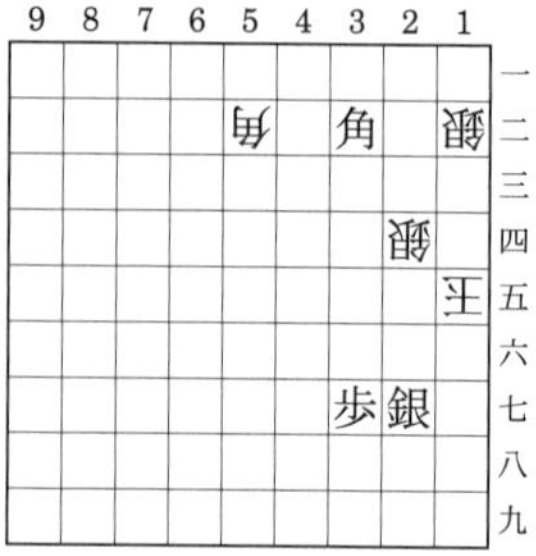

持駒　飛飛歩

（原田清実・『詰将棋パラダイス』・1984年11月号）

☗3五飛、☖同銀、☗1四飛、☖2五玉、☗2六歩、☖同銀、☗3六銀まで7手詰。

攻方は飛車を2枚も持っていますが、玉方も角と銀がよく利いており、うかつに手が出せません。平凡な☗1四飛では☖2五玉と逃げられ、飛車と歩の持駒では捕まりそうにありません。

横から☗4五飛と打つのはどうでしょうか。2五に合駒するのは、☗1四飛と打ってすぐ詰み。3五に合駒されてもかまわず☗同飛と取り、☖同銀に☗1四飛と打てば、☖2五玉に☗2六歩、☖同銀、☗3六銀で詰みます。しかし、これでは3五の地点でもらった合駒を使わずに詰んでしまいました。変だな、と戻って考えてみると……。

実は☗4五飛には☖3五銀という手があるのです。☗同飛は☖2四玉で不詰。そこで☖3五銀に☗1四飛と打ってみると、☖2五玉ではたと困ります。玉方の銀がピンされており、☗2六歩が打歩詰になってしまうのです。つまり、初手は盤面に飛車を残さない☗3五飛でなければなりません。これが、今回紹介した「取らせ短打」。高級なテーマを7手で表現した佳作でした。

第27問

持駒　なし

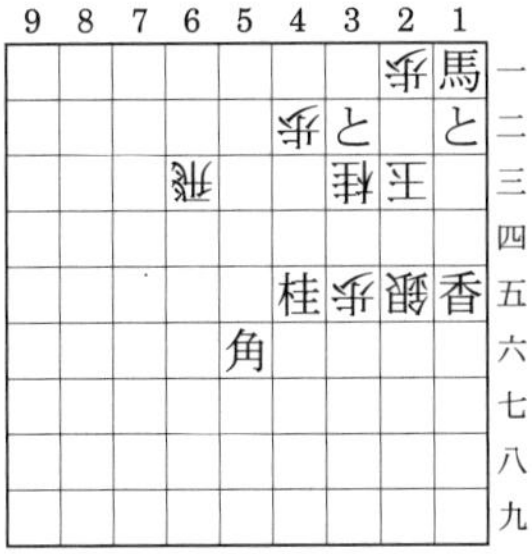

（佐口盛人・『詰将棋パラダイス』・2000年2月号）

▲5三桂不成、△4五桂、▲3三馬まで3手詰。

3三に攻方の駒が三つも利いていますが、玉方も飛車がにらみをきかせています。▲3三馬は△同飛でダメ。▲3三桂成や▲3三とは、△同飛なら▲同馬で詰むのですが、△2四玉と体をかわされると1五の香車が浮いているため詰みません。そこで考えたくなるのが▲5三桂成とあき王手する手です。飛車の横利きを遮断しているので、△2四玉でも△3四香合でも▲3三馬でも詰ますことができます。ところが、△3二玉とと金を取られると、4一からの脱出を防ぐことができません。

そこで▲5三桂不成とすればよいことに気がつきます。成らないと今度は4三に逃げ道ができますが、△3二玉は▲2一馬でぴったりつかまっているのです。△2四玉は先ほどのとおり▲3三馬まで。持駒が余って詰む手順ばかりのように見えますが、△4五桂と跳ねるのが玉方の最善手。うっかり▲同角と取ると、△3二玉、▲2一馬に△3三玉で詰まないのです。したがって桂には食いつかず、▲3三馬とするのが正解になります。解けましたか？

第28問

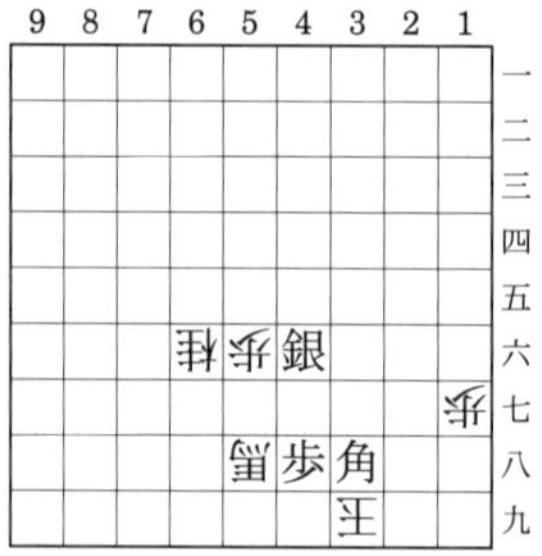

持駒　飛金銀

（谷本治男・『詰将棋パラダイス』・1984年2月号）

初手☗2八銀は、☖同玉なら☗2九金、☖3八玉なら☗3九金までですが、☖4八玉と逃げられると不詰。そこで左辺から飛車を打つことを考えましょう。たとえば☗7九飛はどうでしょうか？☖2八玉は☗2九金まで。☖3八玉なら☗3七金と尻金を打てば、☖4八玉は☗3九銀、☖2八玉は☗1九銀で詰んでいます。4九や5九に合駒するのは、☗2九金、☖4八玉に☗3七銀打までですし、6九に合駒しても、☗同飛、☖同馬、☗2八銀、☖4八玉、☗4九金で、もらった合駒を使わずに詰んでしまいます。変だな……。

☗6九飛、☖5九馬（！）、☗2八銀、☖4八玉、☗6八飛、☖同馬、☗4九金まで7手詰。

☖5九馬が驚きの受け。うっかり☗同飛は☖3八玉とされ、☗3七金でも☗1六角でも☖4八玉でどうしても詰みません。また5八に穴があいたことにより、☗2九金も☖4八玉、☗3七銀打に☖5八玉と逃げ出されてダメです。

そこで攻方は☗2八銀と打ちます。☖4八玉のとき、もし初手に飛車を6九から打っていれば、☗6八飛というきれいな捨駒が決まります。7筋より遠くに飛車を打っていたらうまくいかないことも、ここで明らかになります。☖同馬や☖5八馬なら☗4九金まで、**☖5八香合**なら**☗3九金**までです。

比較的簡潔な配置から突如出現する馬の移動捨

合、お楽しみいただけたでしょうか？

第29問

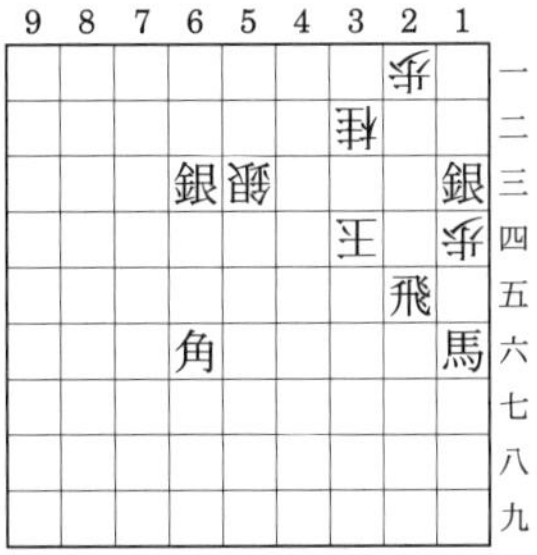

持駒　なし

（車田康明・『近代将棋』・1984年10月号）

☗5五飛、☖4四玉、☗1五飛まで3手詰。

　馬と角が、敵玉の左右から狙いをつけた構図。初手☗2四銀成は、☖4三玉と逃げてくれれば☗4五飛の両王手が見事に決まるのですが、単純に☖同桂と取られると後続手段がありません。

　となると飛車をどこかに移動させてあき王手をするしかなさそうですが、うまくやらないとたちまち逃げ出されてしまいます。縦方向に動かすのは、☖4五玉と広いところへ脱出されるのでまず捕まりません。もし横方向に飛車を動かした場合、☖2三玉と逃げる手が生じます。ここへ逃げられたときに詰むような飛車の移動場所はどこでしょうか？　それが☗5五飛で、☖2三玉には☗5三飛成を用意しています。玉方は☖4四玉と応じる一手ですが、そこで今度は☗1五飛と一番右に大きく開く手が決め手。馬と角の利きを両方通っており、合駒も利きませんから、これで詰みです。もし☗6五飛などと左側に行くと、☖5五歩合、☗同角、☖3五玉とすり抜けられてしまいます。

　あき王手2回、最後まで気が抜けない問題でした。

第30問

持駒　角歩

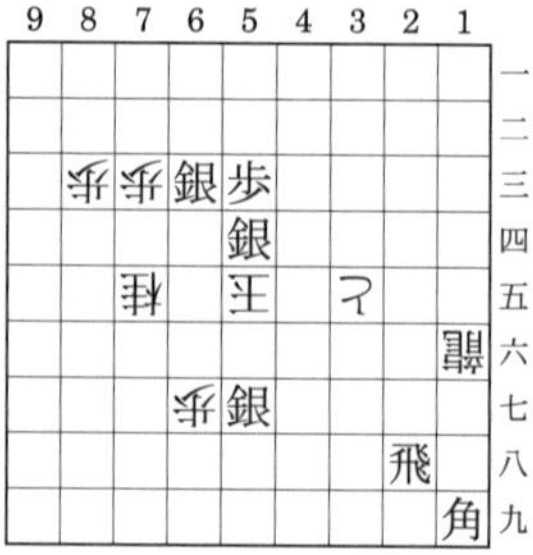

（橋本樹・『詰将棋パラダイス』・1980年5月号）

玉の逃げ道は4四と6四の2か所。それを同時に押さえるため、☗2四飛としてみると、☖1九龍と根元の角を取られます。ここで☗3三角でも☗6六角でも、☖6四玉で打歩詰になってしまいます。ほかの位置に飛車を動かす手も、いずれもうまくいきません。

　では、初手に☗3三角ならどうでしょう。ところがこれも☖6四玉と逃げられると、飛車をどこへ動かしても打歩詰から逃れられません。☗6六角でも☗7七角でも同じ。となると……。

☗9九角（！）、☖6四玉、☗8八飛（！）、☖1九龍、☗6五歩、☖5五玉、☗8九飛まで7手詰。

　角を一番遠くから打ち、あとでその利きを遮断する地点に飛車を動かすことで打歩詰を解消する「ブルータス手筋」です。6〜8筋にはいずれも玉方の歩があるため、歩を合駒できないのがミソ。たとえば☖6六桂合なら、☗2四飛、☖1九龍、☗6六角、☖6四玉に☗7六桂で歩が余ります。本手順の最終手、龍の利きを遮る☗8九飛も見事な着地です。

　わずか7手でブルータス手筋を表現した意欲作でした。

第31問

持駒　銀

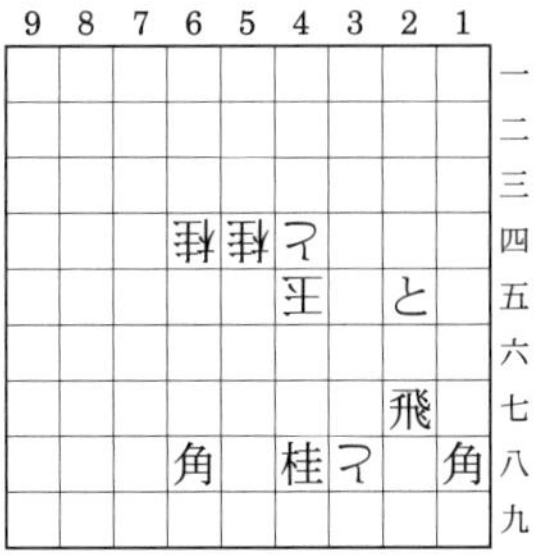

（柳原裕司・『詰将棋パラダイス』・1984年3月号）

▲4六銀、△同桂、▲5七飛まで3手詰。

本作は、人によっては簡単だったかもしれません。4六をふさいでおいてから、飛車を回ってあき王手で詰み。変化手順があるわけでもなく、あっさり詰んでしまいます。

本作の狙いは、正解とは別のところにあります。詰将棋慣れしている人ほど、別の筋が見えてきてしまうのです。それが、▲5七飛、△4六玉、▲5五銀、△同と、▲1七飛という手順。二つある角のラインの片方を開けて片方を閉じ、退路を封鎖してから最も遠い地点までさっと飛車を開いての詰み。いかにもそれらしい流れではないでしょうか。ところが、これが本作に仕掛けられた落とし穴。初手▲5七飛に対し、玉方は△2七歩合と捨合する手があるのです。▲同角と取らせてから△4六玉と逃げれば、▲5五銀、△同とのあとに▲1七飛とすることができません。出題当時、手数が明示されていなかったためにこの陥穽に落ちた解答者が続出したようです。

こういう「偽作意」ものは、いかに作意のように見える偽物を用意できるかにかかっています。その意味で、本作はかなり成功しているといえるでしょう。

第32問

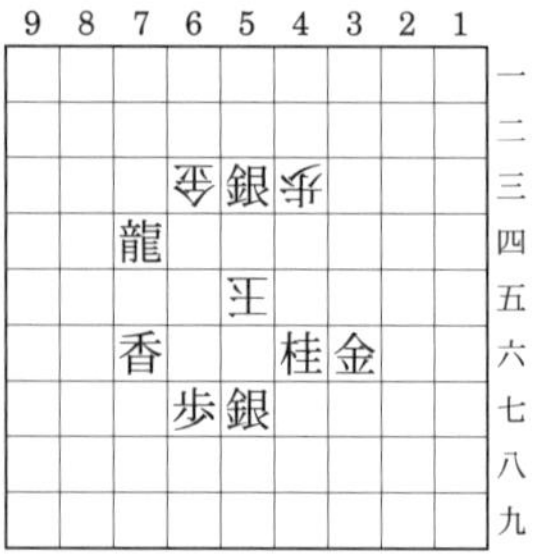

持駒　歩

（大野雄一・『詰将棋パラダイス』・1982年3月号）

☗7五龍、☖6五銀、☗6四龍、☖同金、☗5六歩、☖同銀、☗6六銀まで7手詰。

　いきなり打歩詰の局面から始まります。この状態を解消するためにはどうしたらよいでしょうか。

☗7五龍と王手してみましょう。玉方は合駒する一手。試しに☖6五歩合としてみます。ここで、合駒の裏をこすりに行くような☗6四龍という手に気づくかどうか。☖同金に☗同銀不成と取り返すと、☖同玉は☗5四金、☖4四玉は☗3四金で詰んでいるのです。

　今の手順が成立しない合駒は、飛、角、金、銀の四つです。☖6五飛合は☗同龍、☖同玉に☗7五飛まで。☖6五角合は☗6六龍でいきなり詰み。☖6五金合も取って頭金までです。

　残るは☖6五銀合。このときはやはり☗6四龍と捨てます。☖同金と取られた局面を見てみると、打歩詰の状態が解消しているではありませんか！あとは歩を取らせて銀上がりまでです。

「打歩詰を回避するため、歩を取らせる玉方の駒を合駒によって出現させる」という森田手筋が、7手という短い手数で表現された作品でした。

第33問

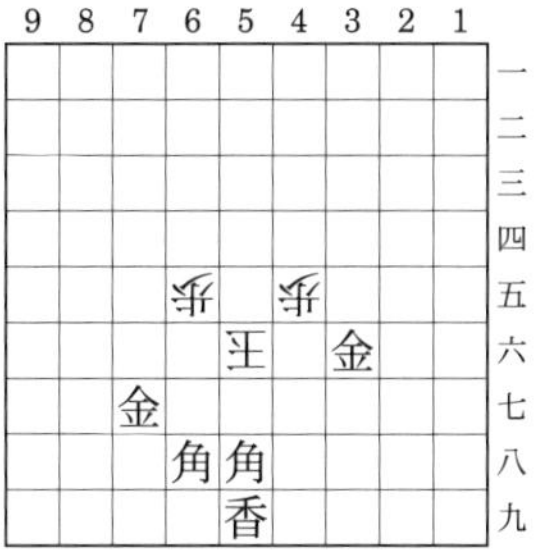

持駒　なし

（田中義昭・『詰将棋パラダイス』・1989年10月号）

☗4六金、☖同歩、☗3六角まで3手詰。

角を動かしてあき王手してみたくなる形です。9四〜4九のラインに動くのは、☖4七玉と逃げられます。ここに行かれては、到底捕まりそうにありません。すると必然的に、☗6九角という手が浮かびます。これで玉に逃げ場はなく、合駒も無駄だから詰み……とはいきません。☗6九角には☖5八歩合という手があり、☗同香と取ると角の利きが遮断されてしまうので、☖4七玉と脱出されてしまいます。

あき王手しても4七に脱出されないためには、角を右上の方に開かなければなりません。しかし今は、そのライン上に攻方の金がいて邪魔しています。そこでこれを☗4六金と捨てるのが好手。☖同歩と取ると4五の地点に新しい逃げ場所ができますが、ここで☗3六角とあき王手すれば4五と4七の地点を同時に押さえることができます。合駒も今度こそ無駄合になりますから、これで詰みです。

大事そうな金が実は邪魔駒という問題でした。

第34問

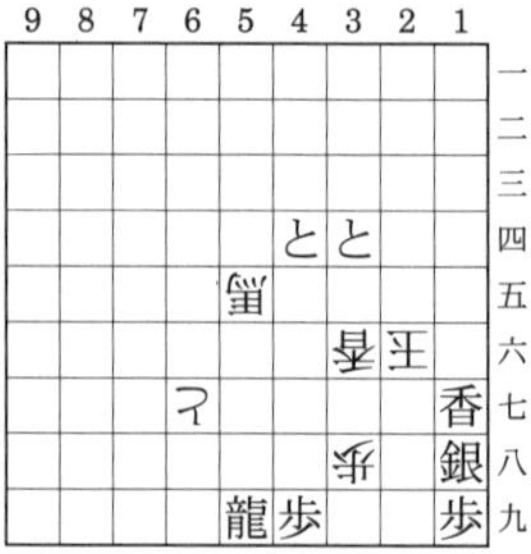

持駒　香歩

（首猛夫・『詰将棋パラダイス』・1996年4月号）

局面を観察してみると、3七から2八に逃げ道があることがわかります。たとえば▲2七香とくっつけて打つのは、△3七玉、▲4八龍、△2八玉と逃げ込まれて詰まなくなってしまいます。それならば、▲2九香と打てばよいのではないでしょうか。これなら△3七玉は▲4八龍の一発で終わりですし、△2七歩合なら▲同銀と取って、△3七玉には▲4八龍、△1七玉には▲1八歩でいずれも詰んでいます。あとは2八に合駒する手ですが、△2八歩合なら▲2七歩と打ってしまえば、△3七玉には▲4八龍、△2五玉には▲5五龍まで。問題は角合で、△2八角合のときだけは、▲2七歩、△2五玉、▲5五龍のときに△同角成と取れます。しかしこれで香車の利きが通ってしまうので、▲2六歩の突歩詰が決まります。これでは持駒に角が余ってしまいます。では正解は？

▲2九香、△2八馬（！）、▲2七歩、△2五玉、▲5五龍、△同馬、▲2六歩まで7手詰。

馬を香筋に投げ出すのが玉方の好手。取れば△3七玉で詰みませんから、攻方は▲2七歩以下、角合のときと同様に攻めることになります。こうすると▲5五龍の一手が純粋な捨駒になり、詰んだときに持駒が余りません。したがって馬の移動合が玉方の最善手ということになります。

本作には打歩詰はからみませんが、突歩詰の詰め上がりは独特の味があっておもしろいのではないでしょうか。

第35問

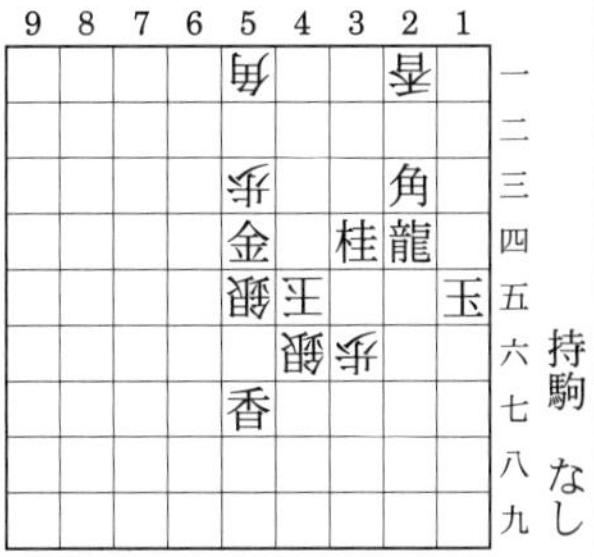

(山田康平・『詰将棋パラダイス』・2001年9月号)

▲4四金、△同銀、▲2二桂成まで3手詰。

桂馬を跳ねてあき王手ができる形です。▲2二桂成とこちら側に跳んで玉方の香車を遮断すれば、角を取られることはありません。△3四歩合は▲同龍と取って簡単……と思いきや、5一の角の利きが攻方の玉に通ってしまいます。△3四歩合に▲同角成も、△5四玉と脱出されてダメ。しかしピンを外そうと初手▲4二桂成とするのは、当然△2三香と取られてしまいます。

あちらを立てればこちらが立たず、という状況を解決するカギが、▲4四金の一手。△同銀なら5四へ脱出される心配がなくなるので、▲2二桂成で詰んでいます。**△同玉**なら、**▲4二桂成**と今度はこちら側に跳ねればやはり詰み。もちろんこちらでも正解です。

初形においては二つの紛れ手順だった左右への桂跳ねが、初手を入れたことで二つの変化手順に切り替わります。このように、紛れや変化も込めた論理的な手順構造全体を楽しもうという創り方は、チェスプロブレムの世界においてきわめて一般的なものです。

第36問

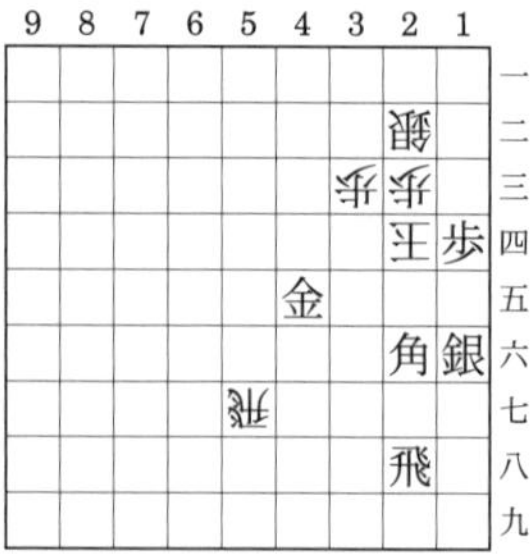

持駒　歩

（相馬慎一・『詰将棋パラダイス』・1992年2月号）

手が広く悩ましい局面です。1三に逃がさない▲3五角がよさそうですが、△1四玉で打歩詰に陥ります。▲5三角成は△1四玉、▲2五銀、△1三玉、▲1八飛、△1七歩合で不詰。ここで初手▲3七角なら、5七の飛車の利きが止まるので1七に合駒ができません。しかし、本作の核心はここからです。

▲3七角、△2六角（!）、▲4六角、△1四玉、▲1五歩、△同角、▲2五銀まで7手詰。

玉方には2六に中合する手があるのです。これは、▲同飛なら△1四玉、▲2五銀に△1五玉と出ようというもの。しかし前に利く駒なら、△1五玉のときにそれを1六に打って詰み（2筋にはすでに歩がありますから、初手▲3七角に歩合はできません）。桂合も、△1五玉のときに▲2七桂と打てます。問題は角合で、このときだけは▲同飛と取ると詰みません。ところが、▲4六角、△1四玉としてみると、初手▲3五角のときに陥っていた打歩詰が解消しているではありませんか！

結果的に合駒で現れた駒で打歩詰が回避される形になっており、森田手筋に似た筋書きになっています。その合駒を中合で発生させるという離れ業を実現しているすごい作品でした。

第37問

持駒 なし

（YYZ・『詰将棋パラダイス』・1998年11月号）

▲7五馬、△3五玉、▲5七馬まで3手詰。

玉方の馬、桂馬、そして3枚のと金がいやでも目に入ります。こんな強力な守備陣を相手に、本当に詰ませることができるのでしょうか。

試しに、▲6七馬とあき王手してみましょう。どこにも逃げる場所はありませんが、5六の地点には馬も桂馬も利いているので、△5六歩合と合駒されると攻方は勢力が1枚足りません。ここで、もし△5六歩合の瞬間に▲6四馬とできれば、5五の合駒は▲同龍と取れるので詰んでいる、ということに気づくことが第一のポイント。すると▲5四馬という手が浮かびます。ところが今度は5六の地点への利きが一つ少なくなるために、△5六馬と4七への脱出口を開かれてしまいます。では▲6五馬か？ 今度は龍の利きが遮られるため、△3五玉と逃げられます。万策尽きたかと思えたとき、ついに▲7五馬にたどり着きます。△5六歩合なら▲6四馬、△5六馬や△3五玉なら▲5七馬まで。たしかに詰んでいます。

超短編の鉄人、本領発揮の一作です。

第38問

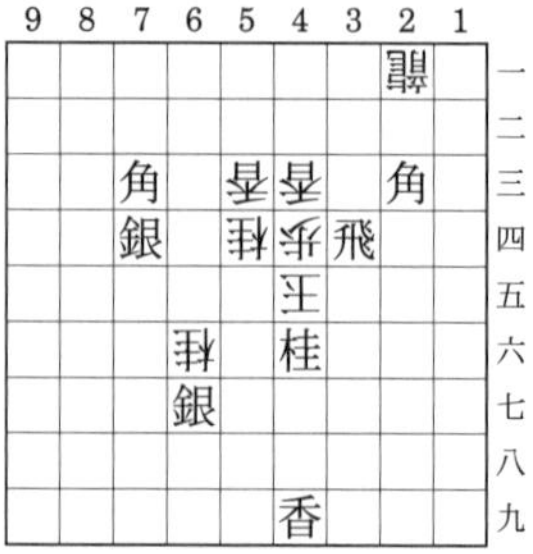

持駒　なし

（YYZ・『詰将棋パラダイス』・2002年9月号）

▲5五角成や▲5六銀は手が続きそうにありませんし、▲5四桂も△同玉で6六に桂馬が打てないので不詰。したがって飛車を動かしてあき王手するしかなさそうです。▲3三飛成は、△2三龍と角を取られると龍が3四に利いてくるため詰まなくなります。

そこで▲3七飛としてみましょう。△2三龍に▲5四桂とあき王手し、△同玉に▲5七飛と回ると……詰んでしまいました。何を間違えたのでしょうか？　実は▲3七飛、△2三龍、▲5四桂のときに、△4七桂合という手があるのです。▲同飛は3筋に脱出されるので▲同香と取るよりなく、そこで△5四玉と下がられると、飛車を回ることができません。持駒も桂だけでは、金輪際詰みません（合駒が桂馬以外なら、その駒を打って簡単に詰み）。さて、ではどうすればよかったのでしょうか？

▲3八飛（!）、△2三龍、▲5四桂、△同玉、▲5八飛、△同桂成、▲6六桂まで7手詰。

3八まで飛車を引けば、飛車と香車の利きが八段目で交差するため、玉方は桂合ができません。何と、「八段目桂合禁止」が本作のトリックだったのです！　飛車を捨てて桂吊しの収束もぴったり。さすがと唸らされる7手詰の傑作です。

第39問

持駒　なし

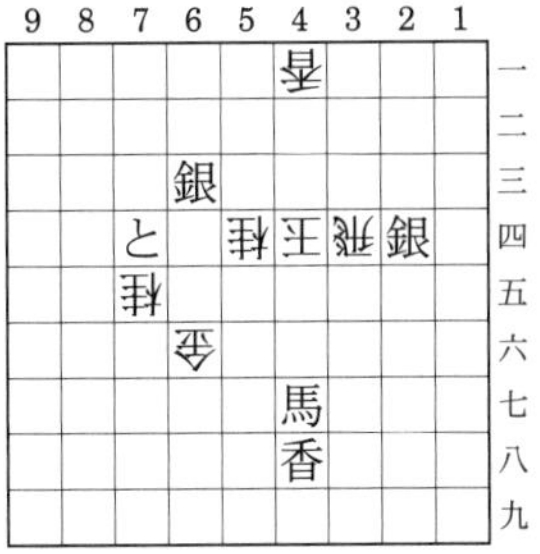

（縫田光司・『詰将棋パラダイス』・1995年1月号）

☗6五馬、☖4六桂、☗5四馬まで3手詰。

持駒がありませんから、盤上の駒を動かすしかありません。馬を動かしてあき王手をするしかなさそうだということはすぐにわかるでしょう。試しに☗5六馬としてみると、☖5三玉と下がられて困ります。☗3六馬と右側に開いても、☖5三玉や☖5五玉でダメ。ちょっとひねって☗3七馬は、☖5三玉なら☗6四馬で詰むのですが、☖4五歩合または☖4六歩合と合駒されると詰みません。

ここは☗6五馬が好手。☖5三玉なら☗7五馬と駒を取って詰める手が生じます。☖4五歩合でも、☗5四馬と桂を取って詰み。変だな、と思ってよく見てみると、実は☖4六桂という手がありました。うっかり☗同香と取ると、☖5三玉で手が止まります。3四の飛車が受けによく利いており、☗7五馬や☗6四馬ができなくなっているのです。毒入りの桂馬に手をつけず、桂馬の温もりがまだ残っている5四に馬が入れば解決です。

小技の利いた小品でした。

第40問

持駒　飛桂

（小泉潔・『詰将棋パラダイス』・1981年5月号）

▲5九飛、△4五玉、▲5七桂、△5六玉、▲6七角、△同玉、▲4五桂まで7手詰。

本作は、まずこの正解手順を追ってみて下さい。3手目の▲5七桂以降は、玉方に変化する余地はなく、フィニッシュまで一直線です。最終手、香車の利きを遮る桂跳ねの気持ちよさは格別。また詰め上がりを見ると、初手で飛車は5九に打たなければいけなかったことがわかります。

ここで気になるのが、2手目に合駒をしたらどうなるのかということです。まず▲5九飛に△5八歩合はどうでしょうか。これは▲同飛、△4五玉に▲4六歩ともらったばかりの歩を打つ手があります。△同銀は▲3四龍、△同とは▲5四角まで。前に利く駒を合駒した場合はすべて同様です。△5八角合は、▲同飛、△4五玉のときに▲3四角ですぐ詰み。桂合は八段目なのでできません。

では、▲5九飛に△5七桂合ではどうでしょう。今度は▲同龍と龍で取り、△4五玉に▲5四角（！）というすばらしい手があるのです。△同玉は▲5五龍、△同とは▲5六龍で詰んでいます。

駒の配置、作意、変化手順、どこをとっても完成度の高い名品でした。

第41問

持駒　飛銀

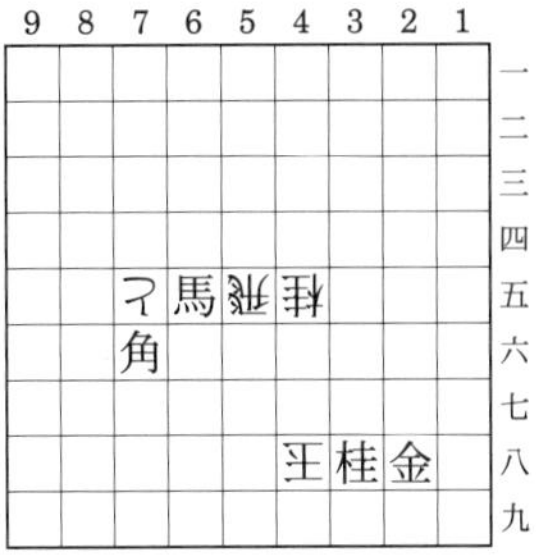

（岡田敏・『詰将棋パラダイス』・2003年1月号）

☗5七銀、☖同桂不成、☗4七馬、☖同玉、☗4六飛まで5手詰。

攻方の角と馬のラインが玉を挟み付けていますが、3九、5七、5九に穴があいています。☗4九飛のような単純な王手では、☖5七玉で捕まりません。

カギとなるのは、詰将棋の頻出手筋の一つ、焦点への捨駒です。玉、飛、桂が利いているところへ☗5七銀と放り込むのが好手。☖同玉は☗5八飛、☖同飛成、☖同桂成や☖5九玉は☗4九飛、☖3九玉は☗2九飛で、いずれもぴったり詰んでいます。一瞬3手詰かと思ってしまいそうですが、4九の地点をカバーする☖同桂不成が玉方の最善手。そこで☗4七馬とたたみかければ、☖5九玉は☗5八馬（持駒余り）、☖3九玉は☗2九飛、☖同玉は☗4六飛までとなります。

作者の岡田敏氏は、全日本詰将棋連盟の初代会長もつとめられた大作家。『詰将棋パラダイス』誌だけでも入選回数は七五〇回以上にものぼり、生涯に創作した詰将棋は二千五百にもなるそうです。曲詰の大家としても知られ、曲詰作品集『詰の花束』を上梓されています。詰将棋界の発展を語るうえで欠くことのできない存在といえるでしょう。

第42問

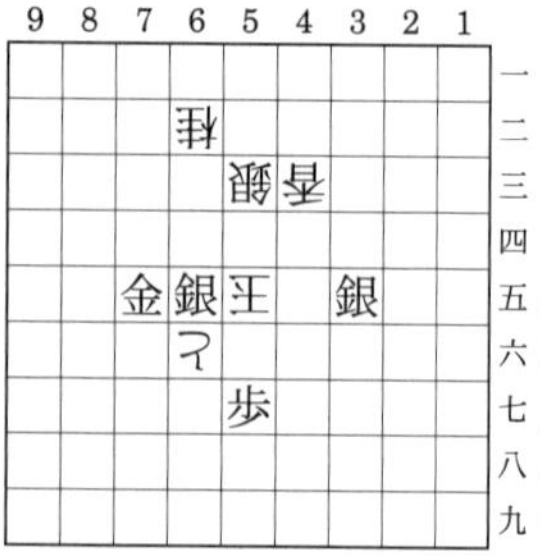

持駒　金金金

（門脇芳雄・『詰将棋パラダイス』・1952年5月号）

☗4五金、☖同香、☗5四金、☖同桂、☗5六銀、☖同と、☗6五金打まで7手詰。

　4五に金を放り込むところからスタート。☖同玉は☗4六金で詰みですから、玉方は☖同香と応じます。続けて今度は☗5四金と打ち、5四の地点をつぶします。☖同銀は☗6四銀までですから、玉方は☖同桂と応じる一手。ここで、初手と三手目の手順前後が利かないこともわかるでしょう。☗5四金、☖同桂と桂馬を5四に跳ねさせてしまうと、☗4五金を☖同玉と取られたとき、桂が4六に利いて頭金では詰まなくなってしまうからです。あとは☗5六銀と捌き捨て、☖同とに☗6五金打まで。盤面中央に、鮮やかに「十」の字が浮かび上がりました。特に難しいところはないと思いますが、詰んだときに駒がきれいな形で並んでいるのは、なかなか気分がよいのではないでしょうか。

　作者の門脇芳雄氏も、戦後の詰将棋界の発展を支えた重鎮の一人。特に、『詰むや詰まざるや』と『続 詰むや詰まざるや』（いずれも東洋文庫）を著し、伊藤宗看・看寿の傑作をはじめとした江戸時代の詰将棋を広く紹介した功績の大きさは計り知れません。これを読んで詰将棋の魅力にとりつかれ、のちに一流の作家となった方もたくさんおられます。門脇氏の詰将棋界への貢献に敬意を表して、詰将棋の普及・発展に貢献された方を表彰する「門脇芳雄賞」が二〇一一年に設けられました。
門脇氏も曲詰の大家でした。あぶり出し曲詰の作品集『曲詰百歌仙』も上梓されており、ここで紹介した作品も収録されています。

第43問

持駒　銀

（岩崎弘勝・『詰将棋パラダイス』・1994年5月号）

☗6五角、☖4五玉、☗5五飛成、☖同玉、☗5六銀まで5手詰。

盤面中央に大きく書かれた「大」の字。初形曲詰の作品です。よく見てみると、字形は左右対称ですが、駒は少し違っていることに気づきます。玉方の3四の駒は香車ですが、7四は歩。これが詰手順にどう影響してくるでしょうか。

角を動かしてあき王手するしかなさそうですが、王手をした瞬間に☖5三歩と飛車を取られてしまうので、奥に角を成るような手では攻めが切れてしまいます。よく考えると、☗4五角か☗6五角なら、飛車を取られたときに☗5六銀と打って詰ますことができることがわかります。問題は☖同玉と角を取って逃げられたときで、もし☗6五角なら☖同玉に☗7六銀まで。☗4五角では☖同玉に☗3六銀では詰みません。左右の微妙な違いはここに利いてきていたわけです。

本手順は☖4五玉と角とは反対の方向によろけます。ここで☗5五飛成とかっこよく捨駒で玉を呼び戻し、☖同玉に☗5六銀までとなります。いかがだったでしょうか？

第44問

持駒　金銀香

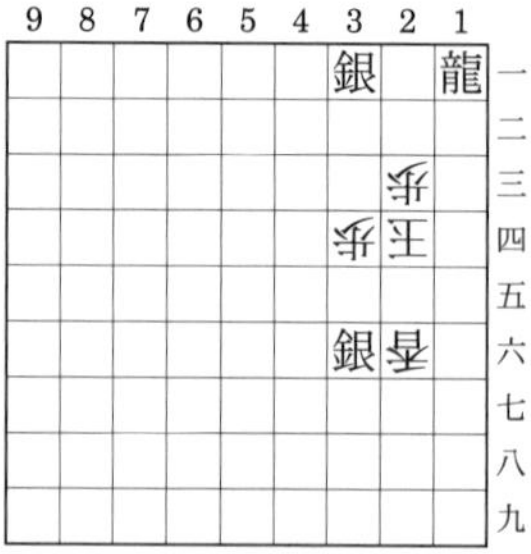

（改発徹・『詰将棋パラダイス』・1957年6月号）

本作、結構苦労された方もいらっしゃるのではないでしょうか。持駒が三枚もあり、強力な龍もにらみを利かせていて、それほど難しそうには見えません。ところが、いろいろやってみても3三からの遁走を食い止める手段があるように見えないのです。おかしい、本当に詰むのだろうか……。

☗1五龍（!）、☖同玉、☗1四金（!）、☖同玉、☗2五銀、☖1五玉、☗1六香まで7手詰。

いきなり☗1五龍と豪快に龍を捨てるのが驚きの一手。この手の意味は、悩みの種だった☖3三玉の逃げに対し、☗4二銀打、☖4三玉、☗5三金、☖4四玉、☗4五龍までの詰みを用意したことにあります。この変化も見えにくいのですが、もっと見えないのは☖同玉と龍を取られたあとの☗1四金。これが気づきにくいため、龍捨てを一度は考えても多くの人が読みを打ち切ってしまうのです。気がついてみれば、あとは銀と香を順に打っていくだけ。最終手はいわゆる以遠打で、香車をどこから打っても正解です。また、3手目☗1四金に☖1六玉なら、☗1九香、☖1七歩合、☗2五銀打で詰み。持駒が余らないので、これは変同ということになります。

現在は変同手順があるのはあまり好ましくないという感覚が一般的ですが、本作は主眼部が終わったあとなのでそれほど気になりません。初手と3手目のコンビネーションが鮮烈な印象を残す作品でした。

第45問

持駒　なし

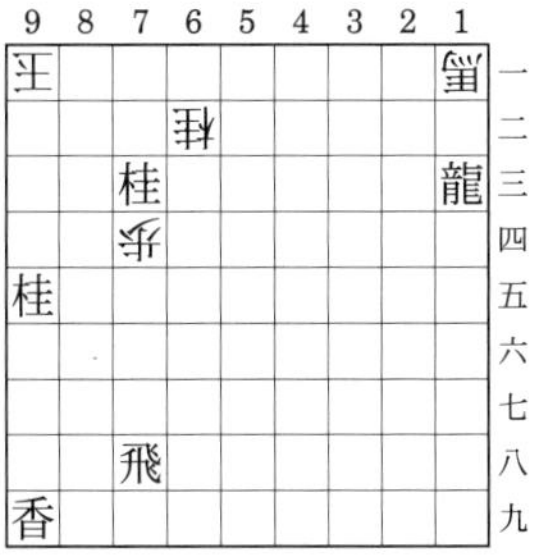

（藤沢英紀・『詰将棋パラダイス』・2002年3月号）

☗8三桂成、☖9九馬、☗1一龍、☖同馬、☗9八飛まで5手詰。

　盤面いっぱいに駒が広がった構図が目を引きます。玉方の馬がただで取れる形をしていますが、☗1一龍とパクついてしまうと、☖8二玉、☗8一龍、☖7三玉と逃げ出されてしまいます。そこであき王手から入りますが、☗8三桂不成と両王手をかけるのは、やはり☖8二玉から☖7三玉で捕まりません。ここは成るのが最善です。玉方は☖9九馬と香車を取る一手。そこで☗1一龍と馬が移動したばかりの地点に入ります。馬を呼び戻して飛車を回れば詰みです。

　1一と9九という、将棋盤で取り得る最も直線距離の長い二地点で玉方の馬がスイッチバックをするというのが、本作のテーマ。往復距離が長いと意味づけが難しくなりそうですが、本作は5手という理論的な最短手数で往復運動をすっきり表現しています。まずテーマを設定し、それを短手数で表現することでテーマの見せ方の純度を高めるのが、現代詰将棋の傾向といえると思います。

第46問

持駒　桂香

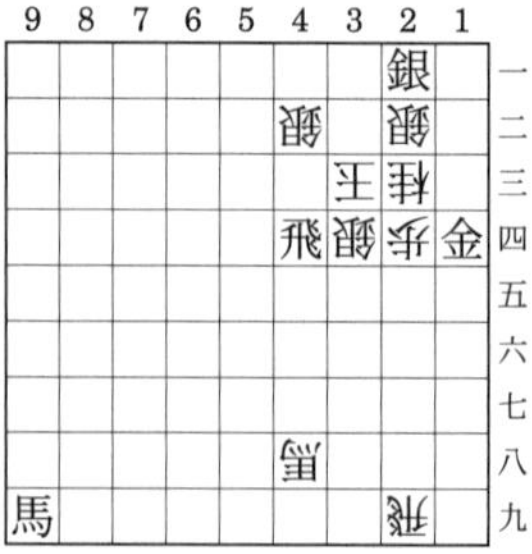

（鮎川まどか・『詰将棋パラダイス』・1994年5月号）

9九の馬が玉方の玉をにらんでおり、いつでもあき王手ができる形です。しかし、その馬には玉方の飛車が利いていますから、すぐ王手しても失敗します。たとえば☗4八飛は☖9九飛成とされ、もらった角を☗5五角と打っても☖4四歩合で詰みません。この飛車の利きを遮ることができればよいのですが……。

☗4五桂、☖同銀、☗3九香、☖同馬、☗3四香、☖同銀、☗4八飛まで7手詰。

攻方は不思議な手順を展開します。まず☗4五桂、☖同銀と蓋をこじ開けます。前が開けたところで、玉方の飛車の利きを遮断する☗3九香が狙いの一手。2筋への利きが消えると☗2四金がありますから、玉方は飛車で取ることができません。☖同馬と取らせたところで、☗3四香、☖同銀とハッチを再び閉めます。初形から6手かけて、玉方の馬を3九に移動させることができたわけです。ここで6六への利きを遮る☗4八飛が指のしなるフィニッシュ。これで合い利かずの詰みとなります。なお、☗3九香のときにたとえば☖3八歩合と合駒で逃れようとするのは、☗3四香、☖同銀に☗4八飛と馬を取って詰みです。

穴を開けて遠くから槍を通し、仕事がすんだら穴をふさいですっと飛車を引く。からくり時計の中身を見ているような駒の動きが見事な一作でした。

第47問

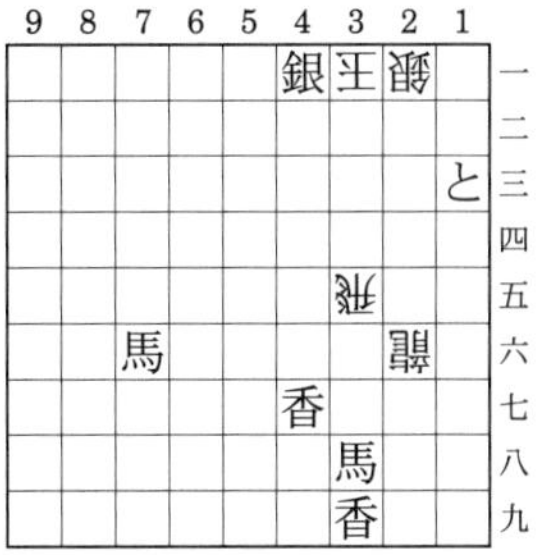

持駒 なし

(筒井浩実・『詰将棋パラダイス』・2002年2月号)

▲7五馬、△同飛、▲4八馬、△3五飛、▲7五馬まで5手詰。

いかにも何か技がかかりそうな配置です。▲2一馬と銀を取るのは、△同龍なら▲4二銀までですが、玉で取られると龍の守備力が強すぎて不詰。玉方の龍に仕事をさせないように攻める必要があります。

3八の馬を世に出すことを考え、まず▲7五馬から入ります。合駒は無駄なので玉方は△同飛と取るしかありませんが、これで3筋の見通しがよくなりました。ここで、今動いたばかりの飛車に狙いをつけて▲4八馬とあき王手すれば、玉方が持駒を使って何を合駒してきても、▲7五馬と飛車を取って詰ますことができます。玉方の最善手は、馬に取られないように今動かしたばかりの飛車を△3五飛とスイッチバックする手。うっかりこれを▲同香と食いつくと、△同龍で龍が五段目に居座ってしまって失敗します。飛車を取らず冷静に▲7五馬とすれば、玉方の飛車はピンされており動くことができません。合駒も利かないので、これで詰みとなります。解けましたか?

第48問

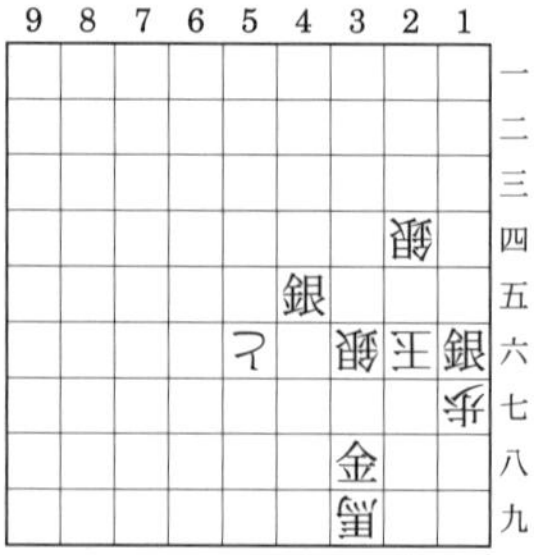

持駒　飛飛角

（小川宏・『詰将棋パラダイス』・1967年2月号）

攻方は大駒を三枚も持っていますが、玉方も二枚の銀が玉の周辺を守っており、うかつには手が出せません。☗2七飛は銀で取ってくれれば☗同金から詰みますが、☖3五玉と逃げ出されるとうまくいきません。☗5三角は、☖1六玉なら飛車の並べ打ちで終わりですが、☖3五歩合があるのでダメ。持駒を温存して☗2七金は、☖同銀成なら☗3六飛、☖3五玉なら☗3六金までなので有力ですが、☖同銀不成と応じられるとやはり不詰です。では正解は？

☗3七角、☖同銀成、☗3六飛、☖同成銀、☗2七金、☖同成銀、☗3六飛まで7手詰。

　☗3七角がうまい一手です。☖1六玉は☗2六飛、☖1五玉、☗1六飛打まで、☖3五玉なら☗3四飛、☖4五玉、☗4四飛打までと、どちらも飛車を並べる珍しい形で詰み。特に☖3五玉の変化で、角が5五の地点を押さえているのがうまいところです。また、角を☖同銀不成と取るのは、☗3六飛の一発で終わり。したがって、玉方は飛車を☖同銀成と取らざるを得ません。ところが構わず☗3六飛と打ち、☖同銀成と取らせてみると、初形と比べて銀が成銀に変わっているでけありませんか！　そこで満を持して☗2七金と前に出れば、玉方は成銀で取るしかありません。かくして腹飛車を打って詰みとなります。

　玉方の駒を強引に成らせてしまう「成らせも

の」。翻弄ものの一種ともいえますが、手駒を尽くして駒を無理やり裏返させるさまはどことなくユーモラスでもあります。

第49問

持駒 なし

（紅竜介・『詰将棋パラダイス』・1991年4月号）

☗8六角、☖5五玉、☗5四龍、☖同玉、☗5三飛成まで5手詰。

　持駒がなく、飛車を動かしてもうまくいきそうにないので、あき王手を考えてみましょう。9一～1九ラインに開く☗7三角成や☗4六角はいずれも☖5四歩合とされ、王手が続きません。☗4二角成は、☖5四歩合なら☗同龍、☖同玉、☗5三飛成で詰み。しかし☖5五玉と逃げられ、☗5四龍にも☖4六玉や☖6六玉とかわされるとダメ。6六を押さえる☗7五角も、同様にして4六に逃げ込まれるのであと一歩及びません。

　正解は☗8六角。これなら☖5五玉、☗5四龍、☖4六玉のときに☗6八角とする手があります。もし☗5四龍に☖6六玉なら、☗6三飛成がぴったり。この変化があるので、初手☗9七角ではダメなこともわかります。

　すべての変化に備える限定移動。龍捨ても決まり、解ければ気持ちのよい作品でした。

第50問

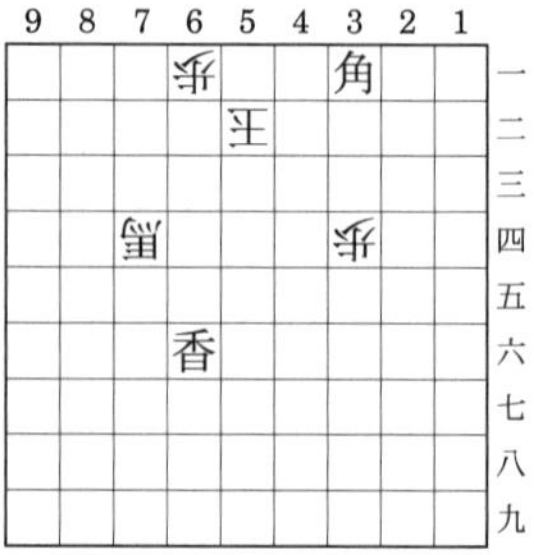

持駒　飛香

（小林敏樹・『詰将棋パラダイス』・1998年11月号）

飛車と香車、二枚の飛び道具をどちらからどこに打つべきか？　手が広くて悩まされます。

☗4二飛は、☖5三玉なら☗4五飛成から簡単に詰むのですが、実は☖5一玉と狭いところに入られると、馬の守備力が強くてどうしても詰みません。それなら大駒の基本、☗3二飛と離して打ったらどうか。今度は☖5一玉は☗4二飛成まで。ところが☖4三玉と上がられると、☗4二飛成、☖5三玉でうまくいきません。ではもっと離して☗2二飛なら？　これなら☖4三玉のときに飛車が当たりにはなりません。しかし☗4六香と打っても☖3三玉のときに身動きがとれなくなります。ここまでくればわかるでしょう。

☗1二飛（!）、☖4三玉、☗4六香、☖5四玉、☗5二飛成、☖同馬、☗6四角成まで7手詰。

最も遠い地点から☗1二飛が盤上この一手の好手。これなら4手目に☖3三玉なら☗2二飛成とできます。香打ちに合駒をするのは、☗4二飛成からその合駒を取って詰み。本手順は☖5四玉としますが、ここで取られないために3手目の香打ちも限定打だったことがわかります。そして冒頭に打った飛車をズバッと捨て、馬を動かして角成までとなります。

盤面わずか6枚の涼やかな配置から繰り出される二本の限定打。玉方の馬の配置が絶妙で、これだけで微妙な変化と紛れの切り分けができているのは驚きです。収束も鮮やかの一言で、最初から最後まで、一分の隙もありません。短編の名手、小林氏による傑作でした。

第51問

持駒　角

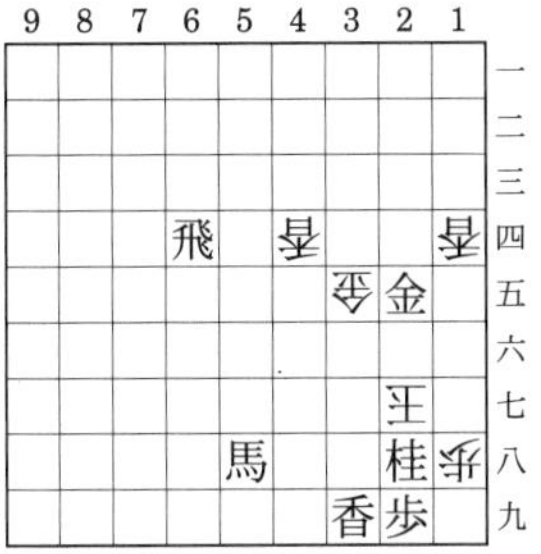

（山田康一・『詰将棋パラダイス』・2004年5月号）

☗4五角、☖同香、☗4九馬、☖同香成、☗6七飛まで5手詰。

玉の周囲は攻方の駒がたくさん利いていますが、1七にだけ穴があいています。ここに逃げ込まれたときにどうするかが問題。たとえば☗4九馬は、☖同香成と取ってくれれば☗6七飛でぴったり詰むのですが、だまって☖1七玉と寄られると困ってしまいます。

玉方の駒で一番重要な働きをしているのは4四の香車です。そこでこの香車の利きを遮って☗4五角と打つのが正解。もし☖1七玉なら、☗6七飛のときに玉方は有効な合駒ができないので詰んでいます。角を金で取っても香車の利きが消えますから、やはり☗6七飛まで。そこで玉方は☖同香と応じますが、この一手間を入れてから☗4九馬とすれば、今度は☖1七玉には☗1四飛と後ろに回ることができます。したがって玉方は馬を取るしかなく、めでたく飛車を引いて罪となります。

本作の仕組みを理解することは、次の第52問を考えるうえで大いに役に立つでしょう。

第52問

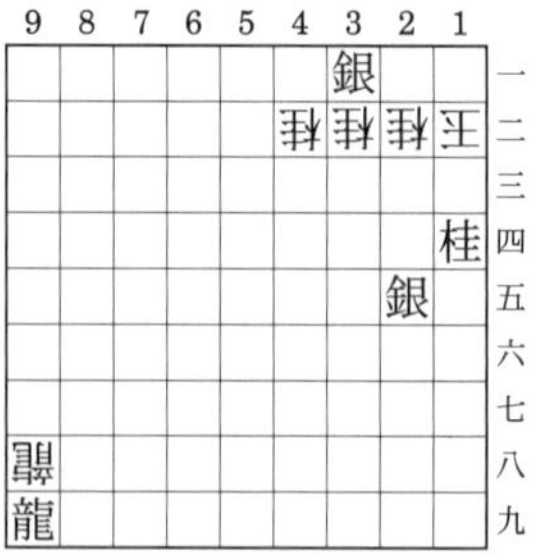

持駒　角角

（三谷郁夫・『詰将棋パラダイス』・1999年12月号）

まずは平凡に☗2二桂成としてみましょう。☖1三玉の一手に、☗3五角は☖2四歩合、☗1九龍は☖1八歩合でどちらもダメ。龍の横利きさえ消えてくれたら……と考えると、☗6八角というアイディアが浮かびます。これなら☖2四歩合に☗1九龍と回れます。しかし、単純に☖同龍と取られたときが問題です。今度は龍の前があいたので、☗9三龍とする手が生じます。しかし6八の龍は縦方向にも利いているので、☖6三歩合と遮られてしまいます。これ自体は失敗ですが、この手順を読むことこそが、本作の謎を解くカギになるのです。それでは正解手順を見てみましょう。

☗6七角（！）、☖3四桂左、☗2二桂成、☖1三玉、☗6八角、☖同龍、☗9三龍まで7手詰。

何もない中空にポトリと落とす☗6七角が妙手。逃げるのは☗2二銀不成、☖2三歩合も☗2二銀成から簡単に詰みます。☖3四歩合は、☗2二桂成以下本手順と同様に進めて、取った桂馬がそのまま持駒として残ります。したがって玉方の最善手は☖3四桂左の移動合。これで先ほど読んだ手順のとおり進めれば、今度は玉方の龍が6筋に来たときに縦方向の利きが遮断されているため、☗9三龍で見事に詰みとなるわけです。

☗6八角という限定打のための限定打、☗6七角。この一手を自力で見つけられた方は、相当な力があると自負してよいと思います。

第53問

持駒　なし

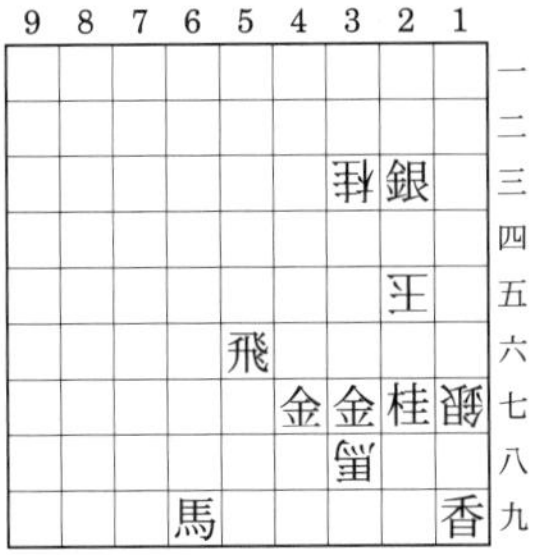

(有吉澄男・『詰将棋パラダイス』・1982年9月号)

▲4六金直、△1六玉、▲2五馬、△同桂、▲4七金引まで5手詰。

2四に逃げ道があります。逃がすまいと▲2六飛とすると、△同銀成なら▲4六金直、△4七歩合、▲3五金まで。しかし、△同銀不成と応じられると後続手段がありません。

味方の飛車の利きを遮るようにして▲4六金直とするのが正解です。△2四玉は▲1四馬、△4七歩合は▲3五金で詰み。そこで玉方は△1六玉と逃げ込みます。ここで▲2五馬がかっこいい決め手。**△同玉**と戻れば**▲3五金**で、こちらの手順を答えても正解です。馬を桂馬で取れば2五の地点がふさがるので、上がった金を元に戻して詰め上がります。1七の銀はピンされているので、2六での合駒は無駄合になります。最終手で金をほかの場所に動かすと、△5六馬と飛車を取られてしまうのでご注意ください。

第54問

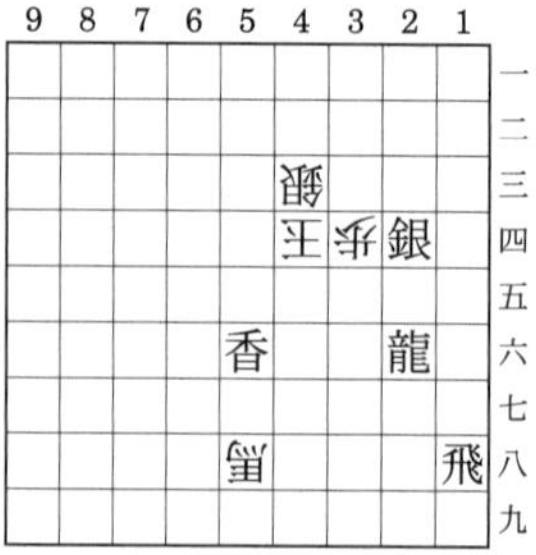

持駒　桂

（原亜津夫・『詰将棋パラダイス』・1988年10月号）

局面をよく観察してみましょう。まず▲4六龍は、△4五金合とされると▲5五龍ができないので不詰。しかしもし玉方の馬がいなければ、合駒のときに▲3六桂で簡単に詰みます。それなら初手▲4八飛はどうでしょう。△同馬なら先ほどの手順で終わりなので、あとは合駒の検討です。ここからが本作の山場です。

まず4五に何か合駒した場合。これは何を打たれても▲同飛と切ってしまい、△同玉に▲3七桂から龍を回れば詰みです。では4七に合駒したときはどうか。桂、香、歩のときは簡単で、▲4六龍から▲3六桂でおしまいです。次に角合は、▲同飛、△同馬に▲3三角から角を成り返って詰み。金合なら、▲同飛、△同馬に▲3五金、△同歩、▲同龍まで。ここまではいずれも5手か、7手で持駒が余っての詰みです。残ったのが銀合ですが……。

▲4八飛、△4七銀合、▲4六龍、△4五金合、▲3六桂、△同銀不成、▲5五龍まで7手詰。

3手目は▲4六龍と回ります。ここは金合でなければ▲5五龍の一発ですから簡単です。ここで▲3六桂と打つと、金を取られないために玉方は△同銀不成の一手。これで4八の飛車の利きが通ったので、▲5五龍とすると玉方の金はピンされて動くことができません。これで詰みです。

同一ライン上で王手、合駒、王手、合駒と繰り返してから合駒の一つをずらし、玉方の駒がピンされる状況を作り出すという構成。オリジナリティあふれる名作ではないかと思います。

第55問

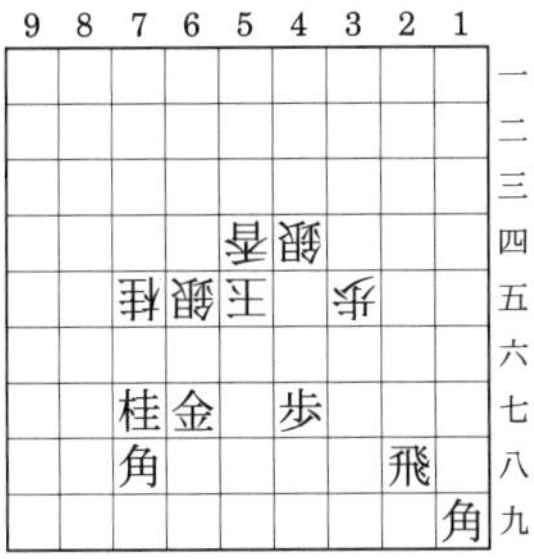

持駒　飛

（楓香住・『詰将棋パラダイス』・1988年10月号）

6四に逃げ出されたらもう捕まりそうにないので、とりあえずあき王手をしたくなります。そこで一番それらしい▲2三飛成としてみましょう。合駒は無駄合だから△4五玉の一手で、そこで▲4六飛、△5五玉としてから▲6六金が好手で、△同銀に▲4五飛の両王手がピッタリ。でもこれだと7手詰ですが……。

▲5六金、△同銀、▲6五飛、△同銀、▲6八飛まで5手詰。

実は▲2三飛成には△4六歩合と捨合する手があり、▲同角に△4五玉と寄られると▲4六飛が打てません。これは失敗です。

初手は▲5六金が正解。△6四玉と逃げられそうですが、そこで▲2三飛成とすれば、△5五歩合は▲6五金、△7四玉は▲7三龍で詰んでいます。本手順は△同銀で、そこで▲6五飛、△同銀と銀を呼び戻し、飛車をふわっと横にひらく▲6八飛まで。実は最初の配置で、6七の金は邪魔駒だったのです。

あき王手したくなる心理をうまく利用する巧妙な作品でした。

第56問

持駒　飛銀

（上谷直希・『詰将棋パラダイス』・2016年1月号）

期待の新鋭作家が放つ意欲作。わずか7手の間に、攻方と玉方が秘術を尽くした攻防を繰り広げます。

初手は▲6五銀から入ります。△同玉は▲6六飛があるので△同桂の一手ですが、このやりとりが主題のいい前奏になっています。ここからが本作の見どころ。攻方はあき王手をしたいのですが、不用意に銀をひらくと△5四玉と逃げられます。まず飛車を打てばよいのですが、玉方もすごい手を返してきます。

▲6五銀、△同桂、▲9四飛、△8四角（!）、▲7四銀不成、△6二角、▲6三銀上成まで7手詰。

3手目▲9四飛が好手で、△7四歩合なら▲同銀不成と取る狙いを秘めています。成らないことで、△5四玉のときに▲6五飛成を用意しているのです。ところが玉方には、8四に捨合するという手がまだ残されています。うっかり▲同飛と取れば、△7五玉と脱出しようというわけです。攻方は合駒を取らずに▲7四銀不成としますが、これを△同玉なら▲8四角成まで。ただし捨合した駒が角のときに限り、あき王手のときに飛車を取る手が生じます。最後は銀をもう一度成り返って幕となります。

合駒として登場した角は攻方の飛車によってピンされており、もう一枚駒を挟むことでピンが外れて動けるようになります。わずか7手でこうした構成を実現しているのは驚異的で、看寿賞短編賞を受賞したのも当然と思える傑作でした。

第57問

持駒　なし

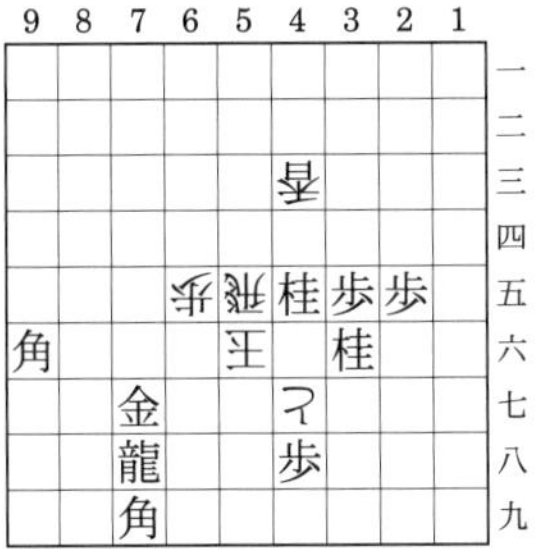

（柳田明・『詰将棋パラダイス』・1974年11月号）

☗5八龍、☖5七と、☗4七龍、☖同と、☗7八角まで5手詰。

龍を使うのがよさそうだという見当はすぐにつくでしょう。試しに☗6七龍としてみます。☖4五玉には、5四にも3六にも逃がさぬ☗6三角成がぴったりで、☖5四歩合に☗4七龍で持駒が余って詰み……のわけはありません。☗6三角成には☖5四飛と移動合する手があり、実は詰まないのです。

それなら初手☗5八龍はどうでしょうか。☖同となら☗7八角とこちらに引けば、合駒は無駄なのでこれで詰み。また今度は、☖4五玉と逃げても☗6三角成に☖5四飛は利きません。

では☗5八龍に☖5七歩合は？　これは☗4七龍で簡単です。すると☖5七金合が浮かびますが、これも☗4七龍、☖同金、☗7八角で詰んでいます。そこで玉方の最善の手段が、☖5七との移動合。これなら☗4七龍、☖同と、☗7八角で持駒が余らずに詰みます。

玉方の駒が動いて空になったマスにすぐ捨てるという流れ。これに味わいを感じられるようなら、もう立派な詰将棋愛好家でしょう。

第58問

持駒 なし

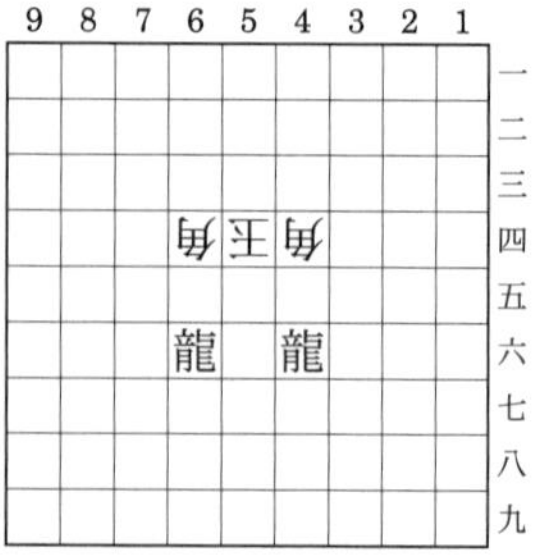

（長谷繁蔵・『詰将棋パラダイス』・2004年4月号）

本作、苦労した方も多かったのではないでしょうか？ たった5手なのに、どう動かしてもさっぱり詰みません。

協力詰を考えるときは、こう指す、相手がこう来る……という手順を吟味していくよりも、まず詰んだ形を想像してしまう方が近道であることが少なくありません。初形からいくつかの駒を動かした詰みの形を思い浮かべられれば、手順はあとからついてきます。普通の詰将棋とは違った思考が求められるのです。さて、本作の場合は……。

☗4四龍、☖6三玉、☗3三龍（!）、☖5四玉、☗6三角まで5手詰。

角を取らなければさすがに5手では詰みません。☗4四龍、☖6三玉に☗3三龍が協力詰ならではの一手。遠ざかることで危険地帯に玉を招聘するのです。本文で説明したとおり、協力詰では合駒できる状態は詰みと見なしませんので、最終手は☗6三角に限定されます。なお、初手☗6四龍以下、左右対称の手順ももちろん正解です。

将棋のルールさえ知っていれば棋力に関係なく誰でも楽しめるのが、協力詰のよいところ。強くない人こそ、協力詰にトライしてみては？

第59問

持駒　金

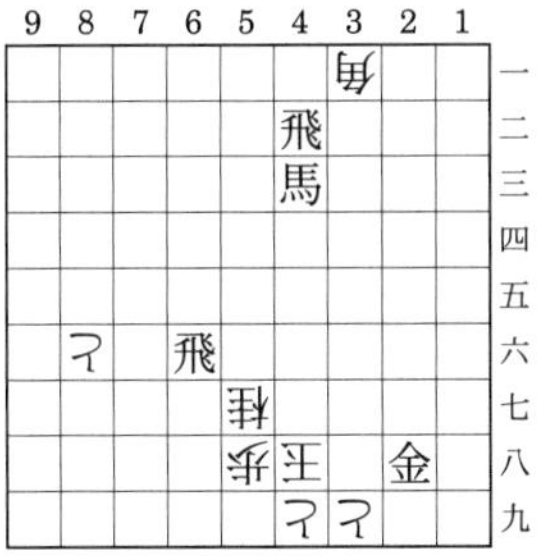

(岡村孝雄・『詰将棋パラダイス』・1988年4月号)

▲5三馬、△4四香、▲4七金、△同香成、▲2六馬まで5手詰。

まずは馬をどこかに動かしてあき王手をするのが筋でしょう。玉方の応手としてまず考えられるのは、△4二角と飛車を取る手、そして△5九玉と逃げる手です。この両方に対応できる馬の移動場所は、と考えれば、▲5三馬に行き着きます。△4二角なら▲2六馬、△5九玉なら▲8六馬で、いずれも簡単に詰みます。△4七歩合も▲2六馬まで。どうやっても詰んでしまいますが……。

ここで玉方の延命策が、△4四香という不思議な手。▲同飛成に△4七歩合なら、▲2六馬ができなくなっているというわけです。しかし攻方には▲4七金という手がありました。△同玉なら今度は▲4四飛成で詰んでいます。香車で合駒したので△同香成とも取れますが、▲2六馬がぴったり。持駒が余らないこの手順が正解です。

合駒で盤上に現れた駒がその後動くというのは、詰将棋の頻出テーマ。それをたった5手という短手数で表現してみせた意欲的な作品でした。

第60問

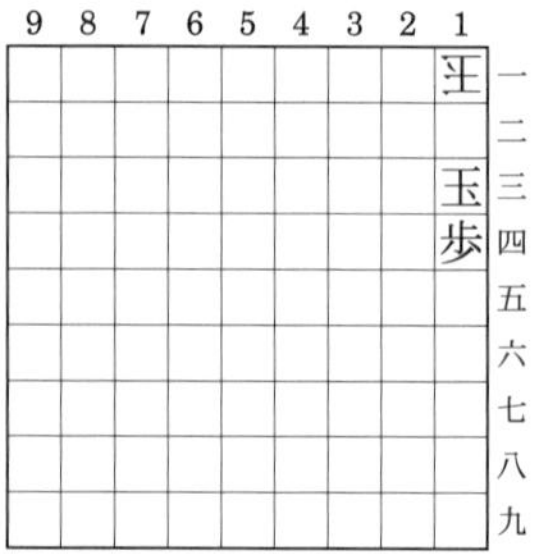

持駒　香香香

（Dr. ドラゴン・『詰将棋パラダイス』・1989 年 6 月号）

　本作は協力自玉詰ですので、王手をかけていきつつ、最後は逆王手をかけさせてその瞬間に自玉が詰まされるようにしないといけません。そのためには、まず自玉を詰ませるための玉方の駒を合駒で出現させる必要があります。さらに、その合駒はそのままでは動けない状態なので、ピンを外すというひと手間が必要になります。協力系のフェアリーでは、具体的な手を考える前にまず「どういう意味づけの手が目的達成に必要か」をよく整理することがしばしば大切になります。

▲1二香、△2一玉、▲2四香、△2三銀、▲1一香成、△同玉、▲1二香、△同銀まで8手詰。

　初形はかけられる王手が一つしかないので、2手目までは絶対手です。3手目と4手目が本作のポイント。2四に香を打つことで自玉の退路を断ち、さらにあとでトドメを刺す駒ながら現時点では逆王手がかからないように、2三に銀を出現させます。それから玉方の玉を1一に戻せばピンが外れ、めでたく自玉を詰ませることができます。

　協力自玉詰の不思議な世界をお楽しみいただけたでしょうか？

第61問

持駒　なし

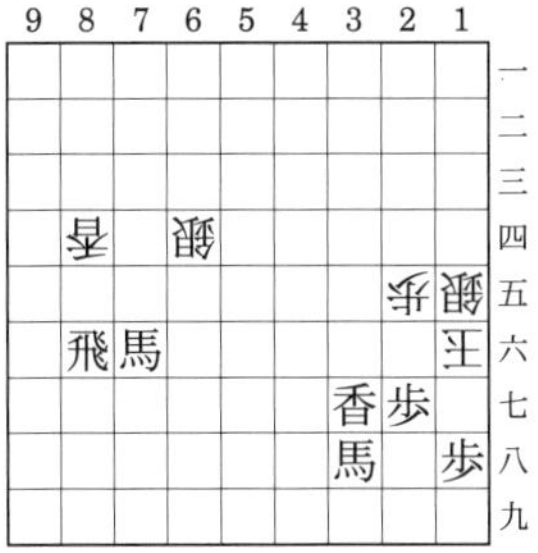

（中村雅哉・2011年度詰将棋解答選手権初級戦）

盤面を見ると、あき王手の構図が二つできていることがわかります。☗2六歩は☖2七香合で王手が続かなくなりますから、初手は7六の馬を動かすのだろうと察しがつきます。さて、どこへ？

☗4九馬左としてみましょう。☖8六香なら、☗2六歩、☖同玉、☗2七馬まで。しかし☗4九馬左には☖2六銀という手があり、☗同歩、☖1五玉と逃げ出されてしまいます。初手☗5四馬も、同様に☖2六銀で詰みません。

では☗5八馬はどうでしょう。☖8六香は☗2六歩、☖同玉、☗3六馬までですし、☖2六銀も☗同歩、☖1五玉に☗2五馬があります。ところが今度は☖3六歩合と中合をされ、☗同飛に☖2六歩と突かれると、詰まないのです。

☗4三馬、☖8六香、☗2六歩、☖同玉、☗4四馬まで5手詰。

正しい馬の行き先は4三です。これなら2五に利いているので☖2六銀にも対応できますし、☖3六歩合、☗同飛に☖2六歩と突くこともできません。玉方は飛車を取るしかなく、☗2六歩から☗4四馬で詰みに至ります。

罠が多く、油断のならない作品でした。

第62問

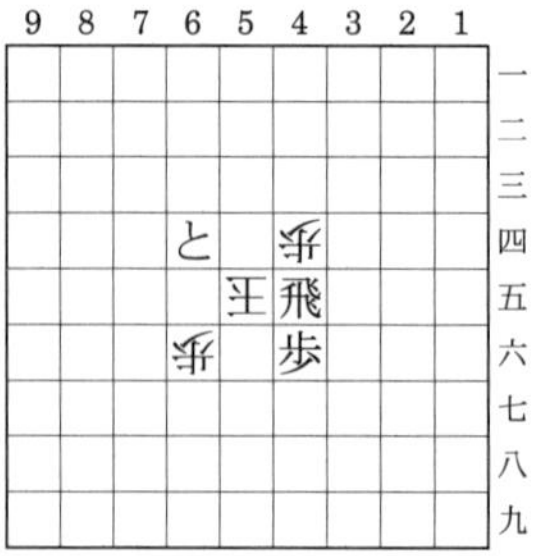

持駒　角

（Sub・『詰将棋パラダイス』・2009年1月号）

初手でいきなり王手がかかっているように見えますが、本作は安南詰。4五の飛車は、今は歩の利きしか持っていません。さしあたり6四のと金を取られては捕まりそうにありませんから、これを防ぐ王手は何かと考えれば、初手は見えてくるでしょう。

▲4七角、△4五玉、▲6五角まで3手詰。

▲4七角と打つと、4六の歩が角の利きに変わるので、王手がかかります。これで玉は6四には逃げられません。しかし4六の駒が角の動きになったので、玉方は△4五玉と飛車を取って逃げることができます。しかし、ここで玉は歩の動きに変わってしまいました。4七の角を動かせば4六の歩が本来の動きに戻って王手がかかりますが、適当に動かしたのでは王手している歩を取られてしまいます。そこで▲6五角が決め手。6四のと金を角の動きに変えることにより、歩の支え駒を作り出しているわけです。これで詰みです。打歩詰は禁じ手ですが、本作の歩は最初から盤面に置かれています。「置歩詰」とでもいうべき不思議な詰みでした。

安南詰の世界、楽しんでいただけたでしょうか？

第63問

持駒　なし

（長谷川哲久・『詰将棋パラダイス』・1986年5月号）

強力な2枚の龍が並んでおり、一見簡単そうに見えるかもしれません。あき王手ができるので、たとえば☗7三龍としてみましょう。☖5五玉なら、☗5三龍、☖5四歩合、☗5七龍まで。しかし☖4七玉や☖6七歩成とされると手が続きません。☗7三龍以外の手となると、6八の龍を使うしかなさそうです。有力そうなのは☗5八龍。実際、金合や銀合などでは☗6八龍左から長手数の詰みがあります。しかし☖5七歩合とされると、あと一歩届きません。となると残されたのは……。

☗5九龍、☖4七玉、☗5六龍、☖同玉、☗5八龍まで5手詰。

なぜか遠ざかる☗5九龍が正解。もし☖5七歩合なら、☗4八龍寄、☖5五玉、☗4五龍で詰み。☖4七玉なら、☗5六龍、☖同玉と捨てると、初形から6八の龍がきれいに消えています。かくして、☗5八龍の両王手で見事に詰め上がります。

龍が遠ざかりながら王手する「ソッポ龍」からの邪魔駒消去。わずか5手の手順の中に、高難度の技が詰め込まれた意欲作でした。

第64問

（武紀之・『詰将棋パラダイス』・2008年4月号）

さて、本作は10手のプルーフゲームです。実戦初形から10手でこの局面になったということは、先手は5手しか指せません。上の局面に到達するのに必要な手を数えてみると、飛車を6八へ動かすのに1手、7筋の歩を7五まで進めるのに2手、桂馬を8九から5三まで跳ねるのに3手……。これでは6手かかってしまいます。ということは、どこかで1手かせがないといけません。さて、その方策は……？

☗7六歩、☖3四歩、☗7七桂、☖同角不成、☗6八飛、☖7五桂、☗同歩、☖5四歩、☗5三桂、☖2二角不成まで10手。

解決策は、3手かけて桂を5三まで跳ねさせる代わりに、持駒から直接5三に打ってしまうプランです。しかしこれを実現するためには、まずこちらの桂馬を後手に取ってもらい、そのあとでその桂馬を打ってもらって取り返すという手順を踏む必要があります。後手は桂馬を取る手、その桂馬を打つ手、桂馬を取った駒（角）が戻る手が必要で、これに歩を突く2手が加わります。これで手順が確定します。

詰将棋とはまた違った面白さが楽しめたのではないでしょうか？

第65問

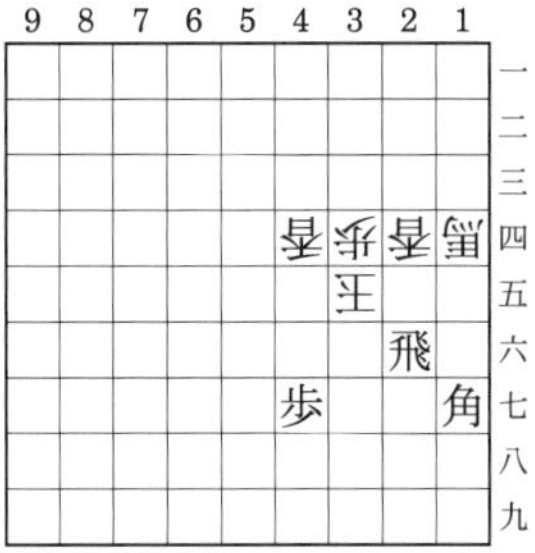

持駒　飛銀

（若島正・2009年度詰将棋解答選手権初級戦）

あき王手ができる形をしていますが、すぐ飛車を動かしてもうまくいきません。４五に脱出口が見えているので、☗５五飛と打ってみます。☖４五歩合なら、☗４六銀で詰み。しかし☖４五香と移動合されると捕まりません。☗１五飛はどうでしょう。☖同馬も☖２五歩合も☗３六銀までです。しかし、やはり☖２五香とされると２四から逃げられてしまいます。では正解は？

☗3六銀、☖同馬、☗1五飛、☖2五馬、☗4六飛まで5手詰。

まず銀を捨てて玉方の馬を３六へ呼び寄せておきます。この準備工作をしてから☗１五飛と打てば、☖２五歩合でも☖２五香でも☗同飛行と取って両王手の詰みになるのです。これではいずれも攻方の持駒が余りますから、玉方の最善手は☖２五馬と馬を移動合する手。今度は３六の地点が空いたので、☗同飛行では☖３六玉と逃げられます。そこで、３六と４五の逃げ場所を両方同時にカバーする４六に飛車をひらけば、合い利かずの詰みになります。

若島作品としてはやさしいですが、詰将棋のおもしろさのエッセンスが詰め込まれていて、さすがと唸らされます。

第66問

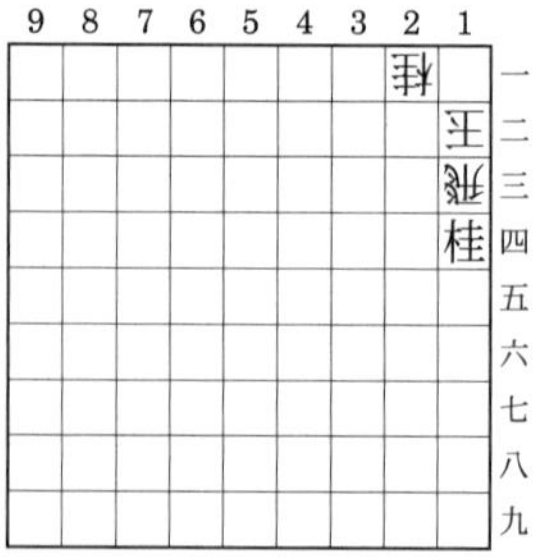

持駒　☗☗

（山田康平・『詰将棋パラダイス』・1993年10月号）

攻方は覆面駒を持駒に2枚持っています。さて、これをどこに打てばよいのでしょうか？　将棋のどの駒であると仮定しても王手にはなり得ない手は指せませんから、たとえば☗3三[覆]とはできません。☗2四[覆]なら打つことは可能ですが、打たれた駒は桂馬と決まるので、☖2三玉と逃げられて捕まりません。では、正解は？

☗2二[覆]、☖1一玉、☗1二[覆]成、☖同玉、☗2二[覆]まで5手詰。

攻方は2二に覆面駒を打ち、これが王手であると主張します。これが王手であるということは、それは飛車か金のどちらかです。金なら詰み。そこで玉方は☖1一玉と逃げることで、打たれた駒が飛車だったと主張するわけです。そこで☗1二[覆]成、☖同玉と成り捨ててから再度☗2二[覆]と打てば、今度は☖1一玉とはできません。盤上には飛車が1枚あり、先ほどの覆面駒と合わせて飛車はもう出尽くしているからです。金以外の可能性がなくなるため、玉方は詰みを認めざるを得なくなるのです。なお4手目に☖同飛なら、**☗2三[覆]**（=桂）までです。

いかがだったでしょうか？

第67問

持駒　なし

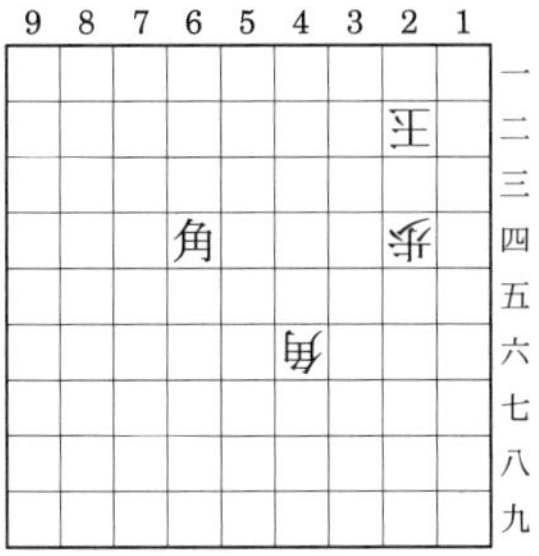

（たくぼん・ウェブ発表・2005年9月）

☗4六角／8八角、☖3一玉、☗4二角、☖2一玉、☗2二角成まで5手詰。

攻方は6四に角がいるだけ。いくら協力ルールとはいえ、一枚では兵力不足です。この作品はアンチキルケ協力詰ですから、相手の駒を取った駒は実戦初形の位置にワープすることを思い出しましょう。玉方の玉が2二にいますから、☗4六角と玉方の角を取った瞬間、攻方の角は8八に移動し、王手をかけることができるのです。まずこのことに気づくのが第一のポイントです。

さて、アンチキルケルールでは、玉方の玉が駒を取ったときに舞い戻る5一の地点を押さえておくのが常套手段です。こうしておけば、あとは玉が攻方の駒を取るしかない状況をつくることに専念することができます。そこで玉方には☖3一玉と逃げてもらい、☗4二角と5一の地点に利きをつくることができました。あとは☖2一玉、☗2二角成とすれば、玉方は馬を取らずに逃げる手がありません。一方、馬を取れば5一にワープしてしまい、ここも4二の角が利いていますから、これで詰みになっています。

アンチキルケ、慣れてくると、結構楽しいルールではないでしょうか？

第68問

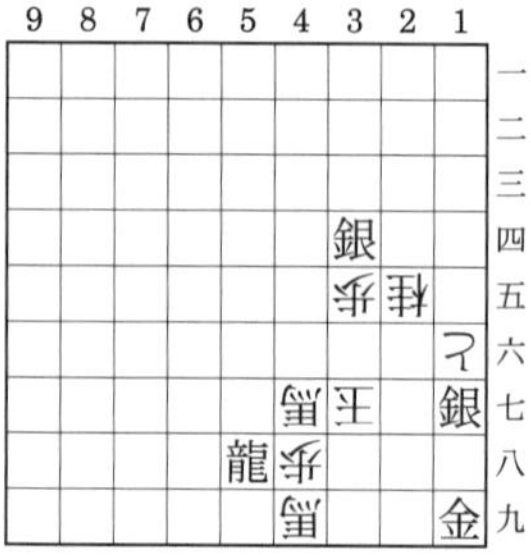

持駒　金金桂桂

（斎藤夏雄*・『将棋世界』・2003年2月号）

いよいよ最後まで来ました。少々手数は長いのですが、せっかくなので、この場をお借りして自作も一つ紹介させていただきます。

▲2九桂、△同馬、▲5七龍、△4七馬、▲3六金、△同玉、▲4六金、△同馬、▲2八桂、△同馬、▲5六龍、△4六馬、▲4五銀、△2七玉、▲4七龍、△同馬、▲2八金まで17手詰。

本作は、第3章3節で紹介したスイッチバックと、同4節にあった守備駒の翻弄をテーマにしています。初手の桂打ちに対し、△4六玉は▲4五金、△3六玉、▲2八桂以下簡単に詰みます。▲2九桂に△3八玉は少々厄介ですが、▲2八金打、△3九玉、▲3八金打とベタベタ金を打って強引に清算してしまえば、△同馬行、▲同金、△同玉（または△同馬）でも、△同馬引、▲同金、△同玉でも、持駒を打っていくことで詰ますことができます。

この序盤の山場を抜ければ、馬の往復運動が楽しめます。▲5七龍に対し、△4七銀合は▲2八金打、△同馬、▲同金、△3六玉に▲4六金で詰みですし、△4七金合なら、▲2八金打、△同馬、▲同金、△3六玉に▲5六龍、△4六香合、▲4五銀まで。ここからわかるのは、玉方は4六にも5六にも利きがある合駒をしなければいけないということで、これが△4七馬の移動合につながります。ここで▲3六金が局面を次の段階へ進める好手。☖同歩は☗2八金までなので☖同玉の一手ですが、さらに☗4六金、☖同馬となった局面を見ると、初形と比べて攻方の龍と玉方の玉と馬が、一段上にシフトした形になっています。再び☗2八桂、☖同馬と馬をずらしてから☗5六龍とすれば、持駒を打って合駒すると☗4五銀から☗2八金と馬を取って詰むので、また☖4五馬と移動合するのが玉方の最善手になります。この馬の利きをそらすべく、☗4五銀、☖2七玉に☗4七龍と捨てるのが最後の決め手。☖同馬と取ると、馬は最初にいた位置に戻ります。

　本作を手がけたのは、詰将棋の創作を始めて一年足らずのころでした。おそるおそる投稿したところ、選者の浦野真彦八段から予想外に高い評価をいただき、何とこの年の看寿賞短編賞まで受賞することになりました。これを創ることがなければ、こうやって詰将棋の本を執筆するような未来は訪れなかったに違いありません。本作を世に送り出すことができたのは、本当に幸運なことだったと思います。

＊詰将棋を投稿するときは、戸籍通りの「齋」ではなく、こちらの略字体を用いていました。ただし、「斉」ではありません。「斎」と「斉」はもともと別の字です。

ま

や

ら

た

な

は

さ

事項索引

ま

や

わ

さ

た

な

は

人名索引

齋藤夏雄
（さいとう・なつお）

1973年生まれ。広島市立大学大学院情報科学研究科准教授。専門は代数幾何学。
2002年頃より詰将棋創作を始める。『詰将棋パラダイス』、『将棋世界』誌に数作入選。2003年に『将棋世界』誌に入選した作品で看寿賞短編賞受賞。

詰将棋《つめしょうぎ》の世界《せかい》

2021年3月25日 第1版第1刷発行

著者 ―――― 齋藤夏雄
発行所 ―――― 株式会社　日本評論社
〒170-8474　東京都豊島区南大塚3-12-4
電話（03）3987-8621［販売］
（03）3987-8599［編集］
印刷 ―――― 株式会社精興社
製本 ―――― 株式会社難波製本
装幀 ―――― 山田信也（ヤマダデザイン室）

ISBN978-4-535-78923-4